中国共产党与马克思主义中国化时代化

张神根　熊亮华　主编
吕　楠　张甲秀　副主编

人民东方出版传媒
People's Oriental Publishing & Media
東方出版社
The Oriental Press

图书在版编目（CIP）数据

中国共产党与马克思主义中国化时代化 / 张神根，熊亮华主编 . —北京：东方出版社，2024.3
ISBN 978-7-5207-2674-0

Ⅰ . ①中…　Ⅱ . ①张… ②熊…　Ⅲ . ①中国共产党—党史—研究 ②马克思主义—发展—研究—中国　Ⅳ . ① D23 ② D61

中国国家版本馆 CIP 数据核字（2024）第 017095 号

中国共产党与马克思主义中国化时代化
（ZHONGGUOGONGCHANDANG YU MAKESIZHUYI ZHONGGUOHUA SHIDAIHUA）

主　　编：张神根　熊亮华
责任编辑：胡孝文
责任校对：赵鹏丽
出　　版：东方出版社
发　　行：人民东方出版传媒有限公司
地　　址：北京市东城区朝阳门内大街 166 号
邮　　编：100010
印　　刷：三河市龙大印装有限公司
版　　次：2024 年 3 月第 1 版
印　　次：2024 年 3 月北京第 1 次印刷
开　　本：710 毫米 ×1000 毫米　1/16
印　　张：17
字　　数：194 千字
书　　号：ISBN 978-7-5207-2674-0
定　　价：68.00 元
发行电话：（010）85924663　85924644　85924641

前　言

PREFACE

马克思主义是我们党立党立国、兴党兴国的根本指导思想。中国共产党为什么能，中国特色社会主义为什么好，归根到底是马克思主义行，是中国化时代化的马克思主义行。100 多年前，在民族存亡之际，十月革命一声炮响，给中国送来了马克思列宁主义。在中国人民和中华民族的伟大觉醒中，在马克思列宁主义同中国工人运动的紧密结合中，1921 年 7 月中国共产党应运而生。100 多年来，中国共产党既为中国人民谋幸福、为中华民族谋复兴，也为人类谋进步、为世界谋大同，以自强不息的奋斗深刻改变了世界发展的趋势和格局。中国人民彻底摆脱了被欺负、被压迫、被奴役的命运，成为国家、社会和自己命运的主人，人民民主不断发展，14 亿多人口实现全面小康，中国人民对美好生活的向往不断变为现实。今天，中华民族向世界展现的是一派欣欣向荣的气象，巍然屹立于世界东方。中国共产党推进马克思主义中国化时代化不断取得成功，使马克思主义以崭新形象展现在世界上，使世界范围内社会主义和资本主义两种意识形态、两种社会制度的历史演进及其较量发生了有利于社会主义的重大转变。

中央党史和文献研究院第四研究部从事马克思主义基本原理、国际共产主义运动史和世界社会主义运动研究。部门党支部在院机关党委支持下，坚持把党建与业务工作相融合，在本部门组织开展“中国共产党与世界社会主义运动”主题征文活动，得到积极响应。本书就是从征文中精选优秀论文结集而成。

这些论文，有的聚焦习近平新时代中国特色社会主义思想，如《深刻理解把握新发展理念的由来、内涵和要义》《多国共产党热议习近平总书记“七一”重要讲话精神》；有的探讨马克思主义和世界社会主义发展，如《马克思、恩格斯对中国社会主义的预见》《社会主义从概念到理论再到实践》；有的研究中国共产党对坚持和发展马克思主义的贡献，如《中国共产党与马克思主义中国化时代化》《改革开放 40 多年与对马克思主义的坚持和发展》《中国共产党百年创新发展马克思主义的历史进程、主要成就和基本经验》《新型政党制度对马克思主义多党合作思想的发展及其世界意义》《中国共产党百年现代化探索及其对科学社会主义的贡献》；有的关注中国共产党对国际共产主义运动和世界社会主义运动的贡献，如《从后来人到引领者——中国共产党百年与国际共产主义运动》《百年来中国共产党对国际共产主义运动的贡献》。它们都是我们探索党建与业务相融合的代表性成果。

党的二十大报告指出：“实践没有止境，理论创新也没有止境。不断谱写马克思主义中国化时代化新篇章，是当代中国共产党人的庄严历史责任。”我们将深入学习贯彻习近平新时代中国特色社会主义思想，扎实推动党史学习教育常态化长效化，从持续学习借鉴中汲取精神养分，从回顾光辉历程中增强前进的力量，不断推出更多高质量的编研成果，为党史和文献事业发展作出应有的贡献，为新时代坚持和发展中国特色社会主义奉献更多的智慧和力量。

中央党史和文献研究院第四研究部

2023 年 12 月

目录
CONTENTS

陈　理　中央党史和文献研究院学术与编审委员会原主任

深刻理解把握新发展理念的由来、内涵和要义

新发展理念是党的十八届五中全会首次正式提出来的，是以习近平同志为核心的党中央推动我国经济发展实践的理论结晶，是我们在深刻总结国内外发展经验教训的基础上形成的，也是在深刻分析国内外发展大势的基础上形成的，集中反映了我们党对经济社会发展规律认识的深化，也是针对我国发展中的突出矛盾和问题提出来的。新发展理念，是我们党的一个重大理论创新，具有十分丰富的科学内涵。必须把新发展理念贯穿发展全过程和各领域，实现更高质量、更有效率、更加公平、更可持续、更为安全的发展。坚持人民主体地位，坚持发展为了人民，发展依靠人民，发展成果由人民共享，是以人民为中心的发展思想的基本内涵和核心要义，也是新发展理念的出发点和落脚点。

坚持新发展理念，是习近平新时代中国特色社会主义思想的重要组成部分。在党的十九大报告概括的习近平新时代中国特色社会主义思想“十四个坚持”中，坚持新发展理念强调，发展是解决我国一切问题的基础和关键，发展必须是科学发展，必须坚定不移贯彻创新、协调、绿色、

开放、共享的发展理念。[1] 坚持新发展理念，是习近平经济思想的核心内容。2017 年中央经济工作会议指出，五年来，我们坚持观大势、谋全局、干实事，成功驾驭了我国经济发展大局，在实践中形成了以新发展理念为主要内容的习近平新时代中国特色社会主义经济思想。[2] 习近平总书记强调，党的十八大以来我们对经济社会发展提出了许多重大理论和理念，其中新发展理念是最重要、最主要的。[3] 深刻理解把握新发展理念的由来、内涵和要义，对于我们进一步学懂弄通做实习近平新时代中国特色社会主义思想，更加自觉地以习近平经济思想为指导，立足新发展阶段，贯彻新发展理念，构建新发展格局，更好地开启全面建设社会主义现代化国家新征程，实现第二个百年奋斗目标，实现中华民族伟大复兴的中国梦，具有十分重要的意义。

一、深刻理解把握新发展理念提出的重要依据

新发展理念是党的十八届五中全会首次正式提出来的，是以习近平同志为核心的党中央推动我国经济发展实践的理论结晶，进一步深化了我们党对实现什么样的发展、怎样实现发展的认识。新发展理念的提出是关系我国发展全局的一场深刻变革。

2015 年 10 月，习近平总书记在党的十八届五中全会第二次全体会

[1] 参见中共中央党史和文献研究院编:《十九大以来重要文献选编》(上)，中央文献出版社 2019 年版，第 15 页。

[2] 参见《中央经济工作会议在北京举行》,《人民日报》2017 年 12 月 21 日。

[3] 参见习近平:《把握新发展阶段，贯彻新发展理念，构建新发展格局》,《求是》2021 年第 9 期。

议上的讲话中深刻论述了为什么要提出新发展理念，以及新发展理念是如何提出来的问题。他指出，这五大发展理念不是凭空得来的，是我们在深刻总结国内外发展经验教训的基础上形成的，也是在深刻分析国内外发展大势的基础上形成的，集中反映了我们党对经济社会发展规律认识的深化，也是针对我国发展中的突出矛盾和问题提出来的。[1] 这段重要论述，对于我们深刻理解把握新发展理念提出的重要依据，有着十分重要的指导意义。

（一）新发展理念是在深刻分析国内外发展大势的基础上形成的

科学判断国内外形势，历来是我们党制定正确的路线方针政策的依据，也是统一思想和行动的前提。习近平总书记强调，五大发展理念是在深刻分析国内外发展大势的基础上形成的。这一重要论断，实际上与2017年中央经济工作会议在阐释五年来的经济工作特别是习近平新时代中国特色社会主义经济思想时把“观大势”摆在第一的位置，是相一致的，都是说明新发展理念的理论创新与实践创新是科学研判经济形势的结果。那么，什么是当今中国和世界发展的大势呢？这可以分别从国内和国际两个方面来看。

从国内来看，最重要的就是我国经济进入新常态。这是以习近平同志为核心的党中央综合分析世界经济长周期和中国发展阶段性特征及其相互作用作出的重大判断。

为什么中国经济会进入新常态？这不能不从2008年国际金融危机

[1] 参见中共中央文献研究室编：《十八大以来重要文献选编》（中），中央文献出版社2016年版，第825页。

冲击及其后续影响说起。自 2008 年国际金融危机爆发后，世界经济形势发生重大变化，世界经济由过去快速增长转入深度调整，不稳定、不确定性风险加大。最突出、最直接的影响是经济增长速度明显下行。世界银行、国际货币基金组织等大幅度下调了全球增长速度，表示全球经济复苏方面“不确定性因素严重压制了增速预测结果”[1]。世界经济是这样，国内经济也是如此。受全球经济影响，中国经济出现增长速度明显下滑的情况，创下多年未有的历史新低。对这个问题究竟应该怎么看？当时国内外有各种各样不同的看法。国外有的人重弹“中国经济崩溃论”的老调，也有一些人认为要用强刺激的办法把速度重新拉上去。如何科学认识当前形势，准确研判未来走势，在复杂变化的形势中牢牢掌握中国发展的主动权，引领中国经济持续健康发展，成为摆在党和人民面前的重大课题。后来，习近平总书记对这段历史有一个很好的回顾和总结。他指出，当时，我们面临的主要问题是经济形势应该怎么看、经济工作应该怎么干？[2] 在怎么看、怎么干当中，怎么看无疑是前提，直接影响到怎么干。

党中央先是对经济形势作出“三期叠加”重大判断，认为中国经济发展增长速度换挡期、结构调整阵痛期、前期刺激政策消化期三种情况同时出现并且交错叠加在一起。这一重大判断，抓住了这一阶段中国经济的三个显著特征以及它们三者之间的相互联系，为判断这一时期中国经济所处历史方位和采取正确的应对之策提供了重要依据。这从根本上决定了中国经济的应对，不能再采用铺摊子、上项目等刺激政策，而应

---

[1] 《国际货币基金组织调低全球经济增长预期》，《人民日报》2012 年 10 月 10 日。

[2] 参见《习近平谈治国理政》第三卷，外文出版社 2020 年版，第 231 页。

该把工作重点放在调整经济结构、转变发展方式，从过去长期主要依靠投资、出口拉动转向更多依靠消费拉动、创新驱动，以推动中国经济新的更高质量的发展。

在提出“三期叠加”的基础上，以习近平同志为核心的党中央进一步作出中国经济发展进入新常态的重大判断。概括地说，中国经济发展进入新常态，确实给中国经济带来了许多前所未有的深刻变化。这些深刻变化突出表现在四个方面：一是增长速度从高速转向中高速；二是发展方式从规模速度型转向质量效率型；三是经济结构调整从增量扩能为主转向调整存量、做优增量并举；四是发展动力从主要依靠资源和低成本劳动力等要素投入转向创新驱动。但在发生这些深刻变化的同时，中国经济也有不变的一面。其主要表现也是四个方面：一是中国经济发展长期向好的基本面没有变；二是中国经济韧性好、潜力足、回旋空间大的基本特质没有变；三是中国经济持续增长的良好支撑基础和条件没有变；四是中国经济结构调整优化的前进态势没有变。因此，中国经济发展新常态，作为中国经济发展阶段性特征的必然反映，实际上是变与不变的辩证统一。归结起来，我国经济发展进入新常态集中体现为“两个没有改变”“两个改变”。一是中国经济发展进入新常态，没有改变中国发展仍处于可以大有作为的重要战略机遇期的判断，改变的是重要战略机遇期的内涵和条件；二是没有改变中国经济发展总体向好的基本面，改变的是中国经济发展方式和经济结构。总之，中国经济发展进入新常态，是中国经济发展阶段性特征的必然反映，是不以人的意志为转移的，是中国经济向形态更高级、分工更优化、结构更合理阶段演进的必经过程。我们的应对要顺大势、谋大事，把认识新常态，适应新常态，引领新常态，作为当前和今后一个时期中国经济发展的大逻辑。我国经济发展进入新常态的重要判断，是这一时期以习近平同志为核心的党中央对经济形势科学研判，由表及里，逐步深入，透过纷繁复杂的现象深刻把握经济发展的本质和内在规律，准确把握中国经济所处的方位、发生的变化所取得的重大理论成果。习近平总书记指出，明确我国经济发展进入新常态，是我们综合分析世界经济长周期和我国发展阶段性特征及其相互作用作出的重大判断。[1] 作为习近平新时代中国特色社会主义经济思想的重要组成部分，经济新常态重大判断的提出，充分反映了中国共产党领导经济建设注重把握经济规律，立足中国经济发展阶段性特征，保持战略定力，增强发展自信的高度自觉，为中国经济顺势而为，正确应对新形势新变化，走出一条质量更高、效益更好、结构更优、优势充分释放的发展新路，推动我国经济向形态更高级、分工更优化、结构更合理的阶段演进，奠定了坚实基础，也为新发展理念的提出奠定了扎实的基础。新发展理念正是根据适应新常态、引领新常态的需要提出来的。

从国际来看，中国发展要赶上世界，就需要对世界发展大势有一个很好的把握。邓小平当年十分明确地指出："现在的世界是开放的世界。" [2] 邓小平深刻总结中国发展的历史经验并指出："总结历史经验，中国长期处于停滞和落后状态的一个重要原因是闭关自守。经验证明，关起门来搞建设是不能成功的，中国的发展离不开世界。" [3] 他强调："任何

[1] 参见中共中央文献研究室编:《习近平关于社会主义经济建设论述摘编》，中央文献出版社 2017 年版，第 88 页。

[2] 《邓小平文选》第三卷，人民出版社 1993 年版，第 64 页。

[3] 同上书，第 78 页。

一个国家要发展，孤立起来，闭关自守是不可能的，不加强国际交往，不引进发达国家的先进经验、先进科学技术和资金，是不可能的。”[1]“发展经济，不开放是很难搞起来的。世界各国的经济发展都要搞开放，西方国家在资金和技术上就是互相融合、交流的。”[2]邓小平突出强调对外开放，实际上说的是经济全球化的一种大趋势。中国之所以能快速发展起来，也正是顺应了这一大趋势。

关于经济全球化，马克思、恩格斯当年系统研究政治经济学、揭示资本主义的本质和规律时就注意到了，并在《德意志意识形态》《共产党宣言》《资本论》等重要著作中作过天才的预测。《共产党宣言》明确指出：“不断扩大产品销路的需要，驱使资产阶级奔走于全球各地。它必须到处落户，到处开发，到处建立联系。”“由于开拓了世界市场，使一切国家的生产和消费都成为世界性的了。”“过去那种地方的和民族的自给自足和闭关自守状态，被各民族的各方面的互相往来和各方面的互相依赖所代替了。”在今天，经济全球化借助科学技术尤其是互联网技术的发展，有了更迅猛深入的发展。经济全球化一个最基本的特征，就是商品、技术、信息，特别是资本在全球范围内自由流动和配置，造成一种包括发达国家和发展中国家在内的各国经济你中有我、我中有你的相互交织的复杂局面。习近平总书记指出，全球市场已经形成一个整体，我国经济和世界经济深度融合，你中有我，我中有你。[3]经济全球化为

[1] 《邓小平文选》第三卷，人民出版社 1993 年版，第 117 页。

[2] 同上书，第 367 页。

[3] 参见中共中央文献研究室编：《习近平关于社会主义经济建设论述摘编》，中央文献出版社 2017 年版，第 307 页。

世界经济增长提供了强劲动力，促进了商品和资本流动、科技和文明进步、各国人民交往。现在，我国同世界的联系空前紧密，我国经济对世界经济的影响、世界经济对我国经济的影响都是前所未有的。尽管近年来全球化遭遇逆流和回头浪，但从长远看，经济全球化仍是历史潮流，各国分工合作、互利共赢是长期趋势。这就要求我们站在历史正确的一边，坚持深化改革、扩大开放，推动经济全球化朝着更加开放、包容、普惠、平衡、共赢的方向发展，推动建设开放型世界经济，推动构建人类命运共同体。

开放带来进步，封闭导致落后，这已为世界和我国发展实践所证明。在经济全球化深入发展的条件下，我们不可能关起门来搞建设，而是要善于统筹国内国际两个大局，利用好国际国内两个市场、两种资源。习近平总书记一再强调，胸怀两个大局，是我们谋划工作的基本出发点。[1]不断扩大对外开放、提高对外开放水平，以开放促改革、促发展，是我国发展不断取得新成就的重要法宝。这是我们党把开放作为新发展理念重要内容的深刻依据。

与此同时，世界发展的另一个大势是，新的科技革命的迅猛发展对经济社会各方面发展的极大推动作用。这种大势，早在马克思、恩格斯所处时代就已经初露端倪，马克思、恩格斯同样深刻和敏锐地注意到了。马克思、恩格斯在《共产党宣言》中指出：“资产阶级在它的不到一百年的阶级统治中所创造的生产力，比过去一切世代创造的全部生产力还要多，还要大。”[2]资本主义生产力之所以有如此快速的发展，一个根本原

[1] 参见《习近平谈治国理政》第三卷，外文出版社 2020 年版，第 77 页。

[2] 《马克思恩格斯选集》第一卷，人民出版社 2012 年版，第 405 页。

因在于当时科学技术取得了一系列新的突破。随着新一轮科技革命的发展，世界生产力这种发展大趋势，表现得尤为突出。我们党很早就关注到这一发展趋势。1978 年 3 月，邓小平在全国科学大会开幕式上对此有十分深刻的论述。他在讲话中谈的第一个问题就是“对科学技术是生产力的认识问题”，并明确指出：现代科学技术正在经历着一场伟大的革命。几乎各门科学技术领域都发生了深刻的变化，出现了新的飞跃，产生了并且正在继续产生一系列新兴科学技术。[1] 随后，邓小平又进一步提出科学技术是第一生产力的重要思想，深刻揭示了科学技术发展所引发的生产力的深刻变革和人类文明的巨大进步。这种大趋势在今天进一步凸显。习近平总书记指出，当前，从全球范围看，科学技术越来越成为推动经济社会发展的主要力量，创新驱动是大势所趋。[2] 当前，世界正处在新科技革命和产业革命的交汇点上。科学技术在广泛交叉和深度融合中不断创新，特别是以信息、生命、纳米、材料等科技为基础的系统集成创新，以前所未有的力量驱动着经济社会发展。[3] 国际金融危机发生以来，世界主要国家抓紧制定新的科技发展战略，抢占科技和产业制高点，科技竞争日益激烈，科技创新成为赢得未来发展的先机，成为世界经济增长方式深刻调整和新旧动能转换的关键。我国经济社会发展和民生改善比过去任何时候都更加需要科学技术解决方案，都更加需要增强创新这个第一动力。这是我们党把创新作为新发展理念重要内容并且把创新置于新发展理念之首的深刻依据。

---

[1] 参见《邓小平文选》第二卷，人民出版社 1994 年版，第 87 页。

[2] 参见中共中央文献研究室编：《习近平关于科技创新论述摘编》，中央文献出版社 2016 年版，第 77 页。

[3] 同上书，第 85 页。

（二）新发展理念是在深刻总结国内外发展经验教训的基础上形成的

发展是人类社会永恒的主题。但在漫长的发展过程中，人类既创造了巨大的物质财富，也留下了许多经验教训。人类不要过分陶醉于对自然界的胜利。对于每一次这样的胜利，自然界都对我们进行报复。每一次胜利，起初确实取得了我们预期的结果，但是往后和再往后却发生完全不同的、出乎预料的影响，常常把最初的结果又消除了。[1] 恩格斯的这段论述，深刻揭示了人类社会发展的经验教训。

大自然的报复，一次又一次给我们敲响了警钟。百年一遇的新冠疫情，就给我们许多深刻启示。2020 年 9 月，习近平主席在第七十五届联合国大会一般性辩论上的讲话中深刻指出，这场疫情启示我们，人类需要一场自我革命，加快形成绿色发展方式和生活方式，建设生态文明和美丽地球。人类不能再忽视大自然一次又一次的警告，沿着只讲索取不讲投入、只讲发展不讲保护、只讲利用不讲修复的老路走下去。[2] 尽管习近平主席是就总结新冠疫情这一全球性挑战说的，但实际上深刻揭示了人类社会发展的经验教训。人类社会就是在不断总结经验教训中向前发展的。新发展理念的提出，集中体现了中国共产党人在新的时代条件下对发展问题的新认识，是对发展经验的深刻总结。经过长期努力，我国稳定解决了十几亿人的温饱问题，实现了第一个百年奋斗目标、全面

---

[1] 参见《马克思恩格斯选集》第三卷，人民出版社 2012 年版，第 998 页。

[2] 参见习近平：《在第七十五届联合国大会一般性辩论上的讲话》，《人民日报》2020 年 9 月 23 日。

建成小康社会如期实现，这是中华民族发展史上一个重要的里程碑。但另一方面，在长期的快速发展中，也积累了不少环境和资源方面的问题。可持续发展理念，是国际社会深刻总结人类发展经验教训取得的重要成果。可持续发展理念自从20世纪提出以来，已日益深入人心，成为世界许多国家指导经济社会发展的总体战略。早在20世纪90年代，我国就把可持续发展战略作为"九五"计划的一项重要内容[1]，明确指出，在社会主义现代化建设中，必须把贯彻实施可持续发展战略始终作为一件大事来抓。尤其是当前，国际格局加速演变，新冠疫情触发对人与自然关系的深刻反思，全球气候治理的未来更受关注，[2]随着中国特色社会主义进入新时代，我国社会主要矛盾已经转化为人民日益增长的美好生活需要和不平衡不充分的发展之间的矛盾。人民美好生活需要日益广泛，不仅对物质文化生活提出了更高要求，而且对环境等方面的要求日益增长，人民群众对清新空气、干净饮水、安全食品、优美环境的要求越来越强烈，生态环境恶化及其对人民健康的影响已经成为我们的心头之患，成为突出的民生问题。如何在发展经济的同时，更好地保护资源和环境，促进人与自然和谐共生，已成为新发展理念的重要内容。它要求在发展经济的过程中，必须统筹考虑人口、资源、环境，树立和践行绿水青山就是金山银山的理念，坚持节约资源和保护环境的基本国策，不仅要安排好当前的发展，还要为子孙后代着想，为未来的发展创造更好的条件，

[1] 参见中共中央文献研究室编:《十四大以来重要文献选编》(中)，中央文献出版社2011年版，第720页。

[2] 参见习近平:《继往开来，开启全球应对气候变化新征程——在气候雄心峰会上的讲话》，《人民日报》2020年12月13日。

坚定不移走生产发展、生活富裕、生态良好的文明发展道路。五大发展理念中，绿色发展理念针对的就是发展与资源环境的关系问题。

（三）新发展理念是针对我国发展中的突出矛盾和问题提出来的

经过长期努力，我国经济发展取得历史性成就，社会生产力水平总体上显著提高，社会生产能力在很多方面进入世界前列，经济总量跃居并稳居世界第二。但在经济快速发展的同时，也积累了不少突出的矛盾和问题。党的十八大报告在充分肯定过去五年工作取得新的重大成就的同时，明确指出我们工作中还存在许多不足，前进道路上还有不少困难和问题。比如，发展中不平衡、不协调、不可持续问题依然突出，科技创新能力不强，产业结构不合理，农业基础依然薄弱，资源环境约束加剧，制约科学发展的体制机制障碍较多，深化改革开放和转变经济发展方式任务艰巨等。[1] 党的十九大报告进一步将这些矛盾和问题概括为发展不平衡不充分的突出问题。习近平总书记指出，中国特色社会主义进入新时代，我国社会主要矛盾已经转化为人民日益增长的美好生活需要和不平衡不充分的发展之间的矛盾。更加突出的问题是发展不平衡不充分，这已经成为满足人民日益增长的美好生活需要的主要制约因素。[2]

我国是在经济文化相对落后的情况下进行社会主义现代化建设的。毛泽东曾形象地说，现在我国工业很落后，一架飞机、一辆坦克、一辆汽车、一辆拖拉机都不能造，许多机器不能造。[3] 现在我们能造什么?

---

[1] 参见《胡锦涛文选》第三卷，人民出版社 2016 年版，第 615 页。

[2] 参见中共中央党史和文献研究院编:《十九大以来重要文献选编》(上)，中央文献出版社 2019 年版，第 8 页。

[3] 参见《关于过渡时期总路线问题文献选载》,《党的文献》2003 年第 4 期。

能造桌子椅子，能造茶碗茶壶，能种粮食，还能磨成面粉，还能造纸。[1] 为了尽快改变旧中国一穷二白的落后面貌，国家当时确定了优先发展重工业的重大方针，明确提出重工业是我国建设的重点。[2] 经过艰苦努力，我们在不长时间里，建立起独立的比较完整的工业体系和国民经济体系，但发展过程中也积累了一些问题。比如，如何处理好农轻重的关系、城乡关系、发展与资源环境的关系等。我们党在探索社会主义建设过程中，开始意识到并不断总结这方面的问题。在毛泽东《论十大关系》中，位列第一的是“重工业和轻工业、农业的关系”。这就启示我们，在集中力量发展经济的同时，要注意调整区域、城乡、经济和社会、物质文明和精神文明、经济建设和国防建设等重大关系，注重发展的整体效能，以避免发展不协调问题越来越严重，“木桶效应”越来越显现，并由此引发和加深一系列社会矛盾。新发展理念中，协调发展理念针对的就是我国发展中存在的不平衡不充分等方面的突出矛盾和问题。

（四）新发展理念是适应我国经济进入高质量发展阶段提出来的

经济发展是螺旋式上升的过程，需要根据发展的阶段性特征，提出相关的发展要求。我国经济进入新常态，意味着我国经济进入一个新的发展阶段，发展方式要从规模速度型转向质量效率型，经济结构调整要从增量扩能为主转向调整存量、做优增量并举，发展动力要从主要依靠资源和低成本劳动力等要素投入转向创新驱动。这是我国经济向形态

[1] 参见《毛泽东文集》第六卷，人民出版社 1999 年版，第 329 页。

[2] 参见《毛泽东文集》第七卷，人民出版社 1999 年版，第 24 页。

更高级、分工更优化、结构更合理的阶段演进的必经过程。[1]要实现这样广泛而深刻的变化，根本之道在于贯彻新发展理念。习近平总书记明确指出，党的十八届五中全会提出创新、协调、绿色、开放、共享的发展理念，是针对我国经济发展进入新常态、世界经济复苏低迷开出的药方。[2]在党的十九大报告中，习近平总书记进一步明确指出，我国经济已由高速增长阶段转向高质量发展阶段，正处在转变发展方式、优化经济结构、转换增长动力的攻关期，建设现代化经济体系是跨越关口的迫切要求和我国发展的战略目标。[3]必须坚持质量第一、效益优先，以供给侧结构性改革为主线，推动经济发展质量变革、效率变革、动力变革，提高全要素生产率。习近平总书记强调，高质量发展是我们当前和今后一个时期确定发展思路、制定经济政策、实施宏观调控的根本要求。[4]显而易见，在高质量发展阶段，我国经济升级换代的特征更加明显，更加注意发展方式的转变、经济结构的优化、增长动力的转换。2017 年 12 月，习近平总书记在中央经济工作会议上指出："中国特色社会主义进入了新时代，我国经济发展也进入了新时代。新时代我国经济发展的特征，就是我在党的十九大报告中强调的，我国经济已由高速增长阶段转向高质量发展阶段。这是一个重大判断，我们必须深刻认识其重大现实意义

---

[1] 参见中共中央文献研究室编:《习近平关于社会主义经济建设论述摘编》，中央文献出版社 2017 年版，第 96 页。

[2] 同上书，第 32 页。

[3] 参见中共中央党史和文献研究院编:《十九大以来重要文献选编》(上)，中央文献出版社 2019 年版，第 21 页。

[4] 参见《中共中央召开党外人士座谈会　征求对经济工作的意见和建议》,《人民日报》2017 年 12 月 9 日。

和深远历史意义。”[1] 并强调高质量发展，就是能够很好满足人民日益增长的美好生活需要的发展，是体现新发展理念的发展，是创新成为第一动力、协调成为内生特点、绿色成为普遍形态、开放成为必由之路、共享成为根本目的的发展。

2020 年 11 月，习近平总书记在党的十九届五中全会上进一步指出，“十四五”时期，我国将进入新发展阶段，并提出构建新发展格局的重大战略任务。他强调这是与时俱进提升我国经济发展水平的战略抉择，也是塑造我国国际经济合作和竞争新优势的战略抉择。[2] 要构建以国内大循环为主体、国内国际双循环相互促进的新发展格局，就需要把实施扩大内需战略同深化供给侧结构性改革有机结合起来，以创新驱动、高质量供给引领和创造新需求；就需要畅通国内大循环，优化供给结构，改善供给质量，提升供给体系对国内需求的适配性；就需要促进国内国际双循环，协同推进强大国内市场和贸易强国建设，以国内大循环吸引全球资源要素；就需要全面促进消费，增强消费对经济发展的基础性作用，促进消费向绿色、健康、安全发展。习近平总书记在“十四五”规划建议说明中强调指出，我国仍处于并将长期处于社会主义初级阶段，我国仍然是世界上最大的发展中国家，发展仍然是我们党执政兴国的第一要务。必须强调的是，新时代新阶段的发展必须贯彻新发展理念，必须是高质量发展。[3] 在党的十九届五中全会通过的“十四五”规划建议中，

---

[1] 《习近平谈治国理政》第三卷，外文出版社 2020 年版，第 237 页。

[2] 参见习近平：《关于〈中共中央关于制定国民经济和社会发展第十四个五年规划和二〇三五年远景目标的建议〉的说明》，《人民日报》2020 年 11 月 4 日。

[3] 参见《中国共产党第十九届中央委员会第五次全体会议文件汇编》，人民出版社 2020 年版，第 80 页。

把“坚持新发展理念”作为“十四五”时期经济社会发展必须遵循的重要原则，强调把新发展理念贯穿发展全过程和各领域，构建新发展格局，切实转变发展方式，推动质量变革、效率变革、动力变革，实现更高质量、更有效率、更加公平、更可持续、更为安全的发展。在“十四五”时期经济社会发展和改革开放的重点任务中，十二个方面的重点领域的思路和重点工作以及作出的工作部署，总体上是按照新发展理念的内涵来组织的。这充分体现了我们党对社会主义建设规律认识的深化。

总之，新发展理念，是根据我国发展的变化，尤其是我国发展环境、发展条件的变化提出来的，集中反映了我们党对经济社会发展规律认识的深化。习近平总书记在“十三五”规划建议开始起草时就强调，首先要把应该树立什么样的发展理念搞清楚，发展理念是战略性、纲领性、引领性的东西，是发展思路、发展方向、发展着力点的集中体现。发展理念搞对了，目标任务就好定了，政策举措跟着也就好定了。[1]新发展理念的提出和贯彻落实，集中体现了我们党在领导发展方面达到了一种新的自觉。

二、深刻理解把握新发展理念的科学内涵

新发展理念，是我们党的一个重大理论创新，具有十分丰富的科学内涵。在省部级主要领导干部学习贯彻党的十九届五中全会精神专题研讨班上，习近平总书记全面深刻地论述了深入贯彻新发展理念问题。在

[1] 参见中共中央文献研究室编:《十八大以来重要文献选编》(中)，中央文献出版社 2016 年版，第 825 页。

系统回顾十八大以来新发展理念形成和丰富发展过程的基础上，习近平总书记强调指出，新发展理念是一个系统的理论体系，回答了关于发展的目的、动力、方式、路径等一系列理论和实践问题，阐明了我们党关于发展的政治立场、价值导向、发展模式、发展道路等重大政治问题。全党必须完整、准确、全面贯彻新发展理念。[1] 习近平总书记指出，理念是行动的先导。新时代抓发展，必须坚定不移贯彻创新、协调、绿色、开放、共享的新发展理念，推动经济高质量发展。[2] 必须把新发展理念贯穿发展全过程和各领域，实现更高质量、更有效率、更加公平、更可持续、更为安全的发展。他还强调指出，把握新发展理念，不仅是政治性要求，而且是知识性、专业性要求，因为新发展理念包含大量充满时代气息的新知识、新经验、新信息、新要求。这五大发展理念相互贯通、相互促进，是具有内在联系的集合体，要统一贯彻，不能顾此失彼，也不能相互替代。[3] 这为我们正确理解和把握新发展理念的科学内涵，增强贯彻新发展理念的自觉性、坚定性，指明了正确方向。

（一）创新发展注重的是解决发展动力问题，集中回答了发展的第一动力问题

发展是硬道理。尤其是对于我们这样一个仍处于并将长期处于社会主义初级阶段、世界上最大的发展中国家来说，发展是解决我国一切问

[1] 参见习近平：《把握新发展阶段，贯彻新发展理念，构建新发展格局》，《求是》2021 年第 9 期。

[2] 参见《向全国各族人民致以美好的新春祝福　祝各族人民生活越来越好祝祖国欣欣向荣》，《人民日报》2020 年 1 月 22 日。

[3] 参见中共中央文献研究室编：《十八大以来重要文献选编》（中），中央文献出版社 2016 年版，第 827 页。

题的基础和关键，是我们党执政兴国的第一要务，必须始终坚持和发展社会生产力。只有推动经济持续健康发展，才能筑牢国家繁荣富强、人民幸福安康、社会和谐稳定的物质基础。但正如习近平总书记所指出的那样，发展必须是科学发展，必须坚定不移贯彻创新、协调、绿色、开放、共享的发展理念。[1] 要推动我国经济持续健康发展，解决好发展的动力问题至关紧要。

我国经济进入新常态的一个突出特点，是发展动力从主要依靠资源和低成本劳动力等要素投入转向创新驱动。为了更好地推进经济新常态下动力转换，党的十八大以来，以习近平同志为核心的党中央，明确提出贯彻落实新发展理念，尤其是把科技创新摆在国家发展全局的核心位置，实施创新驱动发展战略，把坚持创新发展作为应对发展环境变化、增强发展动力、把握发展主动权，更好引领新常态的根本之策。习近平总书记深刻指出："适应和引领经济发展新常态，推进供给侧结构性改革，根本要靠创新。"[2] 要推动我国经济社会持续健康发展，推进供给侧结构性改革，必须在推动发展的内生动力和活力上来一个根本性转变，塑造更多依靠创新驱动、更多发挥先发优势的引领性发展。

在新发展理念中，创新之所以位列第一，这首先是由创新在发展中所居特殊重要的位置决定的。习近平总书记指出：把创新摆在第一位，是因为创新是引领发展的第一动力。[3] 发展动力决定发展速度、效能、

---

[1] 参见中共中央党史和文献研究院编:《十九大以来重要文献选编》(上)，中央文献出版社 2019 年版，第 15 页。

[2] 中共中央文献研究室编:《习近平关于社会主义经济建设论述摘编》，中央文献出版社 2017 年版，第 154 页。

[3] 参见《习近平谈治国理政》第二卷，外文出版社 2017 年版，第 201 页。

可持续性。抓住了创新，就抓住了牵动经济社会发展全局的“牛鼻子”。习近平总书记这一重要论断，是对马克思主义关于科技是生产力、邓小平关于科技是第一生产力重要思想的丰富和发展，是对社会主义建设规律、人类社会发展规律认识的进一步深化。习近平总书记反复强调，抓创新就是抓发展，谋创新就是谋未来。[1]

把创新摆在首要位置，抓住了我国经济健康发展的主要矛盾，是解决我国发展存在突出问题的关键。经过长期努力，我国经济有了很大的发展，总量稳居世界第二，2020 年我国国内生产总值（GDP）首次突破 100 万亿元。[2] 但与此同时，我国经济大而不强、臃肿虚胖体弱问题相当突出。[3] 主要体现在创新能力不强，科技对经济社会发展的支撑能力不足，科技对经济增长的贡献率还明显低于发达国家水平，创新在发展中的推动和牵引作用还有待进一步提升。

把创新摆在首要位置，抓住了我国科技发展的薄弱环节。通过长期努力，我国科技事业取得历史性成就、发生历史性变革，我国科技整体水平大幅提升，一些重要领域跻身世界先进行列，某些领域正由“跟跑者”向“并行者”“领跑者”转变。一方面，我国在关键核心技术上取得一系列重大突破，高铁、5G 移动通信、第三代核电等进入世界前列，我国创新指数世界排名提升至第 14 位。[4] 但另一方面，我国创新能力不适

---

[1] 参见《习近平谈治国理政》第二卷，外文出版社 2017 年版，第 203 页。

[2] 参见陆娅楠:《中国经济总量首超 100 万亿元》,《人民日报》2021 年 1 月 19 日。

[3] 参见中共中央文献研究室编:《习近平关于社会主义经济建设论述摘编》，中央文献出版社 2017 年版，第 34 页。

[4] 参见国家发展和改革委员会:《关于 2019 年国民经济和社会发展计划执行情况与 2020 年国民经济和社会发展计划草案的报告——2020 年 5 月 22 日在第十三届全国人民代表大会第三次会议上》,《人民日报》2020 年 5 月 31 日。

应高质量发展要求，关键核心技术受制于人的局面没有得到根本性改变。比如，我国基础研究同国际先进水平还存在明显的差距，还面临着很多“卡脖子”技术问题，我们的一些关键核心技术受制于人，部分关键元器件、零部件、原材料依赖进口，科技发展面临日趋加剧的外部打压和遏制。这是我国发展的一个明显软肋和薄弱环节。习近平总书记多次形象而深刻地把这个问题比作我国经济的“阿喀琉斯之踵”[1]。

把创新摆在首要位置，抓住了世界发展的大趋势。纵观人类发展历史，创新始终是推动一个国家、一个民族向前发展的重要力量，也是推动整个人类社会向前发展的重要力量。当前，从全球范围看，科学技术越来越成为推动经济社会发展的主要力量，创新驱动是大势所趋。无数事例充分证明，综合国力竞争说到底是创新的竞争，新一轮科技革命带来的无疑是更加激烈的科技竞争。新科技革命和产业变革的趋势，抓住了就是机遇，抓不住就是挑战。如果我们错失了机遇，科技创新搞不上去，就很难实现发展动力的转换，在全球激烈的经济竞争中我们就会继续处于下风。习近平总书记指出，实现高质量发展，必须实现依靠创新驱动的内涵型增长，大力提升自主创新能力，尽快突破关键核心技术。[2]在激烈的国际竞争面前，在单边主义、保护主义上升的大背景下，唯创新者进，唯创新者强，唯创新者胜。我们必须把原始创新能力提升摆在更加突出的位置，着力攻克一批关键核心技术，加速赶超乃至引领步伐，努力实现更多“从 0 到 1”的突破。这方面，党中央已经采取切实有力

[1] 参见《习近平谈治国理政》第二卷，外文出版社 2017 年版，第 203 页。

[2] 参见《着眼长远把握大势开门问策集思广益　研究新情况作出新规划》，《人民日报》2020 年 8 月 25 日。

的重大举措。2014 年 8 月，党中央确定要抓紧实施已有的 16 个国家科技重大专项，进一步聚焦目标、突出重点，攻克高端通用芯片、集成电路装备、宽带移动通信、高档数控机床、核电站、新药创制等关键核心技术，加快形成若干战略性技术和战略性产品，培育新兴产业。在此基础上，以 2030 年为时间节点，再选择一批体现国家战略意图的重大科技项目，力争有所突破。从更长远的战略需求出发，要在航空发动机、量子通信、智能制造和机器人、深空深海探测、重点新材料、脑科学、健康保障等领域再部署一批体现国家战略意图的重大科技项目。[1]

在引领中国经济发展新常态中，以习近平同志为核心的党中央突出强调坚持创新发展，抓住了当前中国经济发展的关键所在。要实现中国经济由大变强，就必须紧紧跟上世界科技革命潮流，把创新作为引领发展的第一动力，把创新摆在国家发展全局的核心位置。为了深入实施创新驱动发展战略，党中央加快制定创新驱动发展战略的顶层设计，积极推动科技创新、产业创新、企业创新、市场创新、产品创新、业态创新、管理创新等，加快形成以创新为主要引领和支撑的经济体系和发展模式。2016 年 5 月，中共中央、国务院发布《国家创新驱动发展战略纲要》，对创新驱动发展战略进行顶层设计和系统谋划，明确未来 30 多年的奋斗目标、发展方向和重点任务，强调要把创新驱动发展作为国家的优先战略，以科技创新为核心带动全面创新，以体制机制改革激发创新活力，以高效率的创新体系支撑高水平的创新型国家建设，推动经济社会发展动力根本转换，为引领中国经济持续健康发展提供强大动力。

---

[1] 参见中共中央文献研究室编:《习近平关于社会主义经济建设论述摘编》，中央文献出版社 2017 年版，第 145 页。

在理解创新发展理念的时候，要注意全面准确。习近平总书记指出，创新是一个复杂的社会系统工程，涉及经济社会各个领域。[1] 新发展理念中的创新发展，科技创新占有突出重要位置，但又不仅限于科技创新，而是指科技创新引领下的包括理论创新、制度创新、科技创新、文化创新等各方面创新在内的全面创新。习近平总书记指出，创新是多方面的，包括理论创新、体制创新、制度创新、人才创新等，但科技创新地位和作用十分显要。[2] 在党的十八届五中全会上的讲话中，习近平总书记明确指出，我们必须把创新作为引领发展的第一动力，把人才作为支撑发展的第一资源，把创新摆在国家发展全局的核心位置，不断推进理论创新、制度创新、科技创新、文化创新等各方面创新，让创新贯穿党和国家一切工作，让创新在全社会蔚然成风。[3]

（二）协调发展注重的是解决发展不平衡问题，集中回答了发展的内生特点问题

中国特色社会主义是全面发展的社会主义。习近平总书记指出，要在坚持以经济建设为中心的同时，全面推进经济建设、政治建设、文化建设、社会建设、生态文明建设，促进现代化建设各个环节、各个方面协调发展。[4] 在论述全面建成小康社会时，习近平总书记明确指出，全

---

[1] 参见中共中央文献研究室编:《习近平关于社会主义经济建设论述摘编》，中央文献出版社 2017 年版，第 35 页。

[2] 参见中共中央文献研究室编:《习近平关于科技创新论述摘编》，中央文献出版社 2016 年版，第 4 页。

[3] 参见中共中央文献研究室编:《十八大以来重要文献选编》（中），中央文献出版社 2016 年版，第 825 页。

[4] 参见《在党的十八届五中全会第二次全体会议上的讲话（节选）》，《求是》2016 年第 1 期。

面建成小康社会，强调的不仅是“小康”，而且更重要的也是更难做到的是“全面”。全面小康，是“五位一体”全面进步的小康，要求经济、政治、文化、社会、生态文明建设全面推进。任何一个方面发展滞后，都会影响全面建成小康社会目标的实现。

协调发展理念的提出和科学运用，是对马克思主义唯物辩证法的科学运用。在马克思主义唯物辩证法看来，世界是普遍联系的，也是永恒发展的，要求用联系的、发展的、全面的观点看待世界万物，不能用片面的静止的观点来看待世界。马克思主义创始人批判地继承了辩证法思想，克服了旧唯物主义的弊端，是马克思主义之所以成为科学、成为科学的世界观和方法论的重要方面。

协调发展理念的提出和科学运用，是对我们党领导中国革命、建设、改革经验的正确总结。我们党接受了马克思主义作为指导思想，运用马克思主义立场观点方法，来观察研究中国革命、建设、改革、发展问题，不断推动党和国家事业取得历史性的巨大成就。统筹兼顾，是我们党治国理政一贯坚持的科学方法和重要原则。早在革命战争年代，毛泽东就著有《矛盾论》《实践论》等重要著作。社会主义建设时期，毛泽东深刻论述了“十大关系”，强调要统筹兼顾，要十个指头“弹钢琴”。[1] 在改革开放时期，邓小平提出“两个文明”一起抓。[2] 尤其是随着党和国家事业的发展，中国特色社会主义事业总体布局，从两位一体，到三位一体、四位一体，再到五位一体，极大地推动了中国特色社会主义事业全

[1] 参见《毛泽东选集》第四卷，人民出版社 1991 年版，第 1442 页。

[2] 参见冷溶、汪作玲主编：《邓小平年谱（1975—1997）》（下），中央文献出版社 2004 年版，第 1344 页。

面发展，社会全面进步。

协调发展理念的提出和科学运用，是对党的十八大以来以习近平同志为核心的党中央治国理政经验的深刻总结。党的十八大以来，以习近平同志为核心的党中央，坚持稳中求进工作总基调，统筹推进“五位一体”总体布局和协调推进“四个全面”战略布局，推动党和国家事业取得历史性成就、发生历史性变革。习近平总书记指出，党的十八大以来，党中央从坚持和发展中国特色社会主义全局出发，提出并形成了全面建成小康社会、全面深化改革、全面依法治国、全面从严治党的战略布局。这个战略布局，既有战略目标，也有战略举措，每一个“全面”都具有重大战略意义。全面建成小康社会是我们的战略目标，在 2020 年的时候已经实现了这个目标，我们国家的发展水平迈上了一个大台阶。全面深化改革、全面依法治国、全面从严治党是三大战略举措。不全面深化改革，发展就缺少动力，社会就没有活力。不全面依法治国，国家生活和社会生活就不能有序运行，就难以实现社会和谐稳定。不全面从严治党，党就做不到“打铁必须自身硬”，也就难以发挥好领导核心作用。习近平总书记强调，要注意把握好主要矛盾和次要矛盾、矛盾的主要方面和次要方面的关系。在推进这“四个全面”过程中，我们既要注重总体谋划，又要注重牵住“牛鼻子”。比如，我们既对全面建成小康社会作出全面部署，又强调“小康不小康，关键看老乡”；既对全面深化改革作出顶层设计，又强调突出抓好重要领域和关键环节的改革；既对全面推进依法治国作出系统部署，又强调以中国特色社会主义法治体系为总目标和总抓手；既对全面从严治党提出系列要求，又把党风廉政建设作为突破口，着力解决人民群众反映强烈的“四风”问题，着力解决不敢腐、不能腐、不想腐的问题。党的十八大以来的成功实践告诉我们，在任何工作中，既要讲两点论，又要讲重点论，没有主次，不加区别，眉毛胡子一把抓，是做不好工作的。

协调发展理念的提出和科学运用，是对当前和今后一个时期国内外深刻复杂变化形势和艰巨繁重改革发展稳定任务的科学应对。“十四五”时期，我国将进入新发展阶段。在中华民族伟大复兴战略全局和世界百年未有之大变局同步交织、相互激荡、交融交汇的情况下，我们既面临国内外形势的深刻复杂变化，又面临艰巨繁重改革发展稳定任务，需要把协调发展摆在更加突出的位置，要始终把胸怀两个大局作为我们谋划工作的基本出发点，要在推进中国特色社会主义事业发展中，更好地统筹国内国际两个大局，统筹发展和安全两件大事，统筹推进“五位一体”总体布局和协调推进“四个全面”战略布局，统筹疫情防控和经济社会发展，把国内发展与对外开放统一起来。

值得注意的是，党的十九届五中全会进一步提出“坚持系统观念”的重要原则。这是在党的正式文件中第一次提出这一重大原则，是具有基础性的思想和工作方法，是对我们党领导中国革命、建设、改革成功经验的深刻总结。党的十八大以来，以习近平同志为核心的党中央坚持系统谋划、统筹推进党和国家各项事业，根据新的实践需要，形成一系列新布局和新方略，带领全党全国各族人民取得历史性成就，积累了宝贵经验。坚持系统观念，是适应我国发展环境深刻复杂变化，发展不平衡不充分问题仍然突出，经济社会发展中矛盾错综复杂，对统筹兼顾、协调发展等方法的进一步发展。它要求我们必须从系统观念出发谋划和解决今天日趋复杂的改革发展稳定问题，全面协调推动各领域工作和社会主义现代化建设，是我们党对共产党执政规律、社会主义建设规律、人类社会发展规律认识的深化，体现了我们党驾驭复杂局面的非凡能力和治国理政的高超领导艺术。

（三）绿色发展注重的是解决人与自然和谐问题，集中回答了发展的方式问题

人与自然是和谐共生的关系。大自然是所有生命之母，是人类生存和发展的基础。马克思认为，大自然是人类“赖以生活的无机界”[1]。在漫长的人类历史发展过程中，人通过劳动既把自然界作为人的直接的生活资料，又把自然界作为人的生命活动的材料、对象和工具。[2] 马克思指出，“整个所谓世界历史不外是人通过人的劳动而诞生的过程，是自然界对人来说的生成过程。”[3] 中国古代先贤很早就意识到人与自然共生的关系，先秦时期道家老子就提出“天人合一”“道法自然”[4] 等著名观点，道家另一个代表人物庄子也说过“天地与我并生，万物与我为一”[5]。但在很长一段时间里尤其是近代工业化以后，人们在发展当中往往陶醉于“人定胜天”的成绩，满足于对大自然的索取，在取得比过去一切世代创造的全部生产力还要多、还要大的丰硕成果的同时，许多地方也出现因对自然资源掠夺性开采而导致的水土流失、环境污染等生态严重破坏现象，一些地方失去了森林成为不毛之地，一些地方山泉大部分时间内枯竭而在雨季洪水又肆虐泛滥。恩格斯深刻指出，人类通过劳动实现了对

[1] 《马克思恩格斯全集》第一卷，人民出版社 2009 年版，第 161 页。

[2] 参见《马克思恩格斯全集》第四十二卷，人民出版社 1979 年版，第 95 页。

[3] 《马克思恩格斯全集》第三卷，人民出版社 2002 年版，第 310 页。

[4] 参见《老子》，中华书局 2006 年版。

[5] 参见《庄子》，中华书局 2007 年版。

自然界的支配和统治，“但是我们不要过分陶醉于我们人类对自然界的胜利。对于每一次这样的胜利，自然界都对我们进行报复。每一次胜利，起初确实取得了我们预期的结果，但是往后和再往后却发生完全不同的、出乎预料的影响，常常把最初的结果又消除了”[1]。随着工业化的推进，这方面现象暴露得越来越充分，日益成为人类发展必须正视和解决的重大课题。习近平总书记指出，人类发展活动必须尊重自然、顺应自然、保护自然，否则就会遭到大自然的报复，这个规律谁也无法抗拒。[2]绿色发展理念的提出和科学运用，是深刻总结古今中外历史发展经验的结晶。

习近平在担任浙江省委书记时就明确提出“绿水青山就是金山银山”的重要论断[3]，明确提出不要以环境为代价去推动经济增长。2005 年 8 月 24 日，他在《浙江日报》“之江新语”栏目发表《绿水青山也是金山银山》的评论指出：“生态环境优势转化为生态农业、生态工业、生态旅游等生态经济的优势，那么绿水青山也就变成了金山银山。”并积极推动当地经济发展转型，走绿色发展之路。党的十八大以来，以习近平同志为核心的党中央，更加高度重视社会主义生态文明建设，坚持节约资源和保护环境的基本国策，正确处理好经济发展同生态环境保护的关系，坚持和贯彻新发展理念，把生态文明建设融入经济建设、政治建设、文化建设、社会建设各方面和全过程，坚定不移走生产发展、生活富裕、生

[1] 《马克思恩格斯选集》第三卷，人民出版社 2012 年版，第 998 页。

[2] 参见中共中央文献研究室编：《习近平关于社会主义生态文明建设论述摘编》，中央文献出版社 2017 年版，第 32 页。

[3] 参见习近平：《绿水青山就是金山银山》，《人民日报》2006 年 4 月 24 日。

态良好的文明发展道路，加快建设资源节约型、环境友好型社会，推动形成绿色发展方式和生活方式，推进美丽中国建设，取得了历史性成就，发生了历史性变革，并且形成了习近平生态文明思想，强调新时代推进生态文明建设，必须坚持人与自然和谐共生，坚持绿水青山就是金山银山，坚持良好生态环境是最普惠的民生福祉，坚持山水林田湖草是生命共同体，坚持用最严格制度最严密法治保护生态环境，坚持共谋全球生态文明建设。[1]这对自觉把经济社会发展同生态文明建设统筹起来，加大力度推进生态文明建设、解决生态环境问题，坚决打好污染防治攻坚战，推动我国生态文明建设迈上新台阶，具有十分重要的指导意义。

值得注意的是，今天中国的发展更加自觉地从系统的观念来看待和处理生态文明建设问题。习近平总书记强调，山水林田湖是一个生命共同体，人的命脉在田，田的命脉在水，水的命脉在山，山的命脉在土，土的命脉在树。生态文明建设必须遵循自然规律，必须统筹兼顾、整体施策、多措并举，全方位、全地域、全过程地开展，而不能种树的只管种树、治水的只管治水、护田的单纯护田。这种系统观念，随着中国特色社会主义事业的发展，日益深入人心，贯彻落实到发展的全过程各领域，成为引领中国发展和生态文明建设的新理念。

与此同时，绿色发展要求进一步促进经济社会发展全面绿色转型，建设人与自然和谐共生的现代化。中央全面深化改革委员会第十七次会议审议通过的《关于加快建立健全绿色低碳循环发展经济体系的指导意见》明确提出，建立健全绿色低碳循环发展经济体系，促进经济社会发

[1] 参见《中共中央国务院关于全面加强生态环境保护 坚决打好污染防治攻坚战的意见》，《人民日报》2018年5月20日。

展全面绿色转型，是解决我国资源环境生态问题的基础之策。要坚定不移贯彻新发展理念，全方位全过程推行绿色规划、绿色设计、绿色投资、绿色建设、绿色生产、绿色流通、绿色生活、绿色消费，使发展建立在高效利用资源、严格保护生态环境、有效控制温室气体排放的基础上，统筹推进高质量发展和高水平保护。这是推进我国绿色发展的重要顶层设计和总体安排。坚持绿色循环低碳发展，建立健全绿色低碳循环发展经济体系，既是建立现代化经济体系的客观要求，也是我国高质量发展的内在要求，是当今时代科技革命和产业变革的方向，是最有前途的发展领域。新时代的中国发展要立足新发展阶段，着眼于构建新发展格局，以新发展理念为引领，把应对气候变化作为实现发展方式转变的重大机遇，积极探索符合中国国情的低碳发展道路，进一步推动实现高质量发展。

（四）开放发展注重的是解决发展内外联动问题，集中回答了发展的必由之路问题

开放带来进步，封闭必然落后。改革开放是当代中国最鲜明的特色，是我们党在新的历史时期最鲜明的旗帜。40 多年来，对外开放是我国经济持续快速发展的一个重要动力，是开启新时期、进入新时代的助推器。改革开放 40 多年的实践启示我们，改革开放是决定当代中国命运的关键抉择，是党和人民事业大踏步赶上时代的重要法宝。中国的发展，可以说得益于对外开放和融入经济全球化。改革开放以来，中国打开国门搞建设，以开放促改革，实现了从封闭半封闭到对外开放的历史性转变，为经济社会发展注入了强大动力，经济长期保持将近两位数的高速增长，创造了举世瞩目的中国奇迹。尤其是加入世界贸易组织之后，中国经济更加深入地融入经济全球化，中国在更大范围、更高水平上参与国际经济合作和竞争，进一步积极参与国际分工与合作，进一步推动了中国经济的快速发展，中国经济总量跃居并稳居世界第二。与此同时，通过对外开放，中国发展也成为世界发展的机遇，是推动世界经济增长的重要动力源。多年来，中国经济对世界经济增长的贡献率一直保持在 30% 左右，是拉动世界经济复苏和增长的重要引擎，成为世界经济恢复增长的火车头。尤其是“一带一路”建设的实施，秉持和遵循共商共建共享原则，旨在同沿线各国分享中国发展机遇，实现共同繁荣。“一带一路”建设，是我国在新的历史条件下实行全方位对外开放的重大举措，是中国共产党人把自身发展同世界发展相统一的世界胸怀和责任担当的集中体现，是中国要对人类有更大贡献的重要体现。今天的中国与世界的关系已发生深刻的历史性变化，中国的发展离不开世界，世界的繁荣也需要中国，已越来越成为普遍的共识。

当今世界正经历百年未有之大变局，国际经济合作和竞争局面正在发生深刻变化。一段时间以来，单边主义、贸易保护主义抬头，经济全球化出现一些逆流和回头浪，这对各国实行开放带来一些新情况新挑战。但经济全球化是当今世界发展的一种客观趋势，世界决不会退回到相互封闭、彼此分割的状态，开放合作仍然是历史潮流，互利共赢依然是人心所向。

中国始终坚持对外开放的基本国策。习近平总书记在党的十八届五中全会上论述开放理念时明确指出，现在的问题不是要不要对外开放，而是如何提高对外开放的质量和发展的内外联动性。他针对我国对外开放水平总体上还不够高，用好国际国内两个市场、两种资源的能力还不够强，应对国际经贸摩擦、争取国际经济话语权的能力还比较弱，运用国际经贸规则的本领也不够强等情况，强调形成对外开放新体制，发展更高层次的开放型经济，以扩大开放带动创新、推动改革、促进发展。[1]

党的十九届五中全会通过的“十四五”规划建议，设立专章规划“实行高水平对外开放，开拓合作共赢新局面”问题；强调坚持实施更大范围、更宽领域、更深层次对外开放，依托我国大市场优势，促进国际合作，实现互利共赢；对建设更高水平开放型经济新体制、推动共建“一带一路”高质量发展、积极参与全球经济治理体系改革等重大问题作出战略部署。其中，尤其引人注目的是在“十四五”时期经济社会发展指导思想中明确提出，加快构建以国内大循环为主体、国内国际双循环相互促进的新发展格局。这是对当前和今后一个时期我国发展战略、路径作出的重大调整和完善，是着眼于我国长远发展和长治久安作出的重大战略部署，将对我国发展产生重大而深远的影响。构建新发展格局，究竟是主动作为还是被动应对，是长期战略还是权宜之计？国内外一些学者和舆论有不同的解读。习近平总书记明确指出，新发展格局决不是封闭的国内循环，而是开放的国内国际双循环。[2] 在新发展格局下，中国市场潜力将充分激发，为世界各国创造更多需求。在新发展格局下，中国开放的大门将进一步敞开，同世界各国共享发展机遇。在新发展格

[1] 参见中共中央文献研究室编:《十八大以来重要文献选编》(中)，中央文献出版社 2016 年版，第 826 页。

[2] 参见习近平:《关于〈中共中央关于制定国民经济和社会发展第十四个五年规划和二〇三五年远景目标的建议〉的说明》，《人民日报》2020 年 11 月 4 日。

局下，中国的对外合作将不断深化，同世界各国实现互利共赢。[1]

中国不仅是这样说的，更是这样做的。仅2020年以来，面对世界经济不稳定性不确定性明显增强，单边主义、保护主义蔓延，中国对外开放非但没有止步，而且推出了一系列扩大开放的政策措施，包括全面实施外商投资法及其实施条例、进一步缩减外商投资准入负面清单、稳步推动金融市场准入、出台海南自由贸易港建设总体方案、强化深圳和浦东的改革开放举措、深化服务贸易创新发展试点等。中国以实际行动向世界宣示，中国是世界和平的建设者、全球发展的贡献者、国际秩序的维护者。

（五）共享发展注重的是解决社会公平正义问题，集中回答了发展的根本目的这一基本问题

为中国人民谋幸福、为中华民族谋复兴，是中国共产党人的初心和使命。早在党的十八届一中全会上，刚刚当选总书记的习近平就明确提出，我们党领导人民全面建设小康社会、进行改革开放和社会主义现代化建设的根本目的，就是要通过发展社会生产力，不断提高人民物质文化生活水平，促进人的全面发展。检验我们一切工作的成效，最终都要看人民是否真正得到了实惠，人民生活是否真正得到了改善，这是坚持立党为公、执政为民的本质要求，是党和人民事业不断发展的重要保证。[2]他强调，让广大人民群众共享改革发展成果，是社会主义的本质要求，是社会主义制度优越性的集中体现，是我们党坚持全心全意为人

---

[1] 参见习近平：《构建新发展格局　实现互利共赢——在亚太经合组织工商领导人对话会上的主旨演讲》，《人民日报》2020年11月20日。

[2] 参见中共中央文献研究室编：《习近平关于社会主义经济建设论述摘编》，中央文献出版社2017年版，第19页。

民服务根本宗旨的重要体现。[1]共享理念，鲜明地回答了我们的发展为了谁、依靠谁、发展成果由谁共享的基本问题。发展为了人民，是马克思主义政治经济学的根本立场。我国是社会主义国家，我们的发展必须坚持以人民为中心，坚持发展为了人民、发展依靠人民、发展成果由人民共享。人民是推动发展的根本力量，让广大人民群众共享改革发展成果，对于调动广大人民群众的积极性、主动性、创造性，就会起到很好的作用，我们国家的发展就能拥有不竭的力量源泉。习近平总书记深刻指出，发展仍然是我们党执政兴国的第一要务，仍然是带有基础性、根本性的工作，但经济发展、物质生活改善并不是全部，人心向背也不仅仅决定于这一点。发展了，还有共同富裕问题。物质丰富了，但发展极不平衡，贫富差距很大，社会不公平，两极分化了，能得人心吗？[2]习近平总书记深刻揭示了生产与分配的关系，深刻揭示了共享理念的唯物史观的根基，庄严宣示了中国共产党的宗旨、性质。

共享发展理念的提出，同创新、协调、开放、绿色发展理念一样，有着很强的现实针对性。经过长期努力，我国经济有了长足发展，人民生活水平相应地有了很大提高，总体上实现了小康，但另一方面还存在着比较突出的分配不公问题，收入差距、城乡区域公共服务水平差距较大等问题。党的十九大和十九届五中全会指出的我国发展的突出问题中，其中一个重要方面分别是“城乡区域发展和收入分配差距依然较大”[3]，“城乡区域发展

---

[1] 参见中共中央文献研究室编:《十八大以来重要文献选编》(中)，中央文献出版社 2016 年版，第 827 页。

[2] 参见习近平:《做焦裕禄式的县委书记》，中央文献出版社 2015 年版，第 35 页。

[3] 中共中央党史和文献研究院编:《十九大以来重要文献选编》(上)，中央文献出版社 2019 年版，第 7 页。

和收入分配差距较大”[1]。这说明在共享改革发展成果上，无论是实际情况还是制度设计，都还有不完善的地方。党的十八届五中全会鲜明提出要坚持以人民为中心的发展思想，明确把增进人民福祉、促进人的全面发展、朝着共同富裕的方向稳步前进作为经济发展的出发点和落脚点。习近平总书记在“十四五”规划建议的说明中，专门谈到关于促进全体人民共同富裕问题，强调随着我国全面建成小康社会、开启全面建设社会主义现代化国家新征程，必须把促进全体人民共同富裕摆在更加重要的位置，脚踏实地，久久为功，向着这个目标更加积极有为地进行努力。全会通过的“十四五”规划建议在2035年基本实现社会主义现代化远景目标中明确提出“全体人民共同富裕取得更为明显的实质性进展”，在改善人民生活品质部分突出强调“扎实推动共同富裕”，并提出一些重要要求和重大举措。这是我们党坚持以人民为中心的发展思想，贯彻落实共享发展理念的集中体现。这就要求我们在发展中，一方面要充分调动人民群众的积极性、主动性、创造性，举全民之力推进中国特色社会主义事业，不断把“蛋糕”做大，另一方面又要把不断做大的“蛋糕”分好，让社会主义制度的优越性得到更充分体现，让人民群众有更多获得感。

当然，我们所说的共享，并不是平均主义，并不是要回到过去的吃“大锅饭”。2016年1月，在省部级主要领导干部学习贯彻党的十八届五中全会精神专题研讨班上，习近平总书记对共享理念进行了全面系统的深刻论述。他指出，共享发展理念的内涵主要有四个方面。一是共享是全民共享；二是共享是全面共享；三是共享是共建共享；四是共享是渐

[1] 《中共中央关于制定国民经济和社会发展第十四个五年规划和二〇三五年远景目标的建议》，《人民日报》2020年11月4日。

进共享。[1]

全民共享强调的是全体人民共享改革发展成果。这就有助于我们理解，为什么党的十八届五中全会在提出共享发展理念的同时，要把扶贫改为“脱贫”，把脱贫攻坚摆在更加突出的重要位置。这种调整是合乎逻辑发展的必然结果。从根本上说，党的十八届五中全会强调要把农村贫困人口脱贫作为全面建成小康社会的基本标志，实施精准扶贫、精准脱贫，以更大决心、更精准思路、更有力措施，采取超常举措，实施脱贫攻坚工程，确保我国现行标准下农村贫困人口实现脱贫、贫困县全部摘帽、解决区域性整体贫困，[2] 其目的是确保贫困地区、贫困群众同全国人民一道迈入小康社会，不断推进全体人民共同富裕。全面共享强调的是社会的全面发展和更好满足人民日益增长的美好生活需要。随着我国经济社会的发展，在解决了十几亿人的温饱问题之后，人民美好生活需要日益广泛，不仅对物质文化生活提出了更高要求，而且在民主、法治、公平、正义、安全、环境等方面的要求日益增长。共建共享强调的是人民群众既是改革发展成果的共享者，更是改革发展成果的创造者。幸福不会从天降，美好梦想不会自动变成现实。习近平总书记强调指出，“中国梦归根到底是人民的梦，必须紧紧依靠人民来实现，必须不断为人民造福”[3]。必须坚持人民主体地位，依靠人民创造历史伟业。渐进共享强

[1] 参见中共中央文献研究室编:《习近平关于社会主义经济建设论述摘编》，中央文献出版社2017年版，第42页。

[2] 参见中共中央文献研究室编:《十八大以来重要文献选编》(中)，中央文献出版社2016年版，第832页。

[3] 中共中央文献研究室编:《十八大以来重要文献选编》(上)，中央文献出版社2014年版，第235页。

调的是要立足社会主义初级阶段的基本国情，既要积极作为，又要量力而行，正确认识和处理经济发展与民生改善的关系，坚持在发展中保障和改善民生。

三、深刻理解把握新发展理念的核心要义

新发展理念相互贯通、相互促进，是具有内在联系的集合体。习近平总书记把从根本宗旨把握新发展理念摆在完整、准确、全面贯彻新发展理念之首，强调为人民谋幸福、为民族谋复兴，这既是我们党领导现代化建设的出发点和落脚点，也是新发展理念的“根”和“魂”。只有坚持以人民为中心的发展思想，坚持发展为了人民、发展依靠人民、发展成果由人民共享，才会有正确的发展观、现代化观。[1] 作为统领和贯穿新发展理念的核心和灵魂，坚持以人民为中心体现了我们党全心全意为人民服务的根本宗旨和领导发展的根本目的。党的十八届五中全会首次提出新发展理念的同时，还首次提出坚持以人民为中心的发展思想。这两者同时提出不是偶然的，而是根源于两者内在的紧密联系。从根本上说，党的十八届五中全会鲜明提出要坚持以人民为中心的发展思想，把增进人民福祉、促进人的全面发展、朝着共同富裕方向稳步前进作为经济发展的出发点和落脚点，深刻揭示了新发展理念的核心和灵魂，是习近平新时代中国特色社会主义思想鲜明的人民性的集中体现。坚持以人民为中心的发展思想，就像一根红线，贯穿创新、协调、绿色、开放、

[1] 参见习近平:《把握新发展阶段，贯彻新发展理念，构建新发展格局》,《求是》2021 年第 9 期。

共享五大发展理念，集中体现了人民是推动发展的根本力量的唯物史观和马克思主义政治经济学的根本立场，鲜明地回答了发展为了人民、发展依靠人民、发展成果由人民共享等有关发展的重大问题。

（一）贯彻落实创新发展理念，在抓住科技创新这个核心的同时，必须紧紧抓住培养造就创新型人才这个关键

在马克思主义看来，人是生产力中最活跃的因素。科学技术是生产力要素中的重要因素，历史上的生产资料都是同一定的科学技术相结合的，历史上的劳动力也都是掌握一定的科学技术知识的劳动力。马克思指出："生产力里面也包括科学在内"[1]，"社会的劳动生产力，首先是科学力量"[2]。恩格斯指出："在马克思看来，科学是一种在历史上起推动作用的、革命的力量。任何一门理论科学中的每一个新发现——它的实际应用也许还根本无法预见——都使马克思感到衷心喜悦，而当他看到那种对工业、对一般历史发展立即产生革命性影响的发现的时候，他的喜悦就非同寻常了。"[3] 马克思主义唯物史观高度重视人对历史发展的推动作用，也高度重视人在生产力发展中的地位和作用，强调人是其中最具决定性的力量和最活跃的因素，代表先进生产力的发展要求，尤其强调掌握科学技术的人对生产力的推动作用。随着科学技术的发展，邓小平进一步提出科学技术是第一生产力的重要思想。[4] 他一方面突出强调科学

[1] 《政治经济学批判大纲（草稿）》第三分册，人民出版社 1963 年版，第 350 页。

[2] 中共中央文献研究室编：《新时期科学技术工作重要文献选编》，中央文献出版社 1995 年版，第 355 页。

[3] 《马克思恩格斯选集》第三卷，人民出版社 2012 年版，第 1003 页。

[4] 参见《邓小平文选》第三卷，人民出版社 1993 年版，第 274 页。

技术的重要地位，强调我们要实现现代化，关键是科学技术要能上去，[1]要提倡科学，靠科学才有希望；[2]另一方面又突出强调要尊重知识，尊重人才；[3]强调全党和全社会都要真正尊重知识，真正发挥知识分子的作用。这样，我们就一定会逐步实现现代化。[4]

党的十八大以来，以习近平同志为核心的党中央高度重视科技创新工作，坚持把创新作为引领发展的第一动力。一方面，突出强调科技是国家强盛之基，创新是民族进步之魂。当今世界，谁牵住了科技创新这个“牛鼻子”，谁走好了科技创新这步先手棋，谁就能占领先机、赢得优势。当前，全党全国各族人民正在为全面建成小康社会、实现中华民族伟大复兴的中国梦而团结奋斗。我们比以往任何时候都更加需要强大的科技创新力量。另一方面，又突出强调人是科技创新最关键的因素。[5]人才是创新的根基，是创新的核心要素。[6]强调人才资源是第一资源，也是创新活动中最为活跃、最为积极的因素。综合国力竞争归根到底是人才竞争。哪个国家拥有人才上的优势，哪个国家最后就会拥有实力上的优势。要把科技创新搞上去，就必须建设一支规模宏大、结构合理、素质优良的创新人才队伍。强调要用好科研人员，既要用事业激发其创新勇气和毅力，也要重视必要的物质激励，使他们“名利双收”。2020

---

[1] 参见《邓小平文选》第二卷，人民出版社 1994 年版，第 40 页。

[2] 参见《邓小平文选》第三卷，人民出版社 1993 年版，第 377—378 页。

[3] 参见《邓小平文选》第二卷，人民出版社 1994 年版，第 41 页。

[4] 参见《邓小平文选》第三卷，人民出版社 1993 年版，第 70 页。

[5] 参见中共中央文献研究室编:《习近平关于科技创新论述摘编》，中央文献出版社 2016 年版，第 117 页。

[6] 同上书，第 119 页。

年9月，习近平总书记在科学家座谈会上，立足当今世界正经历百年未有之大变局和我国发展面临的国内外环境发生深刻复杂变化，进一步从推动高质量发展、实现人民高品质生活、构建新发展格局、顺利开启全面建设社会主义现代化国家新征程等方面深刻论述加快科技创新的极端重要性，强调现在我国经济社会发展和民生改善比过去任何时候都更加需要科学技术解决方案，都更加需要增强创新这个第一动力。强调要给广大科学家和科技工作者搭建施展才华的舞台，让科技创新成果源源不断涌现出来。要尊重人才成长规律和科研活动自身规律，培养造就一批具有国际水平的战略科技人才、科技领军人才、创新团队。[1] 所有这些，都是坚持以人民为中心的发展思想在创新领域的生动体现，都是贯彻落实创新发展理念要重点把握的精髓要义。

（二）贯彻落实协调发展理念，集中解决我国发展不平衡不充分问题，目的是更好满足人民对美好生活的需要

协调发展，主要是针对当前我国社会发展不平衡不充分同人民美好生活需要之间这一突出矛盾而提出来的。这种不平衡，突出表现为城乡发展不平衡；这种不充分，突出表现为农村发展不充分。这是我们全面建成小康社会最大的短板，也是制约满足人民对美好生活需要的主要因素。早在2012年12月，习近平总书记到河北省阜平县考察扶贫开发工作时就明确提出，消除贫困、改善民生、实现共同富裕，是社会主义的本质要求。全面建成小康社会，最艰巨最繁重的任务在农村，特别是在贫困地区。没有农村的小康，特别是没有贫困地区的小康，就没有全面

[1] 参见习近平:《在科学家座谈会上的讲话》,《人民日报》2020年9月12日。

建成小康社会。[1] 党的十八届五中全会在提出新发展理念的同时，首次从实现全面建成小康社会奋斗目标出发，明确提出到2020年我国现行标准下农村贫困人口实现脱贫，贫困县全部摘帽，解决区域性整体贫困的目标，把扶贫攻坚改成了脱贫攻坚。习近平总书记指出，全面建成小康社会，强调的不仅是“小康”，而且更重要的也是更难做到的是“全面”。“小康”讲的是发展水平，“全面”讲的是发展的平衡性、协调性、可持续性。全面小康，覆盖的领域要全面，是五位一体全面进步；全面小康，覆盖的人口要全面，是惠及全体人民的小康；全面小康，覆盖的区域要全面，是城乡区域共同的小康。他强调如果到2020年我们在总量和速度上完成了目标，但发展不平衡、不协调、不可持续问题更加严重，短板更加突出，就算不上真正实现了目标，即使最后宣布实现了，也无法得到人民群众和国际社会认可。[2]

让农村贫困人口生活好起来，成为习近平总书记花的精力最多、最为牵挂的一件事情。他一再强调，小康不小康，关键看老乡。没有农村的小康，特别是没有贫困地区的小康，就没有全面建成小康社会。全面建成小康社会，一个也不能少；共同富裕路上，一个也不能掉队。党的十八大以来，以习近平同志为核心的党中央把脱贫攻坚摆在治国理政的突出位置，作出一系列重大部署和安排，脱贫攻坚力度之大、规模之广、影响之深，前所未有，取得了决定性成就。“十三五”时期，我国脱贫攻坚成果举世瞩目，5575万农村贫困人口实现脱贫。截至2020年11月23

[1] 参见中共中央党史和文献研究院编:《习近平扶贫论述摘编》，中央文献出版社2018年版，第4页。

[2] 参见习近平:《在党的十八届五中全会第二次全体会议上的讲话（节选）》，《求是》2016年第1期。

日，随着贵州省宣布剩余的 9 个贫困县退出贫困县序列，全国 52 个挂牌督战县经过省级专项评估检查，已由各省级人民政府全部宣布退出。加上 2016—2019 年已脱贫摘帽的 780 个贫困县，我国 832 个贫困县全部脱贫摘帽。[1] 我国脱贫攻坚取得的决定性成就，为确保如期全面建成小康社会奠定了坚实基础。

（三）贯彻落实绿色发展理念，推动形成绿色发展方式和生活方式，目的是给广大人民群众创造良好的生产生活环境

党的十八大以来，以习近平同志为核心的党中央以高度的历史使命感和责任担当，从关系人民福祉和民族未来的战略高度，把生态文明建设作为统筹推进“五位一体”总体布局和协调推进“四个全面”战略布局的重要内容，开展了一系列根本性、开创性、长远性工作，提出了一系列新理念新思想新战略。一方面，从关系中华民族未来的高度，强调要坚持人与自然和谐共生，绿水青山就是金山银山，山水林田湖草是生命共同体的理念；强调生态环境保护是功在当代、利在千秋，生态文明建设事关中华民族永续发展和“两个一百年”奋斗目标的实现，保护生态环境就是保护生产力，改善生态环境就是发展生产力。另一方面，又从关系人民福祉的高度，强调生态环境破坏和污染不仅影响经济社会可持续发展，而且对人民群众健康的影响已经成为一个突出的民生问题，必须下大气力解决好。明确提出良好生态环境是最普惠的民生福祉，强调环境就是民生，青山就是美丽，蓝天也是幸福。强调发展经济是为了民生，保护生态环境同样也是为了民生。既要创造更多的物质财富和精

[1] 参见顾仲阳:《我国 832 个贫困县全部脱贫摘帽》,《人民日报》2020 年 11 月 25 日。

神财富以满足人民日益增长的美好生活需要，也要提供更多优质生态产品以满足人民日益增长的优美生态环境需要。强调把解决突出生态环境问题作为民生优先领域，打好污染防治攻坚战，集中力量攻克老百姓身边的突出生态环境问题。包括坚决打赢蓝天保卫战，深入实施水污染防治行动计划，全面落实土壤污染防治行动计划，持续开展农村人居环境整治行动，集中解决重污染天气、黑臭水体、垃圾围城、农村环境等严重影响人民群众生产生活，老百姓意见大、怨言多的环境问题，推动形成绿色发展方式和生活方式，协同推进人民富裕、国家强盛、中国美丽。

党的十九届四中全会后，以习近平同志为核心的党中央把绿色发展纳入制度建设，为进一步强化绿色发展提供制度保障。2020 年 2 月，中共中央办公厅、国务院办公厅印发《关于构建现代环境治理体系的指导意见》，明确主要目标是，到 2025 年，建立健全环境治理的领导责任体系、企业责任体系、全民行动体系、监管体系、市场体系、信用体系、法律法规政策体系，落实各类主体责任，提高市场主体和公众参与的积极性，形成导向清晰、决策科学、执行有力、激励有效、多元参与、良性互动的环境治理体系。这就为推动生态环境根本好转、建设生态文明和美丽中国提供了有力的制度保障。

（四）贯彻落实开放发展理念，必须坚持以人民为中心的发展思想

关于开放发展，有些人也许以为它同坚持以人民为中心的关系不是那么直接。这是一种误解。首先，对外开放的主体，是广大人民群众。改革开放 40 多年来，我们党团结带领人民解放思想、实事求是，大胆地试、勇敢地改，干出了一片新天地。从兴办深圳等经济特区、沿海沿

边沿江沿线和内陆中心城市对外开放，到加入世界贸易组织，共建“一带一路”，设立自由贸易试验区，谋划中国特色自由贸易港，成功举办首届、第二届、第三届中国国际进口博览会，从“引进来”到“走出去”，中国发展不断融入全球，极大地推动了中国特色社会主义的发展，极大地改善了人民群众的生活，给当代中国带来极大的进步。改革开放40多年来取得的成就不是天上掉下来的，更不是别人恩赐施舍的，而是全党全国各族人民用勤劳、智慧、勇气干出来的。其次，我国的对外开放，无论是进口还是出口，都是基于对人民群众期盼和需要的深刻体悟。[1]2018年4月，习近平主席在博鳌亚洲论坛2018年年会开幕式上郑重宣布中国在扩大开放方面将采取的重大举措中的一项重要内容，就是主动扩大进口。他强调内需是中国经济发展的基本动力，也是满足人民日益增长的美好生活需要的必然要求。我们将相当幅度降低汽车进口关税，同时降低部分其他产品进口关税，努力增加人民群众需求比较集中的特色优势产品进口。[2]同年11月，习近平主席在第一届上海进博会上进一步宣布，中国将顺应国内消费升级趋势，采取更加积极有效的政策措施，促进居民收入增加、消费能力增强，培育中高端消费新增长点，持续释放国内市场潜力，扩大进口空间。[3]党的十九届五中全会提出构建新发展格局，出发点同样是要坚持扩大内需这个战略基点，使生产、分配、流通、消费更多地依托国内市场，形成国民经济良性循环。

---

[1] 参见习近平:《论中国共产党历史》，中央文献出版社2021年版，第214页。

[2] 参见习近平:《论坚持推动构建人类命运共同体》，中央文献出版社2018年版，第526页。

[3] 参见中共中央党史和文献研究院编:《十九大以来重要文献选编》(上)，中央文献出版社2019年版，第686页。

（五）共享发展，实质就是坚持以人民为中心的发展思想

发展为了人民，发展依靠人民，发展成果由人民共享，是马克思主义政治经济学的根本立场，是马克思主义政党同其他政党的根本区别。马克思、恩格斯在《共产党宣言》中指出：在未来社会，“生产将以所有的人富裕为目的”[1]。这是同资本主义生产只追求剩余价值最大化的根本区别。习近平总书记深刻指出，共享理念实质就是坚持以人民为中心的发展思想，体现的是逐步实现共同富裕的要求。[2]坚持以人民为中心的发展思想，彰显了我们发展的人民立场、人民主体、人民力量，是马克思主义唯物史观的集中体现，集中体现了人民是推动发展的根本力量的唯物史观和马克思主义政治经济学的根本立场，鲜明地回答了发展为了人民、发展依靠人民、发展成果由人民共享等重大问题。

发展是人类面临的永恒主题。发展为了谁，发展依靠谁，发展成果由谁享有，这是发展首先需要回答的基本问题。对这些问题的不同回答，形成了不同的发展思想，是衡量一个政党的发展思想代表谁的利益、是否符合发展规律的试金石。共享发展理念，全面系统地集中回答了发展为了谁，发展依靠谁，发展成果由谁享有等基本问题，创立了以人民为中心的发展思想。一是明确发展的主体是人民。党的十九大报告指出，必须坚持人民主体地位，坚持立党为公、执政为民，践行全心全意为人民服务的根本宗旨，把党的群众路线贯彻到治国理政全部活动之中，把

[1] 《马克思恩格斯文集》第八卷，人民出版社 2009 年版，第 200 页。

[2] 参见中共中央文献研究室编：《习近平关于社会主义经济建设论述摘编》，中央文献出版社 2017 年版，第 41 页。

人民对美好生活的向往作为奋斗目标，依靠人民创造历史伟业。[1] 二是明确发展的根本目的是满足人民日益增长的美好生活需要。习近平总书记一再强调，我们党领导人民全面建设小康社会、进行改革开放和社会主义现代化建设的根本目的，就是要通过发展社会生产力，不断提高人民物质文化生活水平，促进人的全面发展。[2] 三是明确发展的依靠力量是广大人民群众的伟大创造。党的十九大报告指出，人民是历史的创造者，是决定党和国家前途命运的根本力量。[3] 习近平总书记强调，劳动是推动人类社会进步的根本力量，“中国梦归根到底是人民的梦，必须紧紧依靠人民来实现，必须不断为人民造福”[4]。四是明确发展的成果由人民共同享有。党的十九大报告指出，必须始终把人民利益摆在至高无上的地位，让改革发展成果更多更公平惠及全体人民，朝着实现全体人民共同富裕不断迈进。[5]

总之，坚持人民主体地位，坚持发展为了人民，发展依靠人民，发展成果由人民共享，是以人民为中心的发展思想的基本内涵和核心要义，也是新发展理念的出发点和落脚点。坚持以人民为中心的发展思想，是

[1] 参见中共中央党史和文献研究院编:《十九大以来重要文献选编》(上)，中央文献出版社2019年版，第15页。

[2] 参见中共中央文献研究室编:《习近平关于社会主义经济建设论述摘编》，中央文献出版社2017年版，第19页。

[3] 参见中共中央党史和文献研究院编:《十九大以来重要文献选编》(上)，中央文献出版社2019年版，第15页。

[4] 中共中央文献研究室编:《习近平关于实现中华民族伟大复兴的中国梦论述摘编》，中央文献出版社2013年版，第14页。

[5] 参见中共中央党史和文献研究院编:《十九大以来重要文献选编》(上)，中央文献出版社2019年版，第32页。

辩证唯物主义和历史唯物主义在发展问题上的科学运用，是我们党对共产党执政规律、社会主义建设规律、人类社会发展规律认识的深化，深刻回答了我们发展的立场、发展的性质、发展的方向等问题，决定了发展思路、发展战略、发展政策、发展着力点，是推动实现更高质量、更有效率、更加公平、更可持续的发展，更好满足人民日益增长的美好生活需要的强大思想武器。

张神根 中央党史和文献研究院第四研究部

黄晓武 中央党史和文献研究院第四研究部

中国共产党与马克思主义中国化时代化

把马克思主义基本原理同中国具体实际相结合，是中国共产党人从历史中得出的清醒认识和重要结论。自毛泽东在党的扩大的六届六中全会上首次正式提出“马克思主义中国化”的任务，中国共产党人不断推进马克思主义中国化，取得了一系列重大理论成果。党的十八大以来，以习近平同志为核心的党中央，面对新时代坚持和发展中国特色社会主义新的实际，不断赋予马克思主义新的时代内涵，提出必须坚持把马克思主义基本原理同中国具体实际相结合、同中华优秀传统文化相结合，用马克思主义观察时代、把握时代、引领时代，继续发展当代中国马克思主义、21世纪马克思主义。中国共产党领导中国革命、建设和改革事业不断取得进步，建设社会主义现代化强国，实现中华民族伟大复兴，必须继续推进马克思主义中国化时代化实现新的更大发展。

习近平总书记在党的二十大报告中指出，马克思主义是我们立党立国、兴党兴国的根本指导思想。中国共产党为什么能，中国特色社会主义为什么好，归根到底是马克思主义行，是中国化时代化的马克思主义行。一个民族要想站在科学的最高峰，就一刻也不能没有理论思维。100年前，在列强入侵和封建腐朽统治下，中国人民遭受了深重的苦难，中国陷入半殖民地半封建社会的黑暗深渊。100年后，中国共产党和中国人民以英勇顽强的奋斗向世界宣告："中华民族迎来了从站起来、富起来到强起来的伟大飞跃，实现中华民族伟大复兴进入了不可逆转的历史进程。"[1]中国之所以能够取得如此举世瞩目的成就，在于中国共产党坚持以马克思主义为指导，"坚持实事求是，从中国实际出发，洞察时代大势，把握历史主动，进行艰辛探索，不断推进马克思主义中国化时代化，指导中国人民不断推进伟大社会革命"[2]。在新的征程上，要建成社会主义现代化强国、实现中华民族伟大复兴，必须继续推进马克思主义中国化时代化实现更大发展。正如习近平总书记所指出的："我们党的历史，就是一部不断推进马克思主义中国化的历史，就是一部不断推进理论创新、进行理论创造的历史。"[3]

一、马克思主义中国化的提出和不断探索

1938年9—11月，中国共产党召开扩大的第六届中央委员会第六次全体会议，即六届六中全会。在这次会议上，针对党内一度出现的右倾错误，毛泽东从马克思主义及其与中国实践的关系、马克思主义民族化等方面，经典地论述了马克思主义中国化问题，第一次正式提出"马克

[1] 习近平:《在庆祝中国共产党成立100周年大会上的讲话》，人民出版社2021年版，第7页。
[2] 同上书，第12—13页。
[3] 习近平:《在党史学习教育动员大会上的讲话》，人民出版社2021年版，第12页。

思主义中国化”的命题，强调要“把马克思主义应用到中国具体环境的具体斗争中去，而不是抽象地应用它”[1]，强调要按中国的特点去应用它，即“成为伟大中华民族的一部分而和这个民族血肉相联的共产党员，离开中国特点来谈马克思主义，只是抽象的空洞的马克思主义。因此，使马克思主义在中国具体化，使之在其每一表现中带着必须有的中国的特性，即是说，按照中国的特点去应用它，成为全党亟待了解并亟须解决的问题。洋八股必须废止，空洞抽象的调头必须少唱，教条主义必须休息，而代之以新鲜活泼的、为中国老百姓所喜闻乐见的中国作风和中国气派”[2]。会议提出的“马克思主义中国化”包括以下三个方面的含义：一是强调在全党范围内学习马克思主义基本原理、立场、方法；二是强调马克思主义必须在同中国实践相结合中实现“具体化”；三是强调马克思主义要通过一定的形式表现出来，并实现大众化、通俗化。

六届六中全会提出的马克思主义中国化重大命题，具有重大的现实意义和深远的历史影响。

首先，这是正确领导抗战的迫切需要。在中国这样的经济文化落后的国家搞革命，各阶级，包括无产阶级及其政党的理论准备都明显不足。实际上，马克思主义一传入中国，就开启了中国化的历史进程。中国共产党成立后，出于回答和解决中国革命实际问题的需要，加快了这一进程。但是，一开始这种认识和实践并没有在中央领导层占据主导地位。照搬马克思列宁主义本本和俄国十月革命经验、盲目听从共产国际代表

---

[1] 中共中央文献研究室、中央档案馆编：《建党以来重要文献选编（1921—1949）》第15册，中央文献出版社2011年版，第651页。

[2] 《毛泽东选集》第二卷，人民出版社1991年版，第534页。

指挥的现象在一段时间内比较普遍，这导致中国共产党领导的革命运动在大革命后期遭受严重挫折。血的教训促使中国共产党人深刻反思，以毛泽东为主要代表的中国共产党人开始独立探索中国革命道路的伟大实践，并逐步探索出一条农村包围城市、武装夺取政权的道路。然而，照抄照搬的做法在中央领导层仍然占据主导地位，第五次反“围剿”失败、中央红军被迫长征，中国革命再次遭受严重挫折。1935 年召开的遵义会议挽救了党、挽救了红军，中国共产党开始独立自主领导中国革命，中国革命出现重大转机。1937 年 11 月，中国共产党驻共产国际代表王明被共产国际派回延安。他主张“一切服从统一战线”“一切经过统一战线”，否认党在抗日民族统一战线中的独立自主原则，这在党内引起了思想混乱。如何统一思想，制定和执行正确的路线政策动员民众抗战，成为中国共产党必须解决的现实问题。

其次，这也符合共产国际七大指导各国共产党工作的新精神。1935 年 8 月，共产国际七大决定，鉴于国际形势日益复杂，各国具体情况又极为不同，国际执委会“一般不要直接干涉各国共产党内部组织上的事务”[1]。季米特洛夫强调要避免直接干涉各党内部事务，力戒机械地把一个国家的经验套用到另一个国家的做法，主张要帮助各国党学会把共产国际的路线灵活地、具体地应用到各自国家的具体环境中去，“避免用一成不变的方法和笼统的公式去代替具体的马克思主义的分析”[2]。他同时还肯定了中国党的经验并提出建立广泛的统一战线的倡议。共产国际七大的

[1] 力平、方铭主编:《周恩来年谱（1898—1949）（修订本）》，中央文献出版社 1998 年版，第 291 页。

[2] ［保］季米特洛夫:《季米特洛夫文集》，解放社 1950 年版，第 148 页。

相关精神在党内得到了广泛的回应。当时党的领导人张闻天多次按共产国际七大的思路，提出正确对待革命理论、共产国际决议和外国经验问题，要“使之民族化、使之适合于我们具体的环境”[1]。1938 年 3 月，中共中央派任弼时前往莫斯科向共产国际汇报中国共产党和中国抗日民族统一战线的具体情况。1938 年 6 月 11 日，共产国际执委会主席团通过的《关于中共代表报告的决议案》肯定了中国共产党的政治路线；7 月，季米特洛夫在同王稼祥和任弼时谈话时明确表示中共党内应支持毛泽东的领导地位。

最后，这同马克思、恩格斯、列宁所强调的和所做的也保持了高度一致。马克思对人类社会发展规律和人类自身解放道路的探索具有科学性和普遍性，“马克思的思想理论源于那个时代又超越了那个时代，既是那个时代精神的精华又是整个人类精神的精华”[2]。马克思和恩格斯科学地对待自己的理论。在他们的一生中，由于时代和实践的变化，他们不断地对自己的某些原有观点和结论进行补充、修改甚至摒弃。就像他们在为《共产党宣言》的多个版本写的序言中反复申明的，《宣言》中所阐述的一般原理总的来说是完全正确的，但个别论断已不适应于实践的发展，提倡的某些革命措施已经过时，因此这些原理的实际运用“随时随地都要以当时的历史条件为转移”[3]。恩格斯提出：“我们的理论是发展着的理论，而不是必须背得烂熟并机械地加以重复的教条”[4]，因此，“马克思的

[1] 中央党史研究室张闻天选集传记组编：《张闻天文集》第二卷，中共党史出版社 2012 年版，第 55 页。

[2] 习近平：《论中国共产党历史》，中央文献出版社 2021 年版，第 197 页。

[3] 《马克思恩格斯文集》第二卷，人民出版社 2009 年版，第 2 页。

[4] 《马克思恩格斯文集》第十卷，人民出版社 2009 年版，第 562 页。

整个世界观不是教义，而是方法。它提供的不是现成的教条，而是进一步研究的出发点和供这种研究使用的方法”[1]。

在领导俄国革命的过程中，列宁把马克思主义基本原理和俄国工人运动的实际相结合，创造性地运用和发展了马克思主义。列宁指出，马克思主义不是一成不变的和神圣不可侵犯的，“因为它所提供的只是总的指导原理，而这些原理的应用具体地说，在英国不同于法国，在法国不同于德国，在德国又不同于俄国”[2]。列宁认为，在帝国主义时代，不同国家垄断资产阶级之间的矛盾加剧，帝国主义的政治、经济发展极不平衡，资本主义国家中出现了薄弱环节，无产阶级革命有可能在资本主义链条的薄弱环节首先爆发，并实现突破。列宁的帝国主义论是在新的时代条件下，对马克思、恩格斯革命思想的新的发展。列宁正是立足于帝国主义时代垄断资本主义的新变化和经济文化相对落后的俄国无产阶级革命运动的新形势，以十月革命的伟大创举打破了资本主义链条的薄弱环节，建立了世界上第一个社会主义国家——苏维埃俄国，开创了世界历史新纪元。

世界社会主义发展史告诉我们，能不能、善不善于将马克思主义与本国国情相结合，谱写出马克思主义本国化的新篇章，是检验马克思主义政党是否成熟的试金石，决定着这个政党及其事业的兴衰成败。

提出马克思主义中国化只是开始，关键在于怎么做。那么，怎样才能真正实现马克思主义中国化呢？那就如毛泽东所说：“要把马、恩、列、斯的方法用到中国来，在中国创造出一些新的东西。只有一般的理

---

[1] 《马克思恩格斯文集》第十卷，人民出版社 2009 年版，第 691 页。

[2] 《列宁专题文集·论马克思主义》，人民出版社 2009 年版，第 96 页。

论，不用于中国的实际，打不得敌人。但如果把理论用到实际上去，用马克思主义的立场、方法来解决中国问题，创造些新的东西，这样就用得了。”[1]

毛泽东是这样说的，也是这样做的。正如刘少奇所评价的：“由于中国社会、历史的发展有其极大的特殊性，以及中国的科学还不发达等条件，要使马克思主义系统地中国化，要使马克思主义从欧洲形式变为中国形式，就是说，要用马克思主义的立场与方法来解决现代中国革命中的各种问题，——其中有许多是在世界马克思主义者面前从来没有提出过与解决过的问题，在这里是以农民为主要群众（而不是以工人为主要群众），反对外国帝国主义的压迫和中世纪残余（而不是反对本国资本主义）——这乃是一件特殊的、困难的事业……必须有高度的科学精神与高度的革命精神相结合……才能依据历史进程每个特殊时期和中国具体的经济、政治环境及条件，对于马克思列宁主义作独立的光辉的补充，并用中国人民通俗语言的形式表达出来，使之适合于新的历史环境和中国的特殊条件，成为中国无产阶级群众与全体劳动人民群众战斗的武器。不是别人，正是我们的毛泽东同志……他不但敢于率领全党和全体人民进行翻天覆地的战斗，而且具有最高的理论上的修养和最大的理论上的勇气。他在理论上敢于进行大胆的创造，抛弃马克思主义理论中某些已经过时的、不适合于中国具体环境的个别原理和个别结论，而代之以适合于中国历史环境的新原理和新结论，所以他能成功地进行马克思主义中国化这件艰巨的事业。”[2]

---

[1] 《毛泽东文集》第二卷，人民出版社 1993 年版，第 408 页。

[2] 《刘少奇选集》（上），人民出版社 1981 年版，第 335—337 页。

毛泽东是推动马克思主义中国化的伟大开拓者。在这之后，在领导中国革命、建设和改革的进程中，中国共产党人沿着毛泽东开辟的道路，继续探索和发展马克思主义。

邓小平提出："把马克思主义的普遍真理同我国的具体实际结合起来，走自己的道路，建设有中国特色的社会主义"[1]，"绝不能要求马克思为解决他去世之后上百年、几百年所产生的问题提供现成答案。列宁同样也不能承担为他去世以后五十年、一百年所产生的问题提供现成答案的任务。真正的马克思列宁主义者必须根据现在的情况，认识、继承和发展马克思列宁主义"[2]。

江泽民提出："继承是创新的前提，创新是最好的继承。只有坚持这样做，理论才能真正顺应时代和实践的呼唤，实现与时俱进的要求。"[3]胡锦涛提出，在坚持和发展中国特色社会主义中，要"不断作出新的理论概括，增强理论说服力和感召力，丰富发展中国特色社会主义理论体系，为进一步认识世界和改造世界、推动党和国家事业发展提供强有力的理论指导"[4]。

党的十八大以来，以习近平同志为核心的党中央，面对新时代坚持和发展中国特色社会主义的新的实际，提出"要以科学的态度对待科学，以真理的精神追求真理，不断赋予马克思主义以新的时代内涵"[5]。"坚持

---

[1] 《邓小平文选》第三卷，人民出版社 1993 年版，第 3 页。

[2] 同上书，第 291 页。

[3] 《江泽民文选》第三卷，人民出版社 2006 年版，第 327 页。

[4] 中共中央文献研究室编:《十七大以来重要文献选编》(中)，中央文献出版社 2011 年版，第 146 页。

[5] 《深刻感悟和把握马克思主义真理力量　谱写新时代中国特色社会主义新篇章》，《人民日报》2018 年 4 月 25 日。

理论联系实际，及时回答时代之问、人民之问，廓清困扰和束缚实践发展的思想迷雾，不断推进马克思主义中国化时代化大众化，不断开辟马克思主义发展新境界。”[1]

中国共产党人提出马克思主义中国化时代化的命题，目的就是要争取民族独立、人民解放和实现国家富强、人民幸福的两大历史任务，就是要建设社会主义现代化强国和实现中华民族伟大复兴。然而，作为有着5000年文明史、长期走在世界各国前列，近代以后却成为半殖民地半封建社会的国家的中国，要实现这样的艰巨任务，谈何容易！然而，中国共产党做到了这一点。

二、马克思主义中国化不断取得的成果

中国共产党成立之后，历经千辛万苦，带领人民将马克思主义基本原理同中国具体实际相结合，经过顽强奋斗、付出巨大牺牲、进行大胆创造，寻找革命、建设和改革的正确道路，不断推进马克思主义中国化，取得了一个又一个重大理论成果。这些理论成果，是中国共产党人将马克思主义基本原理与中国国情、中华优秀传统文化、时代特征相结合，总结领导革命、建设、改革的经验教训取得的，是在同党内外各种错误思想进行原则斗争中成熟起来的。

（一）创立毛泽东思想

中国共产党在领导中国革命、建设和改革的长期实践中，把马克思

[1] 习近平:《在庆祝改革开放40周年大会上的讲话》，人民出版社2018年版，第26页。

主义基本原理同中国具体实际和时代特征相结合，不断推进马克思主义中国化，实现了两次历史性飞跃。在新民主主义革命时期，中国共产党人经过反复探索，在总结正反两方面经验的基础上，形成了马克思主义中国化的第一个历史性成果——毛泽东思想。

中国共产党一经诞生，就把为中国人民谋幸福、为中华民族谋复兴确立为自己的初心和使命。然而，在一个半殖民地半封建的东方大国进行革命，面对农民占人口绝大多数，落后分散的小农经济及其影响根深蒂固，同时又遭受着西方列强的侵略和压迫，经济文化十分落后的特殊国情，选择一条什么样的道路才能把中国革命引向胜利，成为中国共产党人要解决的首要问题，也是马克思主义发展史上遇到的前所未有的难题。正如林伯渠所指出的：“没有马克思主义或者不善于掌握马克思主义，是没有办法解决这个问题的。”[1]

经过多次挫折和反复，中国共产党逐步认识中国国情，在抗日战争时期，制定了合乎实际情况的党的总路线和一整套具体政策，明确提出马克思主义中国化的任务。中国共产党深刻认识到：“马克思这些老祖宗的书，必须读，他们的基本原理必须遵守，这是第一。但是，任何国家的共产党，任何国家的思想界，都要创造新的理论，写出新的著作，产生自己的理论家，来为当前的政治服务，单靠老祖宗是不行的。”[2]

经过 28 年的浴血奋战和顽强奋斗，中国共产党和中国人民历经千辛万苦、付出巨大牺牲，夺取了新民主主义革命的胜利，实现了几代中国人梦寐以求的民族独立和人民解放。

---

[1] 《林伯渠文集》，华艺出版社 1996 年版，第 463 页。

[2] 《毛泽东文集》第八卷，人民出版社 1999 年版，第 109 页。

新中国成立后，以毛泽东同志为主要代表的中国共产党人团结带领全国人民，在迅速医治战争创伤、恢复国民经济的基础上，不失时机地提出了过渡时期总路线，创造性地完成了由新民主主义革命向社会主义革命的转变。新民主主义革命的胜利、社会主义基本制度的确立，为当代中国一切发展进步奠定了根本政治前提和制度基础。社会主义基本制度确立后，毛泽东提出把马克思主义基本原理同中国实际进行“第二次结合”，找出在中国进行社会主义建设的正确道路，写出《论十大关系》《正确处理人民内部矛盾的问题》等重要著作。在中国共产党的领导下，新中国建立起独立的、比较完整的工业体系和国民经济体系，积累起在社会生产力十分落后的东方大国进行社会主义建设的初步经验。

在长期的斗争实践中，以毛泽东同志为主要代表的中国共产党人，根据马克思主义基本原理，总结社会主义革命和建设的丰富经验，形成了毛泽东思想。毛泽东思想具有多方面的内容，包括新民主主义理论，关于社会主义革命和建设、革命军队的建设和军事战略、政策和策略、思想政治工作和文化工作和党的建设的理论，以及贯穿于上述各个组成部分的立场、观点和方法。它们有三个基本方面，即实事求是、群众路线、独立自主。毛泽东思想以独创性理论丰富和发展了马克思列宁主义，是马克思主义中国化第一个代表性成果。毛泽东思想教育了几代中国共产党人，它培养的大批骨干，不仅在新民主主义革命时期、社会主义革命和建设时期发挥了重要作用，也为新的历史时期开创和建设中国特色社会主义发挥了重要作用。

中国共产党人虽然掌握了民主革命和社会主义革命的规律，初步积累了社会主义建设的经验，取得了革命的成功和社会主义建设的重要进展，但对社会主义建设、实现国家的现代化，仍然有很大的盲目性，有许多未被认识的必然王国。探索中出现大跃进、“文化大革命”等严重失误，社会主义建设遭受严重挫折。

（二）创立邓小平理论

中国共产党人把马克思主义基本原理同中国国情与时代特征相结合，不断推进马克思主义中国化，实现的第二次历史性飞跃发生在党的第十一届三中全会以后。在改革开放和现代化建设新时期，中国共产党人在总结我国经验和研究国际形势的基础上，开辟了中国特色社会主义道路，形成了中国特色社会主义理论体系。邓小平理论，是中国特色社会主义理论体系的开创之作。

从20世纪六七十年代开始，世界经济快速发展，科技进步日新月异，和平与发展逐渐成为世界潮流和时代主题。而“文化大革命”引发的十年内乱导致我国经济濒临崩溃边缘，我国发展同国际先进水平的差距明显拉大。党内外强烈要求纠正“文化大革命”的错误，邓小平指出：“如果现在再不实行改革，我们的现代化事业和社会主义事业就会被葬送。”[1]

在邓小平的领导下，党的十一届三中全会冲破长期“左”的错误的束缚，批评了“两个凡是”的错误方针，充分肯定必须完整、准确地掌握毛泽东思想的科学体系，高度评价了关于真理标准问题的讨论，果断结束“以阶级斗争为纲”，确定把全党工作的着重点转移到社会主义现代化建设上来，作出实行改革开放的重大决策，实现了党的历史上具有深远意义的伟大转折，开启了我国改革开放和社会主义现代化建设新时期。

---

[1] 《邓小平文选》第二卷，人民出版社1994年版，第150页。

在此基础上，党的十二大提出建设有中国特色的社会主义。以此次会议的召开为标志，改革开放全面展开。党的十三大系统阐述了社会主义初级阶段理论，明确提出党在社会主义初级阶段的基本路线，确定了社会主义现代化建设“三步走”发展战略。之后，党团结带领各族人民，深化改革开放，经受住政治风波的考验，完成治理整顿任务。

在带领人民进行改革开放和社会主义现代化建设的进程中，邓小平发表了一系列重要讲话。1978 年的《解放思想，实事求是，团结一致向前看》是在“文化大革命”结束以后，中国面临向何处去的重大历史关头，冲破“两个凡是”的禁区、开辟新时期新道路、开创建设有中国特色社会主义新理论的宣言书。1992 年的南方谈话是在国际国内政治风波严峻考验的重大关头，坚持十一届三中全会以来的理论和路线，深刻回答长期束缚人们思想的许多重大认识问题，把改革开放和现代化建设推进到新阶段的又一个宣言书。

在改革开放和社会主义现代化建设中，以邓小平同志为主要代表的中国共产党人，在总结我国社会主义胜利和挫折的历史经验，并借鉴其他社会主义国家兴衰成败经验教训的基础上，逐步形成了建设中国特色社会主义的路线方针政策，创立了邓小平理论。邓小平理论从时代特征、社会主义发展阶段、立党宗旨、治国目标、面临的挑战和机遇出发，全面、系统、深刻地把握我国社会主义初级阶段的根本任务、战略目标、战略步骤、战略布局、战略重点等，第一次比较系统地回答了在中国这样经济文化比较落后的国家，如何建设社会主义、如何巩固社会主义的一系列基本问题。

邓小平理论是马克思主义基本原理同当代中国实践和时代特征相结

合的产物，是毛泽东思想在新的历史条件下的继承和发展，是中国共产党集体智慧的结晶，引导着中国社会主义现代化事业不断前进。

（三）形成“三个代表”重要思想

“三个代表”重要思想是中国特色社会主义理论体系承上启下极为重要的组成部分。20 世纪 80 年代末 90 年代初，国内发生严重的政治风波，国际上东欧剧变、苏联解体，世界社会主义出现严重曲折，我国社会主义事业发展面临巨大困难和挑战。在这个决定党和国家前途命运的重要历史关头，以江泽民同志为主要代表的中国共产党人，紧紧依靠全党和全国各族人民，坚持党的十一届三中全会以来的路线不动摇，成功稳住了改革和发展大局，捍卫了中国特色社会主义伟大事业。

邓小平发表南方谈话后，党的十四大作出三项重大决策：一是抓住机遇，加快发展；二是明确我国经济体制改革的目标是建立社会主义市场经济体制；三是确立邓小平建设有中国特色的社会主义理论在全党的指导地位，推动改革开放和现代化建设进入新的阶段。党的十五大确立邓小平理论为党的指导思想，提出党在社会主义初级阶段的基本纲领，明确我国跨世纪发展的奋斗目标和任务。在社会主义条件下发展市场经济，是前无古人的伟大创举，是中国共产党人对马克思主义发展作出的历史性贡献，体现了中国共产党坚持理论创新、与时俱进的巨大勇气。

党的十三届四中全会以后，党中央科学判断形势，全面把握大局，进行艰辛探索，针对形势任务发展，不断研究和提出新的战略部署和政策措施，在极其复杂的情况下妥善处理和解决了涉及党和国家工作全局的许多重大问题，奋力推进中国特色社会主义伟大事业和党的建设新的伟大工程，积累了大量成功经验。党的十六大提出党在领导改革开放和现代化建设中取得的十条基本经验，集中体现了党在实践中形成的新的重要认识，标志着党对共产党执政规律、社会主义建设规律、人类社会发展规律的认识、把握、运用水平都有了进一步提高。

以江泽民同志为主要代表的中国共产党人在建设中国特色社会主义的实践中，加深了对什么是社会主义、怎样建设社会主义和建设什么样的党、怎样建设党的认识，积累了治党治国新的宝贵经验，形成了“三个代表”重要思想。“三个代表”重要思想是对马克思列宁主义、毛泽东思想、邓小平理论的继承和发展，反映了世界和中国的发展变化对党和国家工作提出的新要求，是加强和改进党的建设、推进我国社会主义自我完善和发展的强大理论武器，是中国共产党集体智慧的结晶，是党必须长期坚持的指导思想。

（四）形成科学发展观

科学发展观等重大战略思想，是中国特色社会主义理论体系的重要创新成果。进入新世纪新阶段，国际局势加速演变，综合国力竞争空前激烈。面对世情、国情、党情的深刻变化，党的十六大以后，以胡锦涛同志为主要代表的中国共产党人，团结带领全国各族人民，深化改革开放，加快发展步伐，以加入世界贸易组织为契机，变压力为动力，化挑战为机遇，坚定不移推进全面建设小康社会进程。

党的十六大作出21世纪头20年对我国来说是一个必须紧紧抓住并且可以大有作为的重要战略机遇期的重大判断，确立了“三个代表”重要思想的指导地位，作出了全面建设小康社会的战略决策。党的十七大对推进改革开放和现代化建设、实现全面小康社会宏伟目标作出全面部署。

前进过程中，中国共产党团结带领人民战胜突如其来的非典疫情，认真总结我国发展实践，准确把握发展的阶段性特征，及时提出一系列重大战略思想，开拓了经济社会发展的广阔空间。2008 年国际金融危机使我国发展遭遇严重困难，党中央科学判断、果断决策，采取一系列重大举措，在全球率先实现经济企稳回升，积累了有效应对外部经济风险冲击、保持经济平稳较快发展的重要经验。我国还成功举办北京奥运会、残奥会和上海世博会，夺取抗击汶川特大地震等严重自然灾害和灾后恢复重建的重大胜利，妥善处置了一系列重大突发事件；形成了中国特色社会主义事业总体布局，着力保障和改善民生，促进社会公平正义，推动建设和谐世界，推进党的执政能力和先进性建设，成功在新的历史起点上坚持和发展了中国特色社会主义。

在改革开放的历史进程中，中国共产党十分重视总结加快实现现代化、巩固和发展社会主义的宝贵经验。党的十七大将这些经验概括为“十个结合”，党的十八大提出“八个必须”。这些都是指导改革开放和社会主义现代化建设胜利前进的宝贵精神财富。

党的十六大以后，以胡锦涛同志为主要代表的中国共产党人，坚持以邓小平理论和“三个代表”重要思想为指导，根据新的发展要求，深刻认识和回答了新形势下实现什么样的发展、怎样发展等重大问题，形成了以人为本、全面协调可持续发展的科学发展观。科学发展观是同马克思列宁主义、毛泽东思想、邓小平理论和“三个代表”重要思想既一脉相承又与时俱进的科学理论，是马克思主义关于发展的世界观和方法论的集中体现，是马克思主义中国化重大成果，是中国共产党集体智慧的结晶，是发展中国特色社会主义必须长期坚持的指导思想。

三、新时代新征程必将推动马克思主义中国化时代化实现更大发展

进入21世纪第二个十年，国内外形势进一步发生深刻复杂变化，我国发展仍处于重要战略机遇期，前景十分光明，挑战也十分严峻。从国际上看，世界正经历百年未有之大变局。世界多极化、经济全球化、社会信息化、文化多样化深入发展，新一轮科技革命和产业变革蓬勃兴起，全球治理体系和国际秩序变革加速推进，和平、发展、合作、共赢的时代潮流不可阻挡。同时，世界面临的不稳定性不确定性突出。从国内看，我国正处于第一个百年奋斗目标向第二个百年奋斗目标迈进的关键时期，已经站到了新的历史起点上，社会生产力水平总体显著提高，成为世界第二大经济体，国家经济实力、科技实力、国防实力、综合国力、国际影响力显著提升。我国既具备过去难以想象的良好条件，又面临各种可以预见和难以预见的困难和问题。

面对新的机遇和挑战，党的十八大以来，以习近平同志为主要代表的中国共产党人，团结带领全党全国各族人民统揽伟大斗争、伟大工程、伟大事业、伟大梦想，深刻回答了新时代坚持和发展什么样的中国特色社会主义、怎样坚持和发展中国特色社会主义这个重大时代课题，创立了习近平新时代中国特色社会主义思想。

习近平新时代中国特色社会主义思想提出了许多富有时代特点的原

创性观点。比如，在政治建设方面，提出“实现中华民族伟大复兴的中国梦”，为新时代坚持和发展中国特色社会主义注入了崭新内涵。在经济建设方面，提出新发展理念，丰富发展了马克思主义生产力理论；提出“我国经济发展进入新常态”“我国经济已由高速增长阶段转向高质量发展阶段”等论断，不断深化对经济发展阶段性特征的认识；提出“形成以国内大循环为主体、国内国际双循环相互促进的新发展格局”，是与时俱进提升我国经济发展水平的战略抉择，也是塑造我国国际经济合作和竞争新优势的战略抉择。在文化建设方面，在道路自信、理论自信、制度自信的基础上，新增“文化自信”，反映了我们对文化地位和作用认识的极大深化。在社会建设方面，提出“我国社会主要矛盾已经转化为人民日益增长的美好生活需要和不平衡不充分的发展之间的矛盾”，丰富发展了马克思主义关于社会矛盾的学说。在生态文明建设方面，提出“绿水青山就是金山银山”的理念，推动马克思主义生态观的时代化发展。在外交和国际问题方面，提出“百年未有之大变局”的重大论断，对世界发展趋势和国际格局演变作出最新判断；提出构建人类命运共同体理念、共商共建共享的全球治理观，引领时代潮流和人类文明进步方向。在党的领导和党的建设方面，提出“坚持以人民为中心”，是对全心全意为人民服务根本宗旨和以人为本理念的进一步深化与提升；提出“中国共产党领导是中国特色社会主义最本质特征”，丰富了马克思主义建党学说；等等。这些新思想新观点新论断，坚持一切从实际出发，既传承前人得之不易的理论成果，又不断回答实践中出现的新问题，从而达到新的思想高度，丰富了科学社会主义理论，扩大了社会主义思想在世界的影响，开创了马克思主义发展的新境界。

习近平新时代中国特色社会主义思想是对马克思列宁主义、毛泽东思想、邓小平理论、“三个代表”重要思想、科学发展观的继承和发展，是马克思主义中国化时代化的最新成果，是党和人民实践经验和集体智慧的结晶，是中国特色社会主义理论体系的重要组成部分，是全党全国人民实现中华民族伟大复兴的行动指南，必须长期坚持并不断发展。

在习近平新时代中国特色社会主义思想指导下，中国共产党带领全国各族人民，坚持和加强党的全面领导，统筹推进“五位一体”总体布局、协调推进“四个全面”战略布局，坚持和完善中国特色社会主义制度、推进国家治理体系和治理能力现代化，坚持依规治党，形成比较完善的党内法规体系，战胜一系列重大风险挑战，使党和国家事业取得历史性成就、发生历史性变革，中国特色社会主义进入新时代。

中国特色社会主义进入新时代，意义重大、影响深远。它意味着近代以来久经磨难的中华民族迎来了从站起来、富起来到强起来的伟大飞跃，迎来了实现中华民族伟大复兴的光明前景；意味着科学社会主义在21世纪的中国焕发出强大生机活力，中国共产党在世界上高高举起了中国特色社会主义伟大旗帜；意味着中国特色社会主义道路、理论、制度、文化不断发展，拓展了发展中国家走向现代化的途径，给世界上那些既希望加快发展又希望保持自身独立性的国家和民族提供了全新选择，为解决人类问题贡献了中国智慧和中国方案。

中国特色社会主义进入新时代，中国共产党人责任重大、使命光荣。那是因为这个新时代是承前启后、继往开来、在新的历史条件下继续夺取中国特色社会主义伟大胜利的时代，是决胜全面建成小康社会、进而全面建设社会主义现代化强国的时代，是全国各族人民团结奋斗、不断创造美好生活、逐步实现全体人民共同富裕的时代，是全体中华儿女勠力同心、奋力实现中华民族伟大复兴中国梦的时代，是我国不断为人类作出更大贡献的时代。

在新时代新征程上，按照党的十九大的部署，从2020年开始到21世纪中叶，分为两个阶段："第一个阶段，从二〇二〇年到二〇三五年，在全面建成小康社会的基础上，再奋斗十五年，基本实现社会主义现代化"，"第二个阶段，从二〇三五年到本世纪中叶，在基本实现现代化的基础上，再奋斗十五年，把我国建成富强民主文明和谐美丽的社会主义现代化强国。到那时，我国物质文明、政治文明、精神文明、社会文明、生态文明将全面提升，实现国家治理体系和治理能力现代化，成为综合国力和国际影响力领先的国家，全体人民共同富裕基本实现，我国人民将享有更加幸福安康的生活，中华民族将以更加昂扬的姿态屹立于世界民族之林"。[1]

在新时代新征程上，中国发展仍然处于重要战略机遇期，但机遇和挑战有许多新的发展和变化。过去，中国发展水平低，同其他国家的互补性多一些，可以顺势而为发展自己；现在中国发展水平提高了，同其他国家的竞争多起来了，要顶风发展。同时，中国发展仍具有许多有利条件。经济上，从高速度发展阶段进入高质量发展阶段，起点高、后发优势明显；政治上，中国特色社会主义制度优势愈加凸显，中国人民的获得感、幸福感、安全感不断增强。

需要强调的是，中国式社会主义现代化还具有许多与众不同的重要

[1] 习近平：《决胜全面建成小康社会　夺取新时代中国特色社会主义伟大胜利——在中国共产党第十九次全国代表大会上的报告》，人民出版社2017年版，第28、29页。

特征。第一，中国式现代化是人口规模巨大的现代化，其规模将超过现有发达国家的总和。第二，中国式现代化是全体人民共同富裕的现代化，这是中国特色社会主义的根本原则。第三，中国式现代化是物质文明和精神文明相协调的现代化，其终极目标是人的自由全面发展。第四，中国式现代化是人与自然和谐共生的现代化。第五，中国式现代化是走和平发展道路的现代化。

因为具有这些特征，当中国建成世界上第一个走社会主义道路而不是资本主义道路取得成功的现代化强国时，中国共产党领导人民进行社会主义革命、建设和改革的历史意义将更加充分地展示出来，创造的人类文明新形态将对人类文明作出新的更大贡献。

然而，建设社会主义现代化强国、实现中华民族伟大复兴，“绝不是轻轻松松、敲锣打鼓就能实现的。全党必须准备付出更为艰巨、更为艰苦的努力”[1]。

在新时代新征程上，我们必须坚持马克思列宁主义、毛泽东思想、邓小平理论、“三个代表”重要思想、科学发展观，全面贯彻习近平新时代中国特色社会主义思想。同时，要认识到，实践没有止境，理论创新也没有止境。世界每时每刻都在发生变化，中国也每时每刻都在发生变化，必须在理论上跟上时代，而且也能够做到这一点。正如习近平总书记所指出的：“新中国成立以来特别是改革开放以来，中国发生了深刻变革，置身这一历史巨变之中的中国人更有资格、更有能力揭示这其中所蕴含的历史经验和发展规律，为发展马克思主义作出中国的原创性贡

[1] 习近平：《决胜全面建成小康社会　夺取新时代中国特色社会主义伟大胜利——在中国共产党第十九次全国代表大会上的报告》，人民出版社 2017 年版，第 15 页。

献。”[1] 为此，我们必须“坚持把马克思主义基本原理同中国具体实际相结合、同中华优秀传统文化相结合，用马克思主义观察时代、把握时代、引领时代，继续发展当代中国马克思主义、21 世纪马克思主义”[2]。

继续发展当代中国马克思主义、21 世纪马克思主义，要紧密结合中国实际。中国特色社会主义进入新时代，我国社会主要矛盾已经转化为人民日益增长的美好生活需要和不平衡不充分的发展之间的矛盾。我们必须认识到，我国社会主要矛盾的变化是关系全局的历史性变化，对党和国家工作提出了许多新要求，要在继续推动发展的基础上，着力解决好发展不平衡不充分问题，注重高质量发展，更好满足人民日益增长的美好生活需要，促进人的全面发展、社会全面进步。

继续发展当代中国马克思主义、21 世纪马克思主义，要紧密结合中华优秀传统文化。中华优秀传统文化是中华民族的基因和血脉，根植于中国人内心，潜移默化地影响着中国人的思维方式和行为方式。“先天下之忧而忧，后天下之乐而乐”的政治胸怀，“位卑未敢忘忧国”“苟利国家生死以，岂因祸福避趋之”的报国情怀，“富贵不能淫，贫贱不能移，威武不能屈”的浩然正气，“人生自古谁无死，留取丹心照汗青”“鞠躬尽瘁，死而后已”的献身精神，等等，这样的思想和理念有着鲜明的民族特色和永不褪色的时代价值，应该很好地加以继承和发扬。

继续发展当代中国马克思主义、21 世纪马克思主义，要紧密结合时代特点。当今世界正处于大发展大变革大调整时期，和平与发展仍是时

[1] 《习近平谈治国理政》第二卷，外文出版社 2017 年版，第 66 页。

[2] 习近平：《在庆祝中国共产党成立 100 周年大会上的讲话》，人民出版社 2021 年版，第 13 页。

代主题。然而，不确定不稳定因素增多，中国发展同时面临机遇和挑战。习近平总书记指出："领导干部要胸怀两个大局，一个是中华民族伟大复兴的战略全局，一个是世界百年未有之大变局，这是我们谋划工作的基本出发点。"[1]一方面，中华民族伟大复兴是世界百年未有之大变局的题中应有之义，甚至是关键变量；另一方面，世界百年未有之大变局是中华民族伟大复兴的战略压力、战略动力与战略机遇。关键是要保持战略定力，准确识变、科学应变、主动求变，善于在危机中育先机、于变局中开新局，抓住战略机遇，在大变局中实现从大到强，从而实现中华民族伟大复兴。

回顾过去，中国共产党推进马克思主义中国化时代化取得了一个个重大理论成果，指引了中国革命、建设和改革事业不断胜利。展望未来，要建成社会主义现代化强国、实现中华民族伟大复兴，必须进一步推进马克思主义中国化时代化实现新的更大发展。我们坚信，以马克思主义基本原理为指导，全面贯彻习近平新时代中国特色社会主义思想，以中华民族5000年文明深厚文化积淀作基础，积极吸收世界各国优秀文化成果，紧密结合不断发展的党情国情世情，紧密结合当今时代特征，深刻汲取历史经验和教训，不断推进理论创新、实践创新、制度创新、文化创新，一定能够推进马克思主义中国化时代化实现新的更大发展、谱写新的更加精彩的篇章。

[1] 《习近平谈治国理政》第三卷，外文出版社2020年版，第77页。

熊亮华 中央党史和文献研究院第四研究部

马克思、恩格斯对中国社会主义的预见

马克思、恩格斯运用唯物史观科学预见了“中国社会主义”的出现。他们在创立科学社会主义时，阐明中国闭关自守状态被打破后卷入世界历史的发展中，正走向革命；有了1848年革命的斗争实践后，他们更坚定革命胜利的信心，预言了中国社会主义的胜利和“中华共和国”的前景；他们同情和支持中国人民救亡图存的斗争，断言世界将看到整个亚洲新纪元的曙光。马克思、恩格斯的预见最终由中国共产党人实现，中国特色社会主义道路是中华民族伟大复兴的康庄大道。

习近平总书记在纪念马克思诞辰200周年大会上的讲话中指出：“马克思、恩格斯高度肯定中华文明对人类文明进步的贡献，科学预见了‘中国社会主义’的出现，甚至为他们心中的新中国取了靓丽的名字——‘中华共和国’。”[1] 这里提到的预见，是马克思、恩格斯于1850年作出的，经过将近100年时间由中国共产党人实现了。在建党100周年之际，回顾马克思、恩格斯对中国社会主义的预见及其实现的进程，追寻伟人深邃的历史视野，可以得到重要的启示和收获。

[1] 习近平：《论党的宣传思想工作》，中央文献出版社2020年版，第324—325页。

一、运用唯物史观，阐明中国闭关自守状态被打破后卷入了世界历史的发展中，正走向革命

马克思、恩格斯在 1850 年 1 月 31 日完成的一篇评论中，作出了关于中国社会主义的预言。从时间上看，那时的大清帝国至少表面上还国土广袤、江山稳固；那时离无产阶级取得胜利、建立新中国和社会主义制度，尚有 100 年之遥。马克思、恩格斯为什么能够拨开历史迷雾，作出准确的预见呢？那是由于他们在创立科学社会主义时，掌握并运用了唯物史观的科学方法。

关于那个时候对唯物史观的认识，恩格斯在《共产党宣言》1888 年版序言中曾回顾说，他和马克思在 1845 年前的几年中就已经逐步接近了这个思想，到 1845 年春他在布鲁塞尔再次见到马克思时，马克思的这个思想已经成熟，并且用明晰的语句向他说明了。

马克思、恩格斯认为，“每一历史时代的经济生产以及必然由此产生的社会结构，是该时代政治的和精神的历史的基础”[1]。“只有从这一基础出发，这一历史才能得到说明；因此人类的全部历史（从土地公有的原始氏族社会解体以来）都是阶级斗争的历史，即剥削阶级和被剥削阶级之间、统治阶级和被压迫阶级之间斗争的历史；这个阶级斗争的历史包括有一系列发展阶段，现在已经达到这样一个阶段，即被剥削被压迫的阶级（无产阶级），如果不同时使整个社会一劳永逸地摆脱一切剥

[1] 《马克思恩格斯选集》第一卷，人民出版社 2012 年版，第 380 页。

削、压迫以及阶级差别和阶级斗争，就不能使自己从进行剥削和统治的那个阶级（资产阶级）的奴役下解放出来。”[1] 对于此前把历史发展归于人类理性的发现的唯心主义历史观来说，唯物史观具有革命性意义。恩格斯指出：“现在，唯心主义从它的最后的避难所即历史观中被驱逐出去了，一种唯物主义的历史观被提出来了，用人们的存在说明他们的意识，而不是像以往那样用人们的意识说明他们的存在这样一条道路已经找到了。”[2]“在我看来这一思想对历史学必定会起到像达尔文学说对生物学所起的那样的作用”[3]。

掌握和运用唯物史观，使马克思、恩格斯对中国社会的发展运动的分析考察，远远超越了同时代的人。

1840 年，英国发动鸦片战争，1842 年迫使清政府签订《南京条约》，开放五口通商，打破了封建王朝闭关自守的状态，中国逐渐沦为半殖民地半封建社会，中华民族陷入内忧外患的悲惨境地。而英国资产阶级当时却为开拓了一片新的市场而欢欣鼓舞。恩格斯 1843 年到英国曼彻斯特的欧门—恩格斯公司实习经商，亲身感受到了这种氛围。他后来回忆那时的情形说道：“鸦片战争为英国商业打开了中国的门户。新的市场，给予当时已经存在的蓬勃扩展，特别是棉纺织业的扩展以新的借口。‘我们怎么会有生产过多的时候呢？我们要为 3 亿人提供衣服。’——当时曼彻斯特一位工厂主就是这样对笔者说的。”[4]

---

[1] 《马克思恩格斯文集》第二卷，人民出版社 2009 年版，第 14 页。

[2] 恩格斯：《社会主义从空想到科学的发展》，人民出版社 2018 年版，第 59 页。

[3] 马克思、恩格斯：《共产党宣言》，人民出版社 2018 年版，第 13 页。

[4] 《马克思恩格斯文集》第七卷，人民出版社 2009 年版，第 458 页。

在恩格斯看来，资本主义用坚船利炮开拓中国市场，只是为更加剧烈的资本主义竞争拉开了序幕。1845 年 2 月 15 日，他在德国埃尔伯费尔德的一次演说中指出：英国迫使中国开放港口以后，已经没有了夺取新市场的可能性。他们只能加紧压榨现有的市场，而且工业的扩展将来要缓慢得多，所以现在比以前更不能容忍竞争者了。[1]“不用说，各国之间的竞争比个人之间的竞争要激烈得多，要尖锐得多，因为这是一个集中的、大规模的斗争，这个斗争只能以一方的决定性胜利和他方的决定性失败而告终。因此，我们和英国人之间的这种斗争，不管结果如何，既不会给我们的工业家，也不会给英国的工业家带来好处，它只能引起社会革命，正如我刚才所证明的那样。”[2]

恩格斯已经看到，西方列强的海外扩张其实是资本主义国家间竞争的延伸，这种竞争加剧了社会矛盾，必定会引起社会革命。那处在西方列强争夺中的像中国这样的落后国家又将有怎样的命运呢？马克思、恩格斯用唯物史观对此进行了分析。

1845 年秋至 1846 年 5 月，马克思和恩格斯共同撰写了《德意志意识形态》。这部阐述唯物史观和共产主义理论、奠定科学社会主义理论基础的重要著作，论证了物质生产在人类历史发展中的决定作用，从生产力和交往形式的矛盾运动中揭示了人类历史发展的一般规律，阐述了共产主义取代资本主义的历史必然性。

根据唯物史观，马克思、恩格斯阐明了其关于世界历史的思想。他们指出：“各个相互影响的活动范围在这个发展进程中越是扩大，各民族

[1] 参见《马克思恩格斯全集》第二卷，人民出版社 1957 年版，第 623 页。

[2] 《马克思恩格斯全集》第二卷，人民出版社 1957 年版，第 623 页。

的原始封闭状态由于日益完善的生产方式、交往以及因交往而自然形成的不同民族之间的分工消灭得越是彻底，历史也就越是成为世界历史。”[1]

他们举例说明了这种基于生产方式而相互影响的世界历史运动的现象。他们指出：“如果在英国发明了一种机器，它夺走了印度和中国的无数劳动者的饭碗，并引起这些国家的整个生存形式的改变，那么，这个发明便成为一个世界历史性的事实；同样，砂糖和咖啡是这样来表明自己在19世纪具有的世界历史意义的：拿破仑的大陆体系所引起的这两种产品的匮乏推动了德国人起来反抗拿破仑，从而就成为光荣的1813年解放战争的现实基础。”[2]“由此可见，历史向世界历史的转变，不是‘自我意识’、世界精神或者某个形而上学幽灵的某种纯粹的抽象行动，而是完全物质的、可以通过经验证明的行动，每一个过着实际生活的、需要吃、穿、喝的个人都可以证明这种行动。”[3]可见，在这里，马克思、恩格斯已经在运用唯物史观，相互联系地、整体地而不是孤立地考察和分析中国历史新的发展方向了。

1847年，恩格斯起草共产主义者同盟的纲领草案《共产主义原理》时，更进一步明确指出，“大工业便把世界各国人民互相联系起来，把所有地方性的小市场联合成为一个世界市场，到处为文明和进步做好了准备，使各文明国家里发生的一切必然影响到其余各国”[4]。

恩格斯进一步分析道：“如果现在英国或法国的工人获得解放，这必

---

[1] 《马克思恩格斯文集》第一卷，人民出版社2009年版，第540—541页。

[2] 《马克思恩格斯选集》第一卷，人民出版社2012年版，第168页。

[3] 《马克思恩格斯文集》第一卷，人民出版社2009年版，第541页。

[4] 《马克思恩格斯选集》第一卷，人民出版社2012年版，第299页。

然会引起其他一切国家的革命，这种革命迟早会使这些国家的工人也获得解放。”[1] 机器劳动使工业品的价格不断降低，摧毁了旧的工场手工业或以手工劳动为基础的工业，“把本国的工场手工业工人置于死地。因此，那些几千年来没有进步的国家，例如印度，都已经进行了完全的革命，甚至中国现在也正走向革命”[2]。

1847 年 11 月 9 日至 12 月 8 日，共产主义者同盟在伦敦召开第二次代表大会，马克思、恩格斯受委托起草纲领，这就是 1848 年 2 月发表的《共产党宣言》。《共产党宣言》第一次全面阐述了科学社会主义原理，揭示了资本主义生产社会化和生产资料私人占有之间的内在矛盾，揭示了资本主义必然灭亡和共产主义必然胜利的历史规律。在这篇科学社会主义的宏文中，他们以宽广的世界眼光和如炬的历史眼光，预见了中国的历史命运。

马克思、恩格斯指出：“资产阶级，由于一切生产工具的迅速改进，由于交通的极其便利，把一切民族甚至最野蛮的民族都卷到文明中来了。它的商品的低廉价格，是它用来摧毁一切万里长城、征服野蛮人最顽强的仇外心理的重炮。它迫使一切民族——如果它们不想灭亡的话——采用资产阶级的生产方式；它迫使它们在自己那里推行所谓的文明，即变成资产者。一句话，它按照自己的面貌为自己创造出一个世界。”[3] 马克思、恩格斯指出，在人类社会开始由资本主义阶段向更高级阶段运动的时候，像中国这样尚未发展到资本主义阶段的国家，也将参与其中。“随

---

[1] 《马克思恩格斯选集》第一卷，人民出版社 2012 年版，第 299 页。

[2] 同上。

[3] 同上书，第 404 页。

着资产阶级的发展，随着贸易自由的实现和世界市场的建立，随着工业生产以及与之相适应的生活条件的趋于一致，各国人民之间的民族分隔和对立日益消失。无产阶级的统治将使它们更快地消失。联合的行动，至少是各文明国家的联合的行动，是无产阶级获得解放的首要条件之一。”[1]

科学社会主义理论的创立为马克思、恩格斯观察思考中国的前途命运问题打下了理论基础。随后不久发生的 1848 年革命，则让他们在考察中国问题时有了直接的革命斗争经验作基础。

二、在 1848 年革命中获得实践经验，坚定了革命胜利的信心，明确作出中国社会主义胜利和中华共和国诞生的预见

马克思、恩格斯对中国社会主义的预见，不仅基于科学的理论分析，更基于他们 1848 年革命的实践经验。

科学社会主义产生后不久，1848—1849 年欧洲爆发了一场规模浩大的资产阶级革命，其中以法国的“二月革命”“六月起义”影响最大。在革命过程中，资产阶级暂时联合了无产阶级革命群众，使革命打上了无产阶级的印记。在封建势力反扑下，资产阶级妥协退让，使革命遭到残酷镇压，工人运动陷入低潮，欧洲进入了黑暗的反动时期。

马克思和恩格斯参加了德国的革命，创办了《新莱茵报》，恩格斯

[1] 《马克思恩格斯文集》第二卷，人民出版社 2009 年版，第 50 页。

还直接参加了德国巴伐利亚普法尔茨的武装起义。革命失败后，马克思和恩格斯流亡英国伦敦，总结革命经验，形成新认识，丰富了科学社会主义理论。这些思想集中体现在《1848 年至 1850 年的法兰西阶级斗争》中。

虽然 1848 年革命失败了，但马克思、恩格斯对革命的前景并不悲观。马克思在《新莱茵报 · 政治经济评论》第 1–2 期发表《1848 年 6 月的失败》和《从 1848 到 1849》年，即《1848 年至 1850 年的法兰西阶级斗争》长文的前两个部分，开始对 1848 年革命进行总结。他认为："在这些失败中灭亡的并不是革命，而是革命前的传统的残余，是那些尚未发展到尖锐阶级对立地步的社会关系的产物，即革命党在二月革命以前没有摆脱的一些人物、幻想、观念和方案，这些都不是二月胜利所能使它摆脱的，只有一连串的失败才能使它摆脱。""总之，革命的进展不是在它获得的直接的悲喜剧式的胜利中，相反，是在产生一个联合起来的、强大的反革命势力的过程中，即在产生一个敌对势力的过程中为自己开拓道路的，只是通过和这个敌对势力的斗争，主张变革的党才走向成熟，成为一个真正革命的党。"[1]"因此我们高呼：革命死了！——革命万岁！"[2]

显然，1848 年革命虽然失败了，但它的发生绝不是无意义的。1848 年革命的发生使无产阶级革命不再是幽灵般的存在，而是夺取政权的行动，无产阶级在革命中展现的力量是任何政治势力都不能忽视的。无产阶级在这场革命中获得的经验教训将有力地指导新的革命斗争。1848 年

[1] 《马克思恩格斯文集》第二卷，人民出版社 2009 年版，第 79 页。

[2] 同上书，第 105 页。

革命的失败丝毫没有动摇马克思、恩格斯对革命事业的信心。对于反对势力的镇压和污蔑，马克思、恩格斯轻蔑以对，抓住机会予以反击。

就在这时，颇有影响的德国传教士郭士立对中国出现的革命趋向和社会主义运动发表了污蔑性言论，这引起了马克思、恩格斯的注意。

郭士立曾出版过许多关于中国的论著，是当时少有的对中国有深入了解的西方人士，马克思、恩格斯在文中称他是“著名的德国传教士”。

1849—1850 年，郭士立回到欧洲，四处奔走演讲，鼓动来华传教。1849 年 12 月，他在伦敦大学和一些协会进行了多场关于中国的演讲，其中有许多涉及中国各地的暴动和欧洲共产主义运动的评论。例如，1850 年 1 月 9 日柏林出版的半官方报纸《新普鲁士报》就曾有相关报道，称郭士立 1849 年 12 月在伦敦统计协会演讲中说到中国的社会问题时提道：“伴随这一运动的还有其他一些带有明显特征的现象，中国人对它也不陌生，在中国，到处都是无政府主义者，他们宣传：穷人日渐贫困，富人日渐富有……”[1]

如前所述，马克思、恩格斯早已从理论分析的基础上判断，中国在被迫开放后将走向革命。他们对郭士立这位著名的德国传教士在中国亲身经历的变化十分感兴趣。这些变化，即郭士立向欧洲人士传来的“有代表性的新鲜奇闻”是：本来，中国这个遥远东方“国家的缓慢地但不断地增加的过剩人口，早已使它的社会状况变得为这个民族的大多数人难以忍受”[2]，而鸦片战争后，英国和美国用机器生产的廉价工业品充斥这个国家，以手工劳动为基础的中国工业经不住机器的竞争，“国家濒于

[1] 转引自陈力丹:《郭士立与马克思、恩格斯》,《国际新闻界》1999 年第 1 期。

[2] 《马克思恩格斯全集》第十卷，人民出版社 1998 年版，第 277 页。

破产，大批居民落得一贫如洗，这些居民起而闹事，迁怒于皇帝的官吏和佛教僧侣，打击并杀戮他们”[1]。牢固的中华帝国遭受了社会危机，面临一场大规模革命的威胁，已经接近灭亡。

撼动那个帝国的是这样一种主张：“在造反的平民当中有人指出了一部分人贫穷和另一部分人富有的现象，要求重新分配财产，甚至要求完全消灭私有制。”“当郭士立先生离开20年之后又回到文明人和欧洲人中间来的时候，他听到人们在谈论社会主义，于是就问：这是什么意思？别人向他解释以后，他便惊叫起来：‘这么说来，我岂不到哪儿也躲不开这个害人的学说了吗？这正是中国许多暴民近来所宣传的那一套啊！’”[2]

在欧洲反动势力加紧镇压工人运动的特殊时刻，郭士立攻击社会主义是“害人的学说”，把反抗封建统治的中国民众称为“暴民”，以他的身份和独特经历，自然会造成不小的社会影响。马克思、恩格斯挺身而出，对这种攻击展开了有力的回击。

马克思、恩格斯在写于1850年1月31日的一篇时评中对郭士立的言论进行了评论。他们讲道：“当然，中国社会主义之于欧洲社会主义，也许就像中国哲学之于黑格尔哲学一样。但是有一个事实毕竟是令人欣慰的，即世界上最古老最巩固的帝国八年来被英国资产者的印花布带到了一场必将对文明产生极其重要结果的社会变革的前夕。当我们的欧洲反动分子不久的将来在亚洲逃难，到达万里长城，到达最反动最保守的堡垒的大门的时候，他们说不定会看见上面写着：中华共和国。自由、

[1] 《马克思恩格斯全集》第十卷，人民出版社1998年版，第277页。

[2] 同上。

平等、博爱。”[1]这部分评论文字不长，但言简意赅，主要表达了以下几层意思：

一是中国的社会主义会有中国的特色。中国的革命者要求消灭私有制，实行财富公平分配，但这些社会主义的要求又是植根于中国的具体国情，受中国的文化和历史传统影响，是在一个落后的农业国、一个充满危机的封建社会基础上，叠加了资本主义商品带来的冲击而发生的，必然与资本主义比较发达的欧洲出现的社会主义有不一样的特点，其间的区别“也许就像中国哲学之于黑格尔哲学一样”。

二是中国的革命会受到世界历史运动的影响。同传统的闭关自守的农业社会发生的农民革命不同，引发中国革命的因素，不仅有封建剥削和压迫，还有传统手工业和传统农业生产方式在机器竞争下的破产与凋敝，“国家濒于破产，大批居民落得一贫如洗”，看似牢固的中华帝国遭受了社会危机，“已经面临一场大规模革命的威胁”。因此，社会主义当然不是郭士立说的“害人的学说”，中国的革命者自然也不是所谓的“暴民”。革命和社会主义，是顺应历史的潮流。

三是社会主义是世界的也是中国的必然前途。马克思生动描绘了反动势力将来在革命胜利后无处可逃的窘境，这是对极力镇压工人运动的欧洲反动势力的蔑视，也是革命低潮下对继续革命的坚定信念和对革命前途的无比信心。

正是基于对社会发展规律的深刻把握，基于对革命事业的高度自信，马克思、恩格斯回击了对社会主义事业的诬蔑，对中国社会主义前景作

[1]《马克思恩格斯论中国》，人民出版社 2018 年版，第 134 页。

出了明确预见。在这个预见中，我们明显看到了1848年革命的印记。

马克思、恩格斯预想，将来革命胜利后，即使欧洲反动势力逃到中国，也只能在万里长城上看到法国“二月革命”中工人阶级的口号。这是对资产阶级的辛辣讽刺，也是对中国革命胜利的展望。马克思在《1848年的六月失败》中回顾道：二月革命中巴黎无产阶级要求临时政府两小时内宣布成立共和国，“两小时的期限未满，巴黎的各处墙壁上就已出现了具有历史意义的夺目的大字：法兰西共和国！自由，平等，博爱！”[1]然而对资产阶级来说，这只是装点门面。“以普选权为基础的共和国一宣告成立，那些驱使资产阶级投入二月革命的有限目的和动机就无人记起了。”[2]而到了6月无产阶级遭到镇压，资产阶级共和国现出了原形，就是要使资本的统治和对劳动的奴役永世长存。马克思愤怒地指出：“博爱，一方剥削另一方的那些互相对立的阶级之间的那种博爱；博爱，在2月间宣告的、用大号字母写在巴黎的正面墙上、写在每所监狱上面、写在每所营房上面的那种博爱，用真实的、不加粉饰的、平铺直叙的话来表达，就是内战，就是最可怕的国内战争——劳动与资本间的战争。在6月25日晚间，当资产阶级的巴黎张灯结彩，而无产阶级的巴黎在燃烧、在流血、在呻吟的时候，这个博爱便在巴黎所有窗户前面烧毁了。博爱存在的那段时间正好是资产阶级利益和无产阶级利益友爱共处的时候。”[3]因此，马克思强调：“原先无产阶级想要强迫二月共和国予以满足的那些要求，那些形式上浮夸而实质上琐碎的、甚至还带有资产阶级性

---

[1] 《马克思恩格斯文集》第二卷，人民出版社2009年版，第86页。

[2] 同上。

[3] 同上书，第102页。

质的要求，就由一个大胆的革命战斗口号取而代之，这个口号就是：推翻资产阶级！工人阶级专政！”[1]

正是基于对社会主义事业的坚定信念，马克思、恩格斯在这篇评论中自信地预见，在这场欧洲和中国都置身其中的世界历史的运动中，世界上最古老、最巩固的封建帝国必将为一场社会改革所摧毁，中国人民的革命斗争必将取得胜利，中国的前途是社会主义的“中华共和国”。

三、关注旧中国危机的一步步加深和新生产力发展要求的日益迫切，同情中国人民救亡图存的斗争，断言世界将看到整个亚洲新纪元的曙光

马克思、恩格斯对中国社会主义的预见，体现了他们对唯物史观的运用和对社会发展规律的深刻把握，表达了他们对中华民族寄予的殷切期望。

此后，他们对中国社会的发展演进给予了更多的关注。特别是1853—1862年，马克思应约担任美国进步报纸《纽约每日论坛报》驻伦敦通讯员，他和恩格斯在该报发表了大量的时评和政论，其中有关中国的就有17篇。他还在奥地利维也纳出版的《新闻报》上发表了一篇《中国记事》。在他们撰写的大量书信和著作中，也有大量关于中国的论述和分析评论。这些分析评论揭露和谴责了西方列强对中国的侵略和掠夺，热情支持中国人民救亡图存的正义斗争，在分析中国近代社会发展变化

[1] 《马克思恩格斯文集》第二卷，人民出版社2009年版，第103—104页。

的基础上展望了新的中国的出现，特别是对集中体现旧中国社会危机、对中国近代社会发展中有重大影响的事件，如太平天国革命、第二次鸦片战争、中日甲午战争等进行了深刻分析。

马克思、恩格斯认为太平天国运动进一步暴露了封建统治的危机，反映了中国人民的觉醒。1853 年 6 月，马克思在《纽约每日论坛报》发表《中国革命和欧洲革命》一文，对太平天国运动的起因进行了分析。他指出，“中国的连绵不断的起义已经延续了约十年之久，现在汇合成了一场惊心动魄的革命；不管引起这些起义的社会原因是什么，也不管这些原因是通过宗教的、王朝的还是民族的形式表现出来，推动了这次大爆发的毫无疑问是英国的大炮，英国用大炮强迫中国输入名叫鸦片的麻醉剂。满族王朝的声威一遇到英国的枪炮就扫地以尽，天朝帝国万世长存的迷信破了产，野蛮的、闭关自守的、与文明世界隔绝的状态被打破，开始同外界发生联系”[1]。“与外界完全隔绝曾是保存旧中国的首要条件，而当这种隔绝状态通过英国而为暴力所打破的时候，接踵而来的必然是解体的过程，正如小心保存在密闭棺材里的木乃伊一接触新鲜空气便必然要解体一样。”[2] 随着鸦片日益成为中国人的安眠药，皇帝及其周围墨守成规的大臣们也就日益丧失自己的统治权。马克思感叹道：“历史好像是首先要麻醉这个国家的人民，然后才能把他们从世代相传的愚昧状态中唤醒似的。”[3]

太平天国革命最终走向失败。马克思分析其原因，指出这场由西方

---

[1] 《马克思恩格斯选集》第一卷，人民出版社 2012 年版，第 779 页。

[2] 同上书，第 780—781 页。

[3] 《马克思恩格斯文集》第二卷，人民出版社 2009 年版，第 608 页。

列强入侵而催生的革命，却没有反映新的生产力和生产关系变化的革命纲领，未能摆脱农民战争改朝换代的历史局限。他分析道：天平天国革命“这种现象本身并不含有什么特殊的东西，因为在东方各国我们总是看到，社会基础停滞不动，而夺得政治上层建筑的人物和种族却不断更迭”。“运动发生的直接原因显然是：欧洲人的干涉、鸦片战争、鸦片战争所引起的现存政权的动摇、白银的外流、外货输入对经济平衡的破坏，等等。我曾感到很奇怪，鸦片没有起催眠作用，反而起了惊醒作用。”“其实，在这次中国革命中奇异的只是它的体现者。除了改朝换代以外，他们不知道自己负有什么使命。”“它是停滞的社会生活的产物。”[1]

第二次鸦片战争进一步把中国推向半殖民地半封建社会的深渊，英法侵略者的暴行激起了中国人民的反抗。马克思谴责了西方列强对中国的海盗式侵略，对中国人民反抗侵略的斗争深表同情和支持。

马克思指出，旧中国已经古老衰朽，任人宰割。“摇摇欲坠的亚洲帝国正在一个一个地成为野心勃勃的欧洲人的猎获物。这里又有一个这样的帝国，它很虚弱，很衰败，甚至没有力量经受人民革命的危机，而是把一场轰轰烈烈的起义都变成了看来无法医治的慢性病；它很腐败，无论是控制自己的人民，还是抵抗外国的侵略，一概无能为力。”“一个人口几乎占人类三分之一的大帝国，不顾时势，安于现状，人为地隔绝于世并因此竭力以天朝尽善尽美的幻想自欺。这样一个帝国注定最后要在一场殊死的决斗中被打垮。”[2]

而西方列强的侵略给中华民族带来的深重灾难，却被他们掩藏起来。

---

[1] 《马克思恩格斯论中国》，人民出版社 2018 年版，第 122 页。

[2] 同上书，第 8 页。

马克思揭露道："非法的鸦片贸易年年靠摧残人命和败坏道德来填满英国国库的事情，我们一点也听不到。外国人经常贿赂下级官吏而使中国政府失去在商品进出口方面的合法收入的事情，我们一点也听不到。对那些被卖到秘鲁沿岸去当不如牛马的奴隶、被卖到古巴去当契约奴隶的受骗契约华工横施暴行'以至杀害'的情形，我们一点也听不到。外国人常常欺凌性情柔弱的中国人的情形以及这些外国人带到各通商口岸去的伤风败俗的弊病，我们一点也听不到。"[1]而在战争中人民遭受的苦难更加深重。

民族苦难让中国人民日益觉醒。马克思指出，第一次鸦片战争时人民对战争和暴力平静、屈从，但是现在，至少在迄今斗争所及的南方各省，民众积极地而且是狂热地参加反对外国人的斗争。"压抑着的、鸦片战争时燃起的仇英火种，爆发成了任何和平和友好的表示都未必能扑灭的愤怒烈火。"[2]

马克思高度肯定中国人民觉醒的意义。他认为："有一点是肯定无疑的，那就是旧中国的死亡时刻正在迅速临近。""中国的南方人在反对外国人的斗争中所表现的那种狂热本身，似乎表明他们已觉悟到旧中国遇到极大的危险；过不了多少年，我们就会亲眼看到世界上最古老的帝国的垂死挣扎，看到整个亚洲新纪元的曙光。"[3]

恩格斯认为，中日甲午战争给了旧中国致命一击，加速了资本主义生产方式在中国的扩张。

---

[1] 《马克思恩格斯论中国》，人民出版社 2018 年版，第 7 页。

[2] 同上书，第 55 页。

[3] 同上书，第 66 页。

西方列强顺利打开了中国的门户，但对中国市场的占领和对旧的生产方式的摧毁却并不顺利。1858年9月，马克思在《纽约每日论坛报》上发表的《英中条约》中指出:“我们仔细考察了中国贸易的历史以后感觉到，一般说来，人们过高地估计了中国人的消费能力和支付能力。”[1]“在以小农经济和家庭手工业为核心的当前中国社会经济结构中，根本谈不上大宗进口外国货。”[2]在《资本论》第三卷中，马克思又进一步分析说:“因农业和手工制造业的直接结合而造成的巨大的节约和时间的节省，在这里对大工业产品进行了最顽强的抵抗；因为在大工业产品的价格中，会加进大工业产品到处都要经历的流通过程的各种非生产费用。”[3]

中日甲午战争加速了旧的生产方式的解体。1894年9月，恩格斯在致劳拉·拉法格的信中分析说，“不管这次战争的直接后果如何，有一点是必不可免的：古老中国整个传统的经济体系将完全崩溃。在那里，同家庭工业结合在一起的过时的农业体系，是通过严格排斥一切对抗成分而人为地维持下来的。这种全盘排外的状况，已由同英国人和法国人的战争而部分地打破了；这种状况将由目前这场同亚洲人、即中国人最邻近的敌手的战争来结束”[4]。“在陆地和海上打了败仗的中国人必定欧洲化，开放他们的港口以进行全面通商，建筑铁路和工厂，从而把那种可养活亿万之众的旧制度完全摧毁。过剩人口将急剧地、不断地增长——

[1] 《马克思恩格斯选集》第一卷，人民出版社2012年版，第813页。

[2] 《马克思恩格斯论中国》，人民出版社2018年版，第79—80页。

[3] 同上书，第162页。

[4] 同上书，第171页。

被赶走的农民涌向沿海，到别的国家去谋生。”[1]

经过几十年的观察，马克思、恩格斯已经看到，一方面，封建王朝的危机日益加深，旧中国加速走向衰朽；另一方面，人民日益觉醒，新生产方式的成长要求日益迫切，潜在的劳动后备军极其庞大，革命条件正在成熟，不可避免。新的中国的前景、亚洲新纪元已经临近了。

四、马克思、恩格斯关于中国社会主义的预见给我们的启示

马克思、恩格斯未能看到社会主义在中国的诞生。他们的预见，由以马克思主义为指导的中国共产党人变成了现实。

1911 年，辛亥革命爆发，封建帝制在革命的炮火中轰然倒塌。资本主义在中国获得很大发展，为新的社会革命准备了阶级力量。1919 年的五四运动中，中国无产阶级作为独立的政治力量走上了历史舞台。

中国人民苦苦探寻救亡图存的出路，旧式的农民战争走到尽头；自强运动和改良主义不触动封建根基，屡屡碰壁；资产阶级革命派领导的革命、西方资本主义的其他种种方案，也都纷纷破产。十月革命一声炮响为中国送来了马克思列宁主义，为中国人民指明了前进方向，提供了全新选择。在这个历史大潮中，以马克思主义为指导，以为中国人民谋幸福、为中华民族谋复兴为初心使命的工人阶级政党——中国共产党诞生了。

[1] 《马克思恩格斯论中国》，人民出版社 2018 年版，第 171 页。

在新民主主义革命中，中国共产党人把马克思主义基本原理同中国革命具体实际相结合，团结带领人民经过长期奋斗，取得了新民主主义革命的胜利，实现了民族独立，建立了中华人民共和国。新中国建立起社会主义基本制度，进行了社会主义革命和建设的艰辛探索，实现了中华民族从“东亚病夫”到站起来的伟大飞跃。

党的十一届三中全会后，中国共产党人把马克思主义基本原理同中国社会主义现代化建设实际结合起来，实行改革开放，团结带领人民进行建设中国特色社会主义新的伟大实践，使中国大踏步赶上了时代，实现了中华民族从站起来到富起来的伟大飞跃。

中国特色社会主义进入新时代，中国共产党人把马克思主义基本原理同新时代中国具体实际结合起来，团结带领人民进行伟大斗争、建设伟大工程、推进伟大事业、实现伟大梦想，推动党和国家事业取得全方位、开创性历史成就，发生深层次、根本性历史变革，中华民族迎来了从富起来到强起来的伟大飞跃。

中国共产党人用社会主义实践的一个个成就，把马克思、恩格斯关于中国社会主义的预见变成美好现实。从这一历史进程中，我们可以获得很多启示和收获。

第一，坚定对马克思主义的信仰。马克思、恩格斯关于中国社会主义的预见的实现，是马克思主义科学性和真理性的充分验证，展现了人类社会最终走向共产主义的必然趋势。我们要继续学习和实践马克思主义关于人类社会发展规律的思想，全面掌握辩证唯物主义和历史唯物主义世界观和方法论，深刻认识实现共产主义是由一个一个阶段性目标逐步达成的历史过程，坚守共产党人的理想信念。

第二，坚定“四个自信”。马克思、恩格斯对中国社会主义的预见在中国的实现，深刻改变了中华民族的历史命运。中国人民深深认识到，只有社会主义才能救中国，只有坚持和发展中国特色社会主义才能实现中华民族伟大复兴，这是历史的结论、人民的选择。我们要坚定中国特色社会主义的道路自信、理论自信、制度自信、文化自信，更有定力、更有自信、更有智慧地坚持和发展新时代中国特色社会主义。

第三，不断推进马克思主义同中国具体实际相结合，在实践中发展马克思主义。马克思、恩格斯在预见中国社会主义前景时就认识到，在资本主义向更高阶段的社会运动中，中国所处的发展阶段、历史和文化传统，不同于资本主义发达国家，中国社会主义道路必然具有不同于那些国家的特点。中国共产党从实际出发，把马克思主义基本原理与中国实际相结合，走自己的路，在一个落后国家取得了革命胜利，建立起社会主义制度并使其不断发展完善。我们要始终明确：“社会主义并没有定于一尊、一成不变的套路，只有把科学社会主义基本原则同本国具体实际、历史文化传统、时代要求紧密结合起来，在实践中不断探求总结，才能把蓝图变为美好现实。”[1]

第四，学习和实践马克思主义关于世界历史的思想。马克思、恩格斯预见到，中国这样尚未发展到资本主义阶段的国家，在打破闭关自守状态后，可以在世界历史的共同运动中实现跨越。在世界多极化、经济全球化、社会信息化、文化多样化的今天，中国开放的大门不会关闭，只会越开越大，推动构建人类命运共同体的脚步不会停滞。“从历史的长

[1] 习近平：《论党的宣传思想工作》，中央文献出版社 2020 年版，第 335 页。

镜头来看，中国发展是属于全人类进步的伟大事业。中国将张开双臂，为各国提供更多市场机遇、投资机遇、增长机遇，实现共同发展。”[1]

社会主义在中国的历史还不长。中国共产党成立以来，在马克思主义指引下领导中国走上社会主义发展道路，带领人民在革命、建设、改革中不懈奋斗，走完了西方几百年的工业化发展历程，推动我国快速成为世界第二大经济体，使中国这个古老的东方大国创造了人类历史上前所未有的发展奇迹。现在，我们走上了全面建设社会主义现代化国家的康庄大道，在中国共产党领导下，一定能实现中华民族伟大复兴！

[1] 《习近平谈治国理政》第三卷，外文出版社 2020 年版，第 213 页。

武市红　中央党史和文献研究院第四研究部

改革开放40多年与对马克思主义的坚持和发展

在40多年的改革开放实践中，我们党开辟了马克思主义基本原理同中国具体实际相结合的新境界，取得了马克思主义中国化两大新成果，即中国特色社会主义理论体系和习近平新时代中国特色社会主义思想。我们党能够取得马克思主义中国化两大重要成果，是因为我们始终坚持和发展马克思主义。在40多年改革开放实践中，我们党始终坚持对马克思主义基本原理的信仰，对社会主义最终能取得胜利保持坚定信念；始终强调以科学的态度对待马克思主义；坚持把马克思主义基本原理和马克思、恩格斯研究解决人类社会问题的立场、观点和方法运用于研究和解决改革开放中不断出现的理论和现实问题；坚持以我们正在做的事情为中心，用新思想、新理念丰富和发展马克思主义。

40多年的改革开放，我们党在领导全国人民取得举世瞩目的辉煌巨变、实现伟大变革的进程中，还取得了马克思主义中国化的两大新成果，开辟了马克思主义基本原理与我国实际结合的新境界。新成果之一是中国特色社会主义理论体系，主要内容是邓小平理论、“三个代表”重要思想和科学发展观。邓小平理论是这一理论体系的基石，科学地解答了什么是社会主义、如何建设中国特色社会主义的基本问题。“三个代表”重要思想使我们加深了对什么是社会主义、怎样建设社会主义，建设一个什么样的党、怎样建设党的认识。科学发展观深刻认识和回答了新形势下实现什么样的发展、怎样发展的重大问题。新成果之二是习近平新时代中国特色社会主义思想，深刻回答了新时代坚持和发展什么样的中国特色社会主义、怎样坚持和发展中国特色社会主义等重大时代课题。

在中国共产党成立100周年之际，梳理我们党取得马克思主义中国化两大新成果，开辟马克思主义基本原理与我国实际结合新境界的宝贵经验，是对改革开放的纪念，对思考当前和今后继续坚持和发展马克思主义也很有意义。改革开放40多年，我们取得马克思主义中国化两大新成果，开辟马克思主义基本原理与我国实际结合新境界的主要经验可以归纳为以下几个方面。

一、始终坚守对马克思主义基本原理的信仰，坚定对社会主义最终能取得胜利的信念

邓小平把共产党人对马克思主义的信仰视为革命和建设的精神动力。他说：“如果我们不是马克思主义者，没有对马克思主义的充分信仰……中国革命就搞不成功。”[1]习近平总书记把马克思主义视为理想信念的灵魂、党和国家事业发展的根基、继续前进的源泉。他强调：“背离或放弃马克思主义，我们党就会失去灵魂、迷失方向。在坚持以马克思主义为

[1] 《邓小平文选》第三卷，人民出版社1993年版，第63页。

指导这一根本问题上，我们必须坚定不移，任何时候任何情况下都不能动摇。”[1]江泽民对此也有同样的认识。他提出：“我们共产党人的根本政治信仰是社会主义和共产主义，世界观是马克思主义的辩证唯物主义和历史唯物主义，这是任何时候都丝毫不能动的。”[2]

随着改革开放、建设社会主义市场经济体制实践的不断深入，我们党对马克思主义基本原理科学性的理解也在不断深入，我们更加全面、客观和辩证地运用马克思主义，对马克思主义、社会主义的信仰的基础也更为牢固。邓小平坚定地认为，世界上赞成马克思主义的人会多起来，“因为马克思主义是科学”。[3]习近平同志提出，要把马克思在《资本论》中揭示的关于资本主义生产的基本原理和规律运用于发展社会主义市场经济。他提出，马克思在《资本论》中揭示的关于资本主义生产的基本原理和规律，虽然不能直接应用于社会主义条件下的计划经济，但对于发展社会主义市场经济具有重要的指导意义。因为只要市场经济作为一种经济运行机制或经济管理体制发挥作用，那么，无论是以私有制还是以公有制为主体，市场经济的一般性原理及其内在发展规律都同样是适用的。习近平同志据此得出一个重要结论：马克思在《资本论》中所揭示的科学原理并未过时，要进一步发展社会主义市场经济，就要深刻领会和掌握《资本论》中所阐述的科学原理，并善于运用这些原理来指导社会主义市场经济的伟大实践。[4]

---

[1] 《习近平谈治国理政》第二卷，外文出版社 2017 年版，第 66 页。

[2] 《江泽民文选》第二卷，人民出版社 2006 年版，第 361 页。

[3] 《邓小平文选》第三卷，人民出版社 1993 年版，第 382 页。

[4] 参见习近平：《社会主义市场经济和马克思主义经济学的发展与完善》，《经济学动态》1998 年第 7 期。

在邓小平的指导下，通过分析总结社会主义运动特别是苏联模式的经验教训，区分社会主义建设的某些不正确的做法与社会主义制度本身，通过改革开放的实践成果，我们对社会主义制度优越性的认识更为理性和全面，确信社会主义有条件比资本主义更快地发展生产力，只有社会主义才能消除资本主义和其他剥削制度所必然产生的种种贪婪、腐败和不公正现象。[1] 社会主义经历一个长过程发展后必然代替资本主义，是社会历史发展不可逆转的总趋势。[2] 因此，邓小平晚年深情而又深刻地说："社会主义是可爱的，为之奋斗是值得的。"[3]

二、坚持以科学的态度对待马克思主义

新民主主义革命时期，以毛泽东同志为主要代表的中国共产党人在与党内一度盛行的教条主义的斗争中，确立了我们党对待马克思主义的科学态度：既要坚持马克思主义基本原理，又必须把它与我国革命具体实际相结合；运用马克思主义的立场、观点和方法，探索解决我国实际问题，要实事求是。但是 40 多年前，这一科学态度被教条式、本本主义式地理解马克思主义所排斥，马克思主义被归纳为数条空洞、僵硬甚至错误的教条。凡事都要从马克思主义经典著作中寻章摘句，经典著作中没有说过的就不能说，也不能做。

---

[1] 参见《邓小平文选》第三卷，人民出版社 1993 年版，第 143 页。

[2] 同上书，第 383 页。

[3] 中共中央文献研究室编:《邓小平年谱（1975—1997）》下卷，中央文献出版社 2004 年版，第 1348 页。

邓小平高度重视对待马克思主义的态度问题，他说："一个党，一个国家，一个民族，如果一切从本本出发，那它就不能前进，它的生机就停止了，就要亡党亡国。"[1] 他第三次复出后，首先倡导解放思想、实事求是、开动脑筋、破除迷信，支持和推动真理标准问题大讨论，就是要破除教条主义、本本主义对人们思想的桎梏，解放人们的思想，重新树立对待马克思主义的科学态度。因为"只有思想解放了，我们才能正确地以马列主义、毛泽东思想为指导，解决过去遗留的问题，解决新出现的一系列问题。正确地改革同生产力迅速发展不相适应的生产关系和上层建筑，根据我国的实际情况，确定实现四个现代化的具体道路、方针、方法和措施"[2]。

在 40 多年改革开放实践中，面对国际形势风云变幻，面对来自我国内部多领域的多重困难和考验，尤其是每到历史关键时刻，我们党始终坚持对待马克思主义的科学态度，不断提醒全党特别是党的领导干部，要坚持把马克思主义基本原理同改革开放的实践和时代特征相结合。江泽民提出，科学对待马克思主义要做到两点，一是必须坚持马克思主义的立场、观点、方法，坚持马克思主义的基本原理。二是一定要贯彻解放思想、实事求是的思想路线，坚持勇于追求真理和探索真理的革命精神。[3] 胡锦涛提出，我们坚信马克思主义基本原理是科学真理，坚信马克思主义必须随着实践发展而不断丰富和发展。我们从来不把马克思主

[1] 《邓小平文选》第二卷，人民出版社 1994 年版，第 143 页。

[2] 同上书，第 141 页。

[3] 参见《江泽民文选》第三卷，人民出版社 2006 年版，第 335 页。

义看成空洞、僵硬、刻板的教条。[1]2018年5月4日，在纪念马克思诞辰200周年大会上，习近平总书记进一步丰富了马克思主义与中国实际相结合的内涵，提出要把科学社会主义基本原则同改革开放的具体实际，同我国悠久的历史文化传统，同当今时代的迫切要求紧密结合。[2]

三、坚持用马克思主义的立场、观点、方法研究和解决改革开放的理论和现实问题

把党和国家工作重心从以阶级斗争为纲转到以经济建设为中心是十一届三中全会作出的重大决策。这一决策的基本理论依据是马克思关于社会主义要尽快发展生产力的观点。在《1857—1858年经济学手稿》中，马克思提出，在新的社会制度中，“社会生产力的发展将如此迅速……生产将以所有的人富裕为目的”[3]。在《共产党宣言》中，马克思也明确提出，无产阶级要利用自己的政治统治，把生产工具集中到国家手中，“尽可能快地增加生产力的总量”[4]。邓小平因此明确提出，社会主义首先要发展生产力，在整个社会主义历史阶段把发展生产力作为中心任务，才是真正坚持和发展马克思主义。改革开放40多年，经济建设始终被确立为中心工作，不断解放和发展生产力始终是我们坚持和强调的中心任务。

---

[1] 参见《胡锦涛文选》第三卷，人民出版社2016年版，第529页。

[2] 参见习近平:《在纪念马克思诞辰200周年大会上的讲话》，人民出版社2018年版，第27页。

[3] 《马克思恩格斯文集》第八卷，人民出版社2009年版，第200页。

[4] 《马克思恩格斯选集》第一卷，人民出版社2012年版，第421页。

我们作出改革开放决策的理论依据是马克思主义关于生产力与生产关系、经济基础与上层建筑相互作用、相互制约的观点。改革开放之初，邓小平就明确提出经济体制改革是要从根本上改革不适应迅速发展的生产力的生产关系和上层建筑，改变阻碍生产力发展的体制机制和思想观念。在进行经济改革的同时，相应地进行社会其他领域的改革，有序推进政治体制改革。党的十四大把建设社会主义市场经济体制确立为经济体制改革的任务，是要改革已经不适应生产力发展的高度集权的计划经济体制。十八届三中全会提出全面深化改革，是要对经济、政治、文化、社会、生态体制进行一场全面变革，既涉及经济基础，又涉及上层建筑。40 多年来，通过改革，我国的经济基础更加牢固，国家治理体系日趋完善。

社会主义初级阶段理论的提出与坚持，是依据辩证唯物主义和历史唯物主义的立场、观点和方法，以生产力发展水平作为判断社会发展阶段的标准。党的十三大召开前，邓小平提出："社会主义本身是共产主义的初级阶段，而我们中国又处在社会主义的初级阶段，就是不发达的阶段。一切都要从这个实际出发，根据这个实际来制订规划。"[1] 党的十三大报告对社会主义初级阶段的时间、特征和主要任务作出说明，明确指出，初级阶段的特征是生产力落后、商品经济不发达。在社会主义初级阶段，我们要完成的主要任务是发展生产力，实现许多国家在资本主义条件下实现的工业化、市场化和现代化。在社会主义初级阶段不仅无法消灭私有制，甚至需要在较大范围内利用私有制发展生产力。党的十九

[1] 《邓小平文选》第三卷，人民出版社 1993 年版，第 252 页。

大报告重申，我国仍处于并将长期处于社会主义初级阶段。因为中国特色社会主义进入新时代，中华民族迎来了从富起来到强起来的飞跃，但生产力水平尚未达到现代化水平，发展不平衡不充分，人民日益增长的美好生活需要还没有得到充分满足。所以，社会主义制度建设还不够成熟，还需要不断完善和发展。

实行改革开放，是基于对人民群众期盼和需要的深刻体悟。在实践中，我们坚守和践行马克思主义的人民立场。马克思、恩格斯指出："过去的一切运动都是少数人的或者是为少数人谋利益的运动。无产阶级的运动是绝大多数人的、为绝大多数人谋利益的独立的运动。"[1] 从这一立场出发，我们坚持尊重人民群众的首创精神，强调发挥人民群众的主体作用，提出要从人民群众的实践创造和发展要求中提出和完善政策主张。邓小平说："农村改革中的好多东西，都是基层创造出来的，我们把它拿来加工提高作为全国的指导。"[2] 习近平总书记也提出，改革开放在认识和实践上的每一次突破和发展，改革开放中每一个新生事物的产生和发展，改革开放每个方面经验的创造和积累，无不来自亿万人民的实践和智慧。[3]

我们始终坚守并切实践行马克思主义的人民立场，把为中国人民谋幸福作为初心使命。邓小平反复强调我们制定方针政策、作出各项决策的出发点和落脚点是人民是否拥护、赞成、高兴，是人民是否答应；判断各项工作是与非、得与失的标准是"三个有利于"。江泽民提出，最广

---

[1] 《马克思恩格斯选集》第一卷，人民出版社 2012 年版，第 411 页。

[2] 《邓小平文选》第三卷，人民出版社 1993 年版，第 382 页。

[3] 参见《习近平谈治国理政》，外文出版社 2014 年版，第 68 页。

大人民的根本利益是党的一切工作的最高标准，“必须始终把体现人民群众的意志和利益作为我们一切工作的出发点和归宿，始终把依靠人民群众的智慧和力量作为我们推进事业的根本工作路线”[1]。胡锦涛也明确指出：“我们必须始终把人民利益放在第一位，把实现好、维护好、发展好最广大人民根本利益作为一切工作的出发点和落脚点，做到权为民所用、情为民所系、利为民所谋。”[2] 担任中共中央总书记之初，习近平就把人民对美好生活的向往确定为奋斗目标，提出“要始终把人民放在心中最高位置”。“谋划发展，要着眼于满足人民日益增长的美好生活需要。深化改革，要站在人民立场上处理好涉及改革的重大问题。”[3]40 多年来，在经济社会发展的基础上，广大人民群众在经济、政治、文化、生态环境、社会生活上的获得感越来越实在，幸福感、安全感不断增强。

依据马克思主义关于人、自然、社会辩证统一的思想，我们始终坚持保护环境和节约资源，越来越重视生态文明建设。恩格斯在《自然辩证法》中指出，“我们不要过分陶醉于我们人类对自然界的胜利。对于每一次这样的胜利，自然界都对我们进行报复”[4]。20 世纪 80 年代，我们把保护环境作为基本国策。陈云提出：“治理污染、保护环境，是我国的一项大的国策，要当作一件非常重要的事情来抓。这件事，一是要经常宣传，大声疾呼，引起人们重视；二是要花点钱，增加投资比例；三是要反复督促检查，并层层落实责任。”[5] 江泽民提出，“经济发展，必须与人

[1] 《江泽民文选》第三卷，人民出版社 2006 年版，第 271 页。

[2] 《胡锦涛文选》第三卷，人民出版社 2016 年版，第 532 页。

[3] 习近平：《在十九届中央政治局第五次集体学习时的讲话》，《中办通讯》2018 年第 6 期。

[4] 《马克思恩格斯选集》第三卷，人民出版社 2012 年版，第 998 页。

[5] 《陈云文选》第三卷，人民出版社 1995 年版，第 364 页。

口、资源、环境统筹考虑，不仅要安排好当前的发展，还要为子孙后代着想，为未来的发展创造更好的条件，决不能走浪费资源和先污染后治理的路子，更不能吃祖宗饭、断子孙路”[1]。

党的十八大以来，生态文明建设被纳入中国特色社会主义事业“五位一体”总体布局。党的十九大把“坚持人与自然和谐共生”确立为新时代坚持和发展中国特色社会主义的基本方略，提出要加快构建包括生态文化体系、生态经济体系、目标责任体系、生态文明制度体系和生态安全体系在内的生态文明体系。在党中央坚强领导下，一场涉及生产方式、生活方式、思维方式和价值观念的变革，正在中华大地全面推进。

四、以我们正在做的事情为中心，坚持与时俱进、开拓创新，丰富和发展马克思主义

邓小平提出：“我们坚信马克思主义，但马克思主义必须与中国实际相结合。只有结合中国实际的马克思主义，才是我们所需要的真正的马克思主义。”[2] 马克思主义诞生 100 多年了，不能要求马克思为他身后的问题提供现成的答案。“真正的马克思列宁主义者必须根据现在的情况，认识、继承和发展马克思列宁主义。”“不以新的思想、观点去继承发展马克思主义，不是真正的马克思主义者。”[3] 习近平总书记指出，《共产党宣言》所阐述的一般原理整个来说仍然是完全正确的，但不能要求《共

[1] 《江泽民文选》第一卷，人民出版社 2006 年版，第 532 页。
[2] 《邓小平文选》第三卷，人民出版社 1993 年版，第 213 页。
[3] 同上书，第 291—292 页。

产党宣言》对170年后人类社会发展提出的所有具体问题都提供现成答案。对待科学要以科学的态度，追求真理要以真理的精神，要不断赋予马克思主义新的时代内涵。[1]

在40多年的艰辛探索和实践中，我们没有教条式地套用马克思主义经典作家设计的社会主义模板，在坚持马克思主义指导地位不动摇，坚持科学社会主义基本原则不动摇的前提下，以改革开放和社会主义现代化建设的重大现实问题、以我们正在做的事情为中心，不断提出新的思想、理念和战略，丰富和发展马克思主义。比如，对什么是社会主义，马克思、恩格斯根据对资本主义经济结构和运行规律的分析，得出的结论是：社会主义必然取代资本主义，社会主义经济制度的基本特征是公有制、计划生产、按劳分配。这成为一些国家理解社会主义的基本标准和依据，成为其建设社会主义政治经济制度的模板，我国在建设、发展和完善社会主义市场经济体制的进程中大胆突破了这些原则。

在所有制问题上，通过搞好国有大中型企业、发展个体私营经济，深化国企改革、发展混合所有制经济，把坚持公有制为主体和促进非公有制经济发展有机统一于中国特色社会主义建设进程中，而不是把两者截然对立起来；通过不断完善法律法规，不断增强对各种所有制经济平等使用生产要素、公平参与市场竞争的法律保障和保护，我们形成了以公有制为主体、多种所有制经济共同发展的基本经济制度。公有制经济同非公有制经济都被确立为社会主义市场经济体制的重要组成部分，构成我国经济发展的重要基础。

[1] 参见习近平:《在十九届中央政治局第五次集体学习时的讲话》,《中办通讯》2018年第6期。

在分配制度上，我们逐步形成了以按劳分配为主体，多种分配方式并存的分配制度，确立了劳动、资本、技术和管理等要素都能按贡献参与分配的原则。这种分配制度和分配原则可以有效动员各种要素投入发展生产力的过程，使各种创造财富的活力得到充分发挥。

建设社会主义市场经济体制是我国的重大发明。马克思、恩格斯没有对社会主义市场经济作出论述。在我国探索建设社会主义市场经济体制之前，最普遍的认识是社会主义实行计划经济，资本主义实行市场经济。邓小平在改革开放之初就提出社会主义搞市场经济是可以的，要探索一条能够快一点发展的道路。随着改革开放逐步深入，他进一步提出，不能把计划经济等同于社会主义，资本主义也有计划，也不能把市场经济等同于资本主义，社会主义也有市场，计划和市场都是经济手段。习近平总书记提出，判断市场经济性质的标准是所有制，在社会主义公有制基础之上建立的市场经济，是社会主义市场经济；在资本主义私有制基础之上建立的市场经济，是资本主义市场经济。在这些认识的指导下，党的十四大提出建立社会主义市场经济体制，党的十八大提出完善社会主义市场经济体制，党的十八届三中全会提出全面深化社会主义市场经济体制改革的方向和举措。经过不懈探索，我国从计划经济体制转变为社会主义市场经济体制。

我们党在改革开放伟大变革中能够取得马克思主义中国化的新成果，根本原因在于始终坚持马克思主义的指导地位和科学社会主义的基本原则不动摇，在于勇敢推进理论创新、实践创新、制度创新、文化创新以及其他各方面的创新。马克思主义中国化时代化的最新成果是对马克思主义基本原理科学性、真理性、预见性的证明，是以中国经验和智慧对马克思主义的丰富、发展和完善，是党的指导思想和基本理论与时俱进的重要体现，是党对共产党执政规律、社会主义建设规律、人类社会发展规律的认识的深化。对改革开放最好的纪念，是继续坚持和发展马克思主义，从中汲取继续奋斗前行的智慧和力量，如期实现民族复兴伟业，早日实现马克思规划设计的人类社会美好愿景。

吕增奎 中央党史和文献研究院第四研究部

中国共产党百年创新发展马克思主义的历史进程、主要成就和基本经验

习近平总书记指出，“推动马克思主义不断发展是中国共产党人的神圣职责”，马克思主义哲学“是马克思主义立场、观点、方法的集中体现”。一百年来，中国共产党坚持以辩证唯物主义和历史唯物主义为世界观和方法论，以全局性、战略性、系统性思维，不断把革命、建设、改革和复兴事业向前推进。一百年来，中国共产党坚持将实践中形成的新鲜经验上升为哲学理论，为马克思主义理论创新作出了多方面、宽领域、深层次的原创性贡献，开辟了马克思主义中国化时代化新境界。

一、理论创新是马克思主义的本质要求

第一，革命性创新原有哲学思想体系，是马克思主义哲学诞生的理论前提。考察马克思主义发展史可以发现，马克思、恩格斯并非天生的马克思主义者，他们的哲学思想经历了从唯心主义最终转向辩证唯物主义和历史唯物主义的复杂过程。革命性创新原有哲学思想体系在其中发挥了关键作用，本文选择他们对黑格尔辩证法的革命性重塑来阐释这一

问题。[1]黑格尔是德国古典哲学的集大成者，他以“绝对精神”的辩证运动来解决近代哲学的思维和存在的矛盾关系问题，并把辩证法提升到世界观高度，使之成为贯穿一切的思维方法。恩格斯强调，黑格尔“是一个富于创造性的天才”[2]，他以辩证法为贯穿逻辑学、自然哲学和精神哲学的发展线索，创造了“包括了以前任何体系所不可比拟的广大领域”[3]。为了一劳永逸地满足人类精神对于永久性克服困难的需要，黑格尔设定了“绝对精神”这样一个结束矛盾的终点，构建了庞大的唯心主义哲学体系。恩格斯认为，这就形成了黑格尔哲学保守性体系和革命性方法之间的矛盾，“革命的方面就被过分茂密的保守的方面所窒息”[4]。马克思在《资本论》中指出，“辩证法不崇拜任何东西，按其本质来说，它是批判的和革命的”[5]，必须唤醒黑格尔哲学中的创造性和革命性。马克思主义哲学将思维逻辑进展与客观矛盾运动的关系“颠倒”回来，以辩证法的无限性、普遍性和永恒性，来突破黑格尔哲学体系的僵化性，从凡是现实皆合乎理性之中，发掘出凡是现存的都必然灭亡的辩证法真意。

第二，资本主义社会的出现以及无产阶级的产生，是马克思主义诞生的社会与阶级基础。马克思主义的产生，固然同马克思、恩格斯不断破除旧思想的束缚、孜孜以求理论创新密不可分，但更为重要的是人类

---

[1] 马克思、恩格斯批判性地继承了19世纪西欧三大先进思想、19世纪三大科学发现等，笔者仅从中选择他们对黑格尔辩证法的革命性创新来论述，一是因为篇幅限制，二是因为其与本文的主题关系最为密切。

[2] 《马克思恩格斯文集》第四卷，人民出版社2009年版，第272页。

[3] 同上。

[4] 同上书，第271页。

[5] 《马克思恩格斯文集》第五卷，人民出版社2009年版，第22页。

历史已经进入了必然产生该理论的发展阶段。其一，只有在资本主义时代，科技进步所创造的巨大生产力，才能使人类寻找自身解放的理论具备客观物质基础。资本主义产生的社会两极分化与周期性经济危机爆发的时代问题，为马克思主义哲学的诞生提供了可供直接研究的问题。只有解决这些问题，人类自身解放的理论构建才能具备现实的可能性。在资本主义生产方式占统治地位的阶段，庞大的商品堆积是资本主义社会的财富构成方式。马克思在《资本论》中，直接分析商品这一资本主义时代财富的元素形式，从社会历史的深层次解释资本主义时代，以“人脑解剖”的思想高度来反观人类社会的历史。这就大大超越了直接分析前资本主义时代的“猴脑解剖”的认识深度与广度，人类社会的历史与未来都更为清晰地展现了出来。其二，觉醒了的无产阶级迫切需要将斗争经验上升为科学理论。马克思启示我们，共产党人的理论是对“现存的阶级斗争、我们眼前的历史运动的真实关系的一般表述”[1]。那么，现存的阶级斗争已经达到了什么程度？马克思、恩格斯在《共产党宣言》中指出，有文字记载的全部人类历史，都是阶级斗争的历史，资产阶级并不能消灭阶级斗争本身，只是改变了阶级斗争的形式，并且使整个社会日益“分裂为两大相互直接对立的阶级：资产阶级和无产阶级”[2]。马克思、恩格斯积极回应工人阶级的召唤，创建了辩证唯物主义和历史唯物主义，为工人阶级提供认识与改造世界的世界观与方法论。

第三，时代具有的发展性决定了马克思主义必须跟随时代发展进行理论创新。马克思、恩格斯去世以后，欧洲列强进入垄断资本主义阶段，

[1] 《马克思恩格斯文集》第二卷，人民出版社 2009 年版，第 45 页。

[2] 同上书，第 32 页。

围绕争夺世界霸权和殖民地的斗争日趋激烈，最终爆发了第一次世界大战。战争成为各国革命的引擎，推动无产阶级革命成为各国马克思主义政党的首要任务，推动马克思主义哲学理论创新成为时代的强烈呼声。然而，第二国际将辩证唯物主义解释为经验主义发生学，将历史唯物主义解释为经济决定论，主张以彼时流行的新康德主义哲学的纯粹逻辑和认识论，来填补所谓的马克思主义“哲学空白”。他们的碌碌无为乃至思想滑坡，远远不能满足时代发展的需要。1908年，列宁写下第一部哲学专著《唯物主义和经验批判主义》，揭露当时流行的经验批判主义只是“用新的怪论、字眼和花招来掩饰唯心主义和不可知论”[1]，坚决捍卫马克思主义哲学的科学性。以物质观、实践观、认识论为主轴的列宁主义哲学，首次为辩证唯物主义认识论的阐述提供了一个总体框架，物质观为认识奠定基础，实践观为认识形成前提，认识过程的复杂性塑造认识的辩证法。列宁指出：“最新的哲学像在两千年前一样，也是有党性的。”[2]这一科学论断指导各国无产阶级及其政党，在哲学的派别斗争中，看到他们各自代表的现实社会中敌对阶级及它们之间的斗争。为继续推动马克思主义哲学的创新，列宁在1914—1915年创作了《哲学笔记》，“把辩证法简要地规定为关于对立面的统一的学说”[3]，从而抓住了辩证法的核心，并将其贯穿马克思主义哲学的世界观、认识观和方法论三个方面，从而形成了三位一体的列宁主义哲学体系。在马克思列宁主义的指导下，俄国“十月革命”取得了胜利，将科学理论变为成功实践。

---

[1] 《列宁选集》第二卷，人民出版社 2012 年版，第 239 页。

[2] 同上书，第 240 页。

[3] 同上书，第 412 页。

第四，实践所具有的具体性，决定了马克思主义必须根据不同国情进行理论创新。各个国家国情不同，是马克思主义从理论到实践面临的最大的具体性。马克思赞同各个国家根据自身情况选择不同的发展道路，他于 1877 年在《给〈祖国纪事〉杂志编辑部的信》中指出，对西欧资本主义起源的概括，不能不顾各民族具体情况，简单地为所有国家划定发展道路，否则，“给我过多的荣誉，同时也会给我过多的侮辱”[1]。列宁主义的成功，就在于以实践的具体要求来推动马克思主义实现理论创新，成功实现了马克思主义的俄国化。列宁同意俄国革命的基本特点具有国际意义，但反对将其扩大化、绝对化，他指出，“说它不限于我国革命的某些基本特点，那是极大的错误”[2]。“十月革命一声炮响，给我们送来了马克思列宁主义”[3]，为坚持探求救亡图存道路的中国人民点亮了指路明灯。中国共产党诞生后，把马克思主义基本原理同中国具体实际结合起来，为中国各个历史时期的实践提供了强大思想武器。中国革命、建设、改革和复兴事业取得辉煌成就，已经证明了“不断推进马克思主义中国化时代化是完全正确的”[4]。中国共产党的百年实践充分检验了马克思主义的科学性，充分体现了马克思主义的人民性，充分贯彻了马克思主义的实践性，充分彰显了马克思主义的开放性。马克思强调，真正的哲学是时代精神的精华。中国正处于历史性变革的时代，置身其中的中国人，“更有资格、更有能力揭示这其中所蕴含的历史经验和发展规律，为发展

[1] 《马克思恩格斯文集》第三卷，人民出版社 2009 年版，第 466 页。

[2] 《列宁选集》第四卷，人民出版社 2012 年版，第 132—133 页。

[3] 《毛泽东选集》第四卷，人民出版社 1991 年版，第 1471 页。

[4] 习近平:《在纪念马克思诞辰 200 周年大会上的讲话》，人民出版社 2018 年版，第 15 页。

马克思主义作出中国的原创性贡献”[1]。

二、中国共产党百年对马克思主义创新发展的主要理论成就

第一，创造性地坚持和发展了辩证唯物主义。在中国进行辩证唯物主义理论创新的正确方向，由以毛泽东同志为主要代表的中国共产党人开启。他们为创造性地坚持和发展马克思主义哲学树立了光辉典范。习近平总书记指出，毛泽东为指导中国革命和建设所写下的《实践论》、《矛盾论》和《论十大关系》、《关于正确处理人民内部矛盾的问题》等著作，“灵活运用了辩证唯物主义世界观和方法论，形成了具有鲜明中国特色的马克思主义哲学思想”[2]。党的十一届三中全会以来，邓小平运用辩证唯物主义分析我国在社会主义初级阶段的主要矛盾，形成了经济建设中心论，实践标准论，“三个有利于”标准论，“两手论”，计划和市场关系论，先富和共富关系论，和平与发展主题论等思想，创造性地坚持和发展了辩证唯物主义。党的十八大以来，习近平总书记以统筹协调和重点突破相结合的全局观指导新时代治国理政实践，极大地丰富和发展了辩证唯物主义。习近平总书记既注重整体性原则，将局部放在全局中考虑，谋大局，思长远，又注重矛盾分析方法，抓住战略要害，实现重点突破，从根本处推动全局发展。“四个伟大”“五位一体”“四个全面”“两个大局”，都是站在党和国家事业兴旺发达全局提出的重大战略思想，丰富和发展辩证唯物主义的整

[1] 《习近平谈治国理政》第二卷，外文出版社 2017 年版，第 66 页。

[2] 习近平:《辩证唯物主义是中国共产党人的世界观和方法论》,《求是》2019 年第 1 期。

体性原则。坚持和加强党的全面领导，坚持党的建设新的伟大工程在“四个伟大”中的根本作用，以党自身的高质量建设，推动党和国家各项事业发展，丰富和发展了辩证唯物主义的重点性原则。

第二，创造性地坚持和发展了社会主义革命论。面对中国革命形势与革命任务的特殊性，中国共产党人坚持用马克思主义基本原理创造性地、具体问题具体分析地解决中国革命道路问题，在这一过程中所形成的深刻思想，为发展历史唯物主义作出了重大原创性理论贡献。在马克思主义的指导下，中国共产党经过艰辛的革命实践探索，逐步认识清楚了近代中国的国情和时代特征，创造性地提出中国革命两步论，即中国革命分为新民主主义革命和社会主义革命两个性质不同但又密切联系的阶段。毛泽东指出，“认清中国的国情，乃是认清一切革命问题的基本的根据”[1]。近代中国的国情既与封建社会不同，又与资本主义社会相异，是蕴含着特殊矛盾与革命任务的半殖民地半封建社会，从根本上推翻“三座大山”统治的上层建筑，是实现解放和发展生产力，实现中华民族富强的前提。以马克思列宁主义为指导的无产阶级领导的革命，与一般的社会主义革命不同，它并不破坏参加反帝反封建的资本主义成分，而是要建立各革命阶级联合专政的民主共和国，为进入社会主义做好准备。在这一马克思主义哲学创新理论的指导下，中国共产党为中国找到了一条以农村包围城市、武装夺取政权的正确革命道路。新中国成立后，“党创造性地开辟了一条适合中国特点的社会主义改造的道路”[2]，实现了对

[1] 《毛泽东选集》第二卷，人民出版社 1991 年版，第 633 页。

[2] 中共中央党史研究室:《中国共产党历史》第二卷（1949—1978）（上册），中共党史出版社 2011 年版，第 220 页。

生产资料私有制的社会主义改造，完成了社会主义革命，确立了社会主义基本制度。

第三，创造性地坚持和发展了社会主义建设论。一是创造性地坚持和发展了社会主义社会矛盾理论。在世界社会主义运动史上，中国共产党最早系统论述了社会主义社会矛盾的思想。党的十一届六中全会将我国社会主要矛盾的表述规范为，“人民日益增长的物质文化需要同落后的社会生产之间的矛盾”[1]。党的十九大报告指出，“我国社会主要矛盾已经转化为人民日益增长的美好生活需要和不平衡不充分的发展之间的矛盾”[2]。二是创造性地坚持和发展了社会主义初级阶段理论。马克思主义经典作家对共产主义社会发展提出初步设想和划分。我国社会主义革命胜利后，毛泽东提出可以把社会主义划分为不发达和比较发达的两个阶段。改革开放以来，党对社会主义初级阶段理论进行了系统性阐述。党的十九大作出中国特色社会主义进入新时代和我国仍处于并将长期处于社会主义初级阶段的科学判断，进一步丰富了社会主义初级阶段理论。三是创造性地坚持和发展了社会主义本质理论。邓小平指出，“社会主义的本质，是解放生产力，发展生产力，消灭剥削，消除两极分化，最终达到共同富裕”[3]。在这一创新理论指导下，党的十四大明确提出建立社会主义市场经济体制，正确处理“看不见的手”和“看得见的手”之间的辩证关系，不断提升对社会主义本质的认识水平。习近平总书记指

[1] 中共中央文献研究室编：《三中全会以来重要文献选编》（下），中央文献出版社 2011 年版，第 168 页。

[2] 习近平：《决胜全面建成小康社会　夺取新时代中国特色社会主义伟大胜利——在中国共产党第十九次全国代表大会上的报告》，人民出版社 2017 年版，第 11 页。

[3] 《邓小平文选》第三卷，人民出版社 1993 年版，第 373 页。

出，“中国特色社会主义有很多特点和特征，但最本质的特征是坚持中国共产党领导”[1]，进一步丰富了社会主义本质理论。四是丰富和发展了历史唯物主义的生产力理论，深化了对社会主义社会建设规律的认识。历史唯物主义认为，全部社会生活的基础是物质生产。党的十八大以来，习近平总书记提出人与自然和谐共生和建设美丽中国的观点，推动既要金山银山也要绿水青山的发展方式转变，深刻阐明了生态系统是人类物质生产的自然基础，保护和改善生态系统就是保护和发展生产力，推动历史唯物主义生产力理论发展进入新时代。

第四，创造性地坚持和发展了马克思主义人民观。马克思、恩格斯强调，人们“为了维持生活就必须每日每时从事的历史活动，是一切历史的基本条件”[2]。中国共产党将这一原理“系统地运用在党的全部活动中，形成党在一切工作中的群众路线”[3]，并全面阐述群众路线思想的丰富内涵，将实事求是思想路线与群众路线有机结合，创建了以人民为中心的发展观。毛泽东将实事求是思想路线与群众路线相统一。他指出，“依靠民众则一切困难能够克服，任何强敌能够战胜，离开民众则将一事无成”[4]。人民群众是历史的创造者，无产阶级只有解放全人类才能实现自身的解放，共产党是无产阶级的先锋队。中国共产党只有为了群众，依靠群众，才能把党的正确主张变为群众的自觉行动，自觉地肩负先锋队的历史使命，是对人类社会运动规律这一最大“实事”的遵循。实事

[1] 习近平：《论坚持党对一切工作的领导》，中央文献出版社 2019 年版，第 6 页。

[2] 《马克思恩格斯文集》第一卷，人民出版社 2009 年版，第 531 页。

[3] 《〈关于若干历史问题的决议〉〈关于建国以来党的若干历史问题的决议〉》，中共党史出版社 2013 年版，第 107 页。

[4] 《毛泽东军事文集》第二卷，军事科学出版社、中央文献出版社 1993 年版，第 381 页。

求是就是既要客观地认识世界，又要能动地改造世界。“从群众中来，到群众中去，把党的正确主张变为群众的自觉行动”，就是两者的实现路径。毛泽东在《湖南农民运动考察报告》《农村调查》《论十大关系》等文章中深刻阐述了这一思想。只有倾听群众的呼声，总结群众创造的实践经验，才能获得客观反映世界的认识，从而形成党的正确主张。只有深入群众实践之中，启发与引导人民，才能把党的正确主张转变为群众的自觉行动。毛泽东的这一理论创新，实现了一切从实际出发与一切从人民利益出发相统一，实现了符合客观规律与符合人民群众意愿相统一，实现了坚持党的领导与依靠人民群众相统一，实现了真理原则与价值原则相统一，是中国共产党对历史唯物主义的重大理论创新。中国特色社会主义进入新时代，习近平总书记指出，“人民对美好生活的向往，就是我们的奋斗目标”[1]，推动经济社会健康发展必须坚持以人民为中心。坚持“创新、协调、绿色、开放、共享”新发展理念，以发挥人民首创精神为发展的动力，以人民满意与否为衡量发展的标准，以实现人民幸福生活为发展的目的，持续解决发展不平衡不充分问题，不断满足人民日益增长的物质和精神需要，是历史唯物主义在当代中国的重大发展。

第五，创造性地坚持和发展了马克思主义世界历史理论。马克思、恩格斯认为，生产方式的变革是世界历史的物质基础，生产力推动世界交往的普遍发展，推动人类社会从原始封闭的民族历史向广阔的世界历史转变。1974 年，毛泽东提出了“三个世界”思想，科学判断了大多数国家同霸权主义进行不同程度斗争的世界格局；准确界定中国是发展中

[1] 中共中央文献研究室编:《十八大以来重要文献选编》(上)，中央文献出版社 2014 年版，第 70 页。

国家，永远属于第三世界的身份；主张国际交往的平等原则，国际事务不应该由一两个超级大国垄断。“三个世界”思想，对国际社会的主体类型给予了重新划分，清晰解读了世界历史的现状与未来。20 世纪末，邓小平深刻分析国际形势剧烈变革，指出当今世界上真正的大问题，“一个是和平问题，一个是经济问题或者说发展问题”[1]。党的十三大报告指出，“围绕和平和发展两大主题，调整外交格局和党的对外关系，发展了独立自主、反对霸权主义、维护世界和平的对外政策。我们在国际上的朋友更多了”[2]。江泽民指出，和平与发展是世界两大战略问题，也是全世界人民的共同愿望，要解决这两个问题，必须“建立公正合理的国际政治经济新秩序”[3]。胡锦涛提出了和谐世界的理论，他强调，承认差异性和多样性是处理国际关系的重要原则，面对纷繁复杂的国际社会，应当更加重视、强调和促进和谐，“建设一个持久和平、共同繁荣的和谐世界”[4]。党的十八大以来，习近平总书记站在世界历史发展的高度，深入思考人类“从哪里来、现在在哪里、将到哪里去”[5]的重大问题，提出推动构建人类命运共同体。它对马克思主义世界历史理论的理论创新在于，明确提出以文明交流超越文明冲突的观点，既突出强调“发展”是第一要务，又着重指出环境友好型的发展才是可持续的发展，深化了文明“发展论”与“多元论”辩证关系的认识。当前，国际社会携手抗击

[1] 《邓小平文选》第三卷，人民出版社 1993 年版，第 105 页。

[2] 中共中央文献研究室编：《十三大以来重要文献选编》(上)，中央文献出版社 1991 年版，第 7 页。

[3] 《江泽民文选》第三卷，人民出版社 2006 年版，第 107 页。

[4] 《胡锦涛文选》第二卷，人民出版社 2016 年版，第 445 页。

[5] 习近平：《论坚持推动构建人类命运共同体》，中央文献出版社 2018 年版，第 414 页。

新冠病毒蔓延的主张与举措，充分彰显了马克思主义世界历史理论当代创新成果的深刻洞察力与强大感召力。

三、马克思主义理论百年创新发展的基本经验

第一，坚信马克思主义理论的科学性。始终坚信马克思主义是科学的世界观和方法论，是推动马克思主义理论创新的基础。习近平总书记强调，马克思主义的科学性已经被历史和实践所充分证明，“是指导我们共产党人前进的强大思想武器”[1]。马克思主义指出，社会形态只有它所能容纳的全部生产力发挥出来后才灭亡，可以解答为什么资本主义尚未完全消亡，共产主义的实现还需要经历漫长的时间。当前，许多西方国家的经济发展持续低迷、社会矛盾日益加深，从经济学或社会学角度是无法揭示其真正缘由的。如果以马克思主义的眼光来考察，则可以透过其纷繁复杂的表现形式，把握其最深层次的原因，即资本主义社会化大生产和生产资料私人占有之间的矛盾。这一科学理论是我们坚定理想信念的主心骨，是我们保持战略前进方向的压舱石，为我们不断彰显社会主义优越性提供了强大的精神支撑。

第二，坚持分析与解决问题的创新导向。习近平总书记指出，“问题是事物矛盾的表现形式，我们强调增强问题意识、坚持问题导向，就是承认矛盾的普遍性、客观性”[2]。直面时代问题，分析时代问题，解决时

[1] 习近平:《坚持历史唯物主义不断开辟当代中国马克思主义发展新境界》,《求是》2020年第2期。

[2] 习近平:《辩证唯物主义是中国共产党人的世界观和方法论》,《求是》2019年第1期。

代问题，是马克思主义的鲜明品格。主动深入研究和解决时代提出的重大而紧迫的问题，把握人类历史的发展大势，把握中国社会的前进方向，是党推动马克思主义创新发展的起点和动力。马克思主义在中国的传播，可以从史学上追溯至 1899 年。那一年，西方基督教传教士在《万国公报》第 121 期上刊载了署名“英士李提摩太译，华士蔡尔康属文”的英国人颉德原著《大同学》一文，提到“以百工领袖著名者，英人马克思也”以及《共产党宣言》的部分内容，但毛泽东指出，“十月革命一声炮响，给我们送来了马克思列宁主义”[1]。时间为什么会相差 18 年？这是因为从传播学的角度来讲，1899 年确实是马克思主义进入中国的起点，是一个准确的“历史事实”。但从历史唯物主义来看，历史并非单纯记录过去发生的事情，而是要把握其中的“历史事件”。马克思主义传入中国之所以构成一个“历史事件”，而非仅仅是一个“历史事实”，是因为马克思主义为苦苦寻求救国道路的中国人民带来了有效的方案。只有在俄国十月革命以后，而非其他时间，马克思主义在中国面向与解决问题的身份才得以真正出现。毛泽东将马克思主义在中国传播的起点界定为十月革命，说明他已经超越了仅仅以传播学把握历史的方式，体现了中国共产党人以马克思主义面向和解决世界问题、时代问题、中国问题的深刻理论自觉。聚焦中国革命道路、中国特色社会主义建设道路、党自身建设规律、人类前途命运等重大问题，为我们推动马克思主义理论创新奠定了坚实的基础。

第三，坚持以人民为中心的创新原则。马克思、恩格斯能够创立马

[1] 《毛泽东选集》第四卷，人民出版社 1991 年版，第 1471 页。

克思主义、实现人类思想史上的伟大革命，在于他们发现人类社会研究的唯一门径是现实的个人及其物质生产活动，“这是一些现实的个人，是他们的活动和他们的物质生活条件”[1]。因为人类社会并非由观念也非由神意，而是由人民群众的物质生产实践创造的。马克思主义以理论来武装人民群众，“哲学把无产阶级当做自己的物质武器，同样，无产阶级也把哲学当做自己的精神武器”[2]。习近平总书记强调：“遵循历史唯物主义这一观点，我们党提出了群众路线，并把它作为党的生命线和根本工作路线。”[3]中国共产党紧紧依靠人民来推动马克思主义理论创新，尊重人民群众的创造精神，倾听人民群众的呼声，总结人民群众的经验，老老实实做人民群众的学生。邓小平强调：“改革开放中许许多多的东西，都是群众在实践中提出来的。”[4]一百年来，中国共产党之所以能够为马克思主义发展作出一系列重大原创性贡献，就在于坚持以人民为中心的理论创新导向，坚持将维护最广大人民的根本利益作为理论创新的阶级基础，坚持将人民满意与否作为理论创新成果的最高检验标准。

第四，坚持理论创新与实践创新相统一的理念。马克思主义并不是要终结真理，而是开辟了通往真理的道路，是一个随着实践不断发展的开放的理论体系。推动马克思主义的理论创新，最终要落实到与实践创新相统一上来，才能永葆马克思主义创新理论的生命力。恩格斯强调，

[1] 《马克思恩格斯文集》第一卷，人民出版社 2009 年版，第 519 页。

[2] 同上书，第 17 页。

[3] 习近平：《坚持历史唯物主义不断开辟当代中国马克思主义发展新境界》，《求是》2020 年第 2 期。

[4] 中共中央文献研究室编：《邓小平思想年编（一九七五——一九九七）》，中央文献出版社 2011 年版，第 711 页。

“马克思的整个世界观不是教义，而是方法”[1]。实践创新是人类一切创新的根源。随着社会的发展，新格局不断形成、新情况不断涌现，部分问题是可以用旧的理论来分析和解决的。同时，已有理论难以解决的新问题也层出不穷。如果不根据马克思主义提出新理论、新办法来加以分析和解决，那么，不仅问题会演化为更为复杂甚至棘手的矛盾，而且马克思主义本身的生命力将无法保持。因此，中国共产党不拘泥于马克思主义经典作家在特定情境下作出的具体结论，不用马克思主义经典作家的个别词句来限制实践创新，而是坚持用马克思主义的立场观点方法，分析世界的实践创新、时代的实践创新、中国的实践创新。中国共产党透彻分析实践创新的现象与本质、主流与支流，清晰界定实践创新能否代表未来发展的趋势，从而使马克思主义的创新理论始终站在历史正确的一边，始终代表人类发展前进的大趋势；从而使创新理论既能全面客观地反映实践创新，又能发挥推动实践创新朝着人类正义方向发展的积极作用，最终实现实践创新与马克思主义理论创新相统一。

[1] 《马克思恩格斯文集》第十卷，人民出版社 2009 年版，第 691 页。

吕　楠　中央党史和文献研究院第四研究部

新型政党制度对马克思主义多党合作思想的发展及其世界意义[1]

中国共产党领导的多党合作和政治协商制度是中国的一项基本政治制度，是具有中国特色的社会主义新型政党制度。马克思主义多党合作思想为中国共产党的成立和壮大、中国新型政党制度的建立和发展提供了思想指导。中国共产党在革命、建设和改革的过程中，也在不断丰富和发展着马克思主义多党合作思想。新型政党制度在中国经济社会发展中发挥着极其重要的作用，不仅为创造中国经济快速发展和社会长期稳定奇迹提供了重要制度保障，而且提供了解决西方制度困境的新方案，打破了西方话语霸权，提升了中国政党制度的国际话语权。

政党制度起源于西方。在近代西方政治发展过程中，多样化的政党制度在政治权力更迭、国家和社会治理、利益代表和表达、政治社会化、政策制定以及精英遴选等方面发挥了重要作用，在一定历史时期推动了人类政治文明的发展进步。但是，作为资本主义制度体系的重要组成部分，西方政党制度有着内在的、深刻的、难以克服的缺陷。尤其面对世

[1] 本文系 2020 年度国家社会科学基金社科学术社团主题学术活动“中国共产党的百年与国际共产主义运动”（项目编号：20STA042）的阶段性成果。

界百年未有之大变局，西方国家政党在国家治理问题上难以达成共识，拿不出可行的应对方案，西方政党制度日益显现出分裂无力的症状。而一些不顾国情简单移植西方政党制度的发展中国家，非但没有取得预期的发展成果，反而激化了民族分裂、宗教纷争等，陷入长期动荡不安。

中国共产党领导的多党合作和政治协商制度是中国的一项基本政治制度，“是马克思主义政党理论与中国实际相结合的产物”[1]。新中国成立以来，尤其是改革开放以来，中国各项事业取得的巨大成就充分证明了这一制度的合理性、科学性和有效性。2018 年 3 月 4 日，习近平总书记在全国政协十三届一次会议上把中国共产党领导的多党合作和政治协商制度概括为“新型政党制度”，明确指出该制度是“对人类政治文明的一大贡献”。

在中国共产党百年华诞的重要时刻和“两个一百年”历史交汇的关键节点，《中国新型政党制度》白皮书面向全世界发布，充分彰显了马克思主义中国化的理论成果和中国特色社会主义制度自信，是提升中国国际话语权的重要举措。深入理解新型政党制度对马克思主义政党理论的继承与发展、正确认识新型政党制度对世界的贡献，对于我们坚定不移坚持以马克思主义为指导、坚定不移坚持中国共产党的领导、坚定不移走中国特色社会主义政治发展道路、坚定不移坚持和完善中国新型政党制度具有重要意义。

---

[1] 参见中华人民共和国国务院新闻办公室:《中国新型政党制度》,《人民日报》2021 年 6 月 26 日。

一、马克思主义多党合作思想的基本内涵

（一）马克思、恩格斯关于多党合作问题的主要观点

多党合作思想是马克思主义政党学说的重要内容，在《共产党宣言》《哥达纲领批判》《关于共产主义同盟的历史》等著作中有集中体现。其中，以《共产党宣言》最为集中和系统。1848年,《共产党宣言》的发表标志着科学社会主义的诞生，也标志着马克思主义政党学说的建立。在这部著作中，马克思、恩格斯第一次系统完整地阐述了无产阶级政党建立的必要性和必然性，论述了无产阶级政党的性质、特点、作用，指明了无产阶级政党斗争的策略和原则。《共产党宣言》中包含着丰富的多党合作思想，对无产阶级政党与其他政党之间的关系、无产阶级政党处理及应对这些关系的基本原则进行了深刻阐释。

1. 特定阶段历史任务的一致性奠定了共产党与其他政党合作的基础

在19世纪三四十年代欧洲政治舞台上，流行着形形色色的社会主义流派、各种政党和组织。代表无产阶级根本利益的共产党和其他工人政党、社会民主党等在目标诉求上存在着一定的联系，这决定了它们之间有合作的可能。马克思、恩格斯主张，为了反对现存的社会政治制度、同强大的资产阶级进行斗争，共产党应与其他一切可能联合的同盟者合作。他们在《共产党宣言》中指出:“共产党人不是同其他工人政党相对立的特殊政党。他们没有任何同整个无产阶级的利益不同的利益，他们不提出任何特殊的原则，用以塑造无产阶级的运

动。”“共产党人的最近目的是和其他一切无产阶级政党的最近目的一样的：使无产阶级形成为阶级，推翻资产阶级的统治，由无产阶级夺取政权。”[1]“共产党人到处都努力争取全世界民主政党之间的团结和协调。”[2]

当时，除无产阶级外，革命阶级还有小资产阶级和统治阶级内部一部分脱离统治阶级的先进分子。马克思、恩格斯认为，共产党与这些进步的非无产阶级也应进行合作。在巴黎公社实践后，马克思指出：“在历史上破天荒第一次，小资产阶级和中等资产阶级公开地团结在工人革命旗帜下，他们宣布这场革命是拯救他们自己和拯救法国的唯一手段！他们和工人一起构成国民自卫军的主体，他们和工人在公社里一起开会，他们在共和联盟里为工人做中介人！”[3]

2. 共产党在同其他政党的联合中，必须保持自身的先进性和独立性

尽管共产党与其他政党在阶段性目标上有着一致性和合作的基础，但是这种合作不是无原则的。马克思、恩格斯指出：“在无产阶级和资产阶级的斗争所经历的各个发展阶段上，共产党人始终代表整个运动的利益。”“在实践方面，共产党人是各国工人政党中最坚决的、始终起推动作用的部分；在理论方面，他们胜过其余无产阶级群众的地方在于他们了解无产阶级运动的条件、进程和一般结果。”[4] 正因为共产党是用先进思想武装起来的党，在代表无产阶级利益时更能够超越国家、民族和地

[1] 《马克思恩格斯文集》第二卷，人民出版社 2009 年版，第 44 页。

[2] 同上书，第 66 页。

[3] 《马克思恩格斯文集》第三卷，人民出版社 2009 年版，第 203—204 页。

[4] 《马克思恩格斯文集》第四卷，人民出版社 2009 年版，第 324 页。

域限制，能够始终代表并实现广大无产阶级的利益，所以，在同其他政党的联合中保持共产党的先进性是整个无产阶级运动持续健康发展的基本要求。

马克思、恩格斯高度重视坚持共产党的独立性。他们强调：“工人的政党不应当成为某一个资产阶级政党的尾巴，而应当成为一个独立的政党，它有自己的目的和自己的政治。”[1]“只要资产阶级采取革命的行动，共产党就同它一起去反对君主制、封建土地制度和小市民的反动性……但是，共产党一分钟也不忽略教育工人尽可能明确地意识到资产阶级和无产阶级的敌对的对立，以使德国工人能够立刻利用资产阶级统治所必然带来的社会的和政治的条件作为反对资产阶级的武器，以便在推翻德国的反动阶级之后立即开始反对资产阶级的斗争。”[2]

3. 共产党必须坚持在联盟中的领导权

马克思、恩格斯强调，共产党在与其他政党结成同盟时，必须保持自己对同盟者错误的批判权，坚持在联盟中的领导权，这是合作联盟朝着正确方向发展的根本保障。《共产党宣言》提出：“在法国，共产党人同社会主义民主党联合起来反对保守的和激进的资产阶级，但是并不因此放弃对那些从革命的传统中承袭下来的空谈和幻想采取批判态度的权利。在瑞士，共产党人支持激进派，但是并不忽略这个政党是由互相矛盾的分子组成的，其中一部分是法国式的民主社会主义者，一部分是激进的资产者。”[3] 马克思还在致《纽约论坛报》编辑的一封信中指出：“在

---

[1] 《马克思恩格斯文集》第三卷，人民出版社 2009 年版，第 224—225 页。

[2] 《马克思恩格斯文集》第四卷，人民出版社 2009 年版，第 4 页。

[3] 《马克思恩格斯文集》第二卷，人民出版社 2009 年版，第 65 页。

政治上为了一定的目的，甚至可以同魔鬼结成联盟，只是必须肯定，是你领着魔鬼走而不是魔鬼领着你走。”[1]

马克思和恩格斯从工人运动和无产阶级革命实践中总结和概括出无产阶级政党与其他政党的多党合作思想，这对世界各国无产阶级政党的建立和发展具有重要的指导作用。

（二）列宁的多党合作思想

列宁在领导俄国革命的实践中，充分运用马克思和恩格斯的多党合作思想，并对其进行了丰富和发展。

1. 深刻认识布尔什维克党与其他党派合作的必要性

19 世纪末 20 世纪初，俄国虽然已经进入帝国主义阶段，但依然是小农经济占优势的国家。即使在二月革命胜利后，布尔什维克政党也只是众多政党中的一个，在力量上并未占任何优势。因此，“要战胜更强大的敌人，就必须尽最大的努力，同时必须极仔细、极留心、极谨慎、极巧妙地一方面利用敌人之间的一切‘裂痕’，哪怕是最小的‘裂痕’，利用各国资产阶级之间以及各个国家内资产阶级各个集团或各种类别之间利益上的一切对立，另一方面要利用一切机会，哪怕是极小的机会，来获得大量的同盟者，尽管这些同盟者可能是暂时的、动摇的、不稳定的、不可靠的、有条件的。”列宁强调，这一策略“对于无产阶级夺取政权以前和以后的时期，都是同样适用的”。[2]

十月革命后初期的俄国，“无产阶级不但是少数，而且是极少数，占

---

[1] 《马克思恩格斯全集》第十一卷，人民出版社 1995 年版，第 552 页。

[2] 《列宁全集》第三十九卷，人民出版社 2017 年版，第 50 页。

大多数的是农民”[1]。列宁认识到:“无产阶级要是不把大多数居民争取过来，就不能取得胜利。”[2] 同时，“在俄国这样一个全由小资产阶级分子经营农业的国家里，没有小资产阶级阶层的援助，我们是无法长久坚持的”[3]。而在当时，农民和小资产阶级基本上处于布尔什维克以外的其他政党的影响之下。例如，左派社会革命党在农民中有很大影响力。因此，与这些具有雄厚群众基础的代表资产阶级和小资产阶级的政党结成联盟是巩固新生的无产阶级政权的重要任务。

2. 强调在同民主党派结成联盟时，必须坚持正确的方向和原则

第一，布尔什维克党与其他政党的合作必须坚持社会主义发展方向。列宁强调，在多数党组阁的原则下，少数党“必须诚心诚意地服从多数，并执行全俄苏维埃第二次代表大会全体批准的，采取渐进的、然而是坚定不移的步骤走向社会主义的纲领”[4]。这是多党合作的基本前提。同时，他坚决反对同反动党派，如立宪民主党、法制党以及无政府主义者合作，反对它们加入苏维埃。第二，布尔什维克党是“在保持政党完全独立的条件下”同其他政党合作的。各党派代表利益的不同决定了它们之间只能是合作而非合并。第三，坚持布尔什维克党对多党合作实践的领导，是列宁毫不妥协的原则。“在政权问题上我们不愿意讲价钱，我们不愿意搞二次拍卖。”[5]“无论与其他革命派别订立什么样的实际联

[1] 《列宁全集》第四十一卷，人民出版社 2017 年版，第 21 页。

[2] 《列宁全集》第三十八卷，人民出版社 2017 年版，第 15 页。

[3] 《列宁全集》第三十六卷，人民出版社 2017 年版，第 242 页。

[4] 《列宁选集》第三卷，人民出版社 2012 年版，第 359 页。

[5] 《列宁全集》第三十三卷，人民出版社 2017 年版，第 64 页。

盟，都不能而且不应当在理论上、纲领上、旗帜上实行妥协或让步。”[1]

列宁的多党合作思想在马克思主义政党学说发展史上首次提出了在国家政权中实行社会主义多党合作制的初步构想，为中国共产党开展与其他民主党派的合作提供了理论和经验指导。正如周恩来所指出的：“由于第一个社会主义国家的苏联当时正遭到十四个国家的武装干涉，同时又进行着国内战争，俄国资产阶级和其他党派都敌视苏维埃政权，只剩下一个俄国共产党继续把十月革命的胜利坚持下去，因此在苏联就没有完全实现列宁提出的跟各党派合作的设想。然而，在我国的具体历史条件下，列宁的设想实现了。”[2]

二、不同历史时期中国共产党对马克思主义多党合作思想的运用与发展

马克思主义多党合作思想为中国共产党的成立和壮大、中国新型政党制度的建立和发展提供了思想指导。同时，中国共产党在革命、建设和改革的过程中，始终在丰富和发展着马克思主义多党合作思想。

（一）中国共产党在革命实践中对马克思主义多党合作思想的自觉运用

辛亥革命结束了统治中国2000多年的封建君主专制制度，建立了中

[1] 《列宁全集》第二卷，人民出版社2013年版，第434页。

[2] 中共中央统一战线工作部、中共中央文献研究室：《周恩来统一战线文选》，人民出版社1984年版，第347页。

国历史上第一个资产阶级民主共和国。然而，资产阶级革命派从西方学来的多党制、议会制，成为各派军阀、官僚、政客争权夺利的工具。十月革命一声炮响，为中国送来了马克思列宁主义。面对帝国主义和军阀势力的内忧外患，新生的中国共产党意识到必须争取一切可能的同盟者，才能战胜强大的敌人。在共产国际的指导下，中国共产党与国民党进行了第一次国共合作。但是在后期，中共主要负责人犯了右倾机会主义错误，放弃与资产阶级争夺领导权。“大革命失败后，中国共产党根据马克思主义工农联盟思想，把武装斗争、土地革命、建立革命政权结合起来，开创了中国共产党领导的工农民主统一战线。但是随着‘左’倾错误的蔓延，中共六大把城市小资产阶级排除在革命动力之外，片面强调党内纯洁，把中间派别推到了对立面，使工农政权受到严重挫折。”[1]

抗日战争时期，中国共产党制定了“发展进步势力、争取中间势力、孤立顽固势力”的策略总方针，在根据地建立了“三三制”政权，形成了以国共合作为基础的，全国各族人民、各民主党派、各爱国军队、各阶层爱国人士以及海外华侨参加的抗日民族统一战线，最终取得了抗日战争的伟大胜利。

1945 年，毛泽东在《论联合政府》一文中明确提出，在抗日战争取得胜利后，“需要在广泛的民主基础之上，召开国民大会，成立包括更大范围的各党各派和无党无派代表人物在内的同样是联合性质的民主的正式的政府”[2]。1948 年 4 月 30 日，中国共产党发布“五一口号”，提出召

[1] 王焕平：《新型政党制度与马克思主义政党理论中国化》，《山西社会主义学院学报》2019 年第 2 期。

[2] 中共中央文献研究室、中央档案馆编：《建党以来重要文献选编（1921—1949）》第 22 册，中央文献出版社 2011 年版，第 278 页。

开新政治协商会议、成立民主联合政府的号召，得到了各民主党派和无党派民主人士的积极响应。这标志着各民主党派和无党派民主人士公开、自觉地接受中国共产党的领导，是中国共产党领导的多党合作和政治协商制度形成过程中具有里程碑意义的重要历史事件。1949 年 9 月，中国人民政治协商会议第一届全体会议召开，接受《中国人民政治协商会议共同纲领》为施政纲领。中国新型政党制度由此确立。[1]

（二）社会主义革命和建设时期新型政党制度的发展

新中国成立后，各民主党派和无党派人士在中国政治发展中发挥了重要作用。他们积极参与讨论、制定国家的大政方针，协助党和政府制定了一系列有利于国民经济发展的政策；参加国家各级政权工作，其中绝大多数成员都集中在国家立法机关、行政机关、司法机关和检察机关，并担任重要领导职务；参加在全国范围内开展的土地改革、抗美援朝和镇压反革命运动，同中国共产党共同维护了国家主权和安全。

社会主义改造完成后，围绕民主党派和多党合作制度的存废问题出现了一些讨论。就此，毛泽东指出："究竟是一个党好，还是几个党好？现在看来，恐怕是几个党好。不但过去如此，而且将来也可以如此，就是长期共存，互相监督。"[2]"长期共存，互相监督"在党的八大上被正式确定为处理党派关系的方针。

此后，由于"左"的错误的持续影响，中国共产党和各民主党派之

---

[1] 参见中华人民共和国国务院新闻办公室：《中国新型政党制度》，《人民日报》2021 年 6 月 26 日。

[2] 《毛泽东文集》第七卷，人民出版社 1999 年版，第 34 页。

间的关系受到冲击，各民主党派组织发展和自身建设也遭受到严重破坏，新型政党制度遭受重大挫折。

（三）改革开放后新型政党制度的恢复和完善

党的十一届三中全会从根本上破除了“左”倾错误的束缚，重新确立马克思主义思想路线。随着拨乱反正的开展，新型政党制度进入新的历史发展时期。

邓小平在1979年全国政协五届二次会议上指出：在新的历史条件下，各民主党派“都已经成为各自所联系的一部分社会主义劳动者和一部分拥护社会主义的爱国者的政治联盟，都是在中国共产党领导下为社会主义服务的政治力量”[1]。“在中国共产党的领导下，实行多党派的合作，这是我国具体历史条件和现实条件所决定的，也是我国政治制度中的一个特点和优点。”[2]这一论述是对以往多党合作实践在制度层面的升华。

1982年，党的十二大正式把“长期共存、互相监督、肝胆相照、荣辱与共”确定为新时期中国多党合作的基本方针。从“八字方针”拓展为“十六字方针”，是中国共产党对多党合作实践经验科学总结和发展的成果。

党的十三大首次完整地提出“共产党领导下的多党合作和政治协商制度”的概念。1989年《中共中央关于坚持和完善中国共产党领导的多党合作和政治协商制度的意见》第一次以中共中央文件的形式，明确将中国共产党领导的多党合作制度列为中国基本政治制度，并首次提出我国各民主党派是“同中共通力合作、共同致力于社会主义事业的亲密友

[1] 《邓小平文选》第二卷，人民出版社1994年版，第186页。

[2] 同上书，第205页。

党，是参政党”[1]。

党的十四大将多党合作制度写入党章。1993年，“中国共产党领导的多党合作和政治协商制度将长期存在和发展”被写入宪法。2005年，《中共中央关于进一步加强中国共产党领导的多党合作和政治协商制度建设的意见》结合新世纪新阶段形势任务要求，对中国特色社会主义框架下多党合作的发展路径及未来前景进行了规划，是多党合作制度化建设新的里程碑。2009年，党的十七届四中全会通过的《中共中央关于加强和改进新形势下党的建设若干重大问题的决定》，进一步提出了完善中国共产党和民主党派合作共事的机制问题。

（四）新时代新型政党制度的创新发展

进入新时代，以习近平同志为核心的党中央高度重视多党合作制度的完善和发展，提出一系列关于多党合作的新观点。2012年，党的十八大首次提出“社会主义协商民主是我国人民民主的重要形式”[2]，要“推进协商民主广泛、多层、制度化发展”[3]。2013年，习近平总书记在与党外人士迎新座谈时指出：“中国共产党同各民主党派和无党派人士团结合作，是建立在共同思想政治基础之上的。今天，我们的共同思想政治基础就是中国特色社会主义。”[4]2015年，中共中央出台《关于加强社会主

[1] 中共中央文献研究室编：《改革开放三十年重要文献选编》（上），中央文献出版社2008年版，第563页。

[2] 中共中央文献研究室编：《十八大以来重要文献选编》（上），中央文献出版社2014年版，第221页。

[3] 同上书，第21页。

[4] 《习近平同党外人士共迎新春》，《人民日报》2013年2月8日。

义协商民主建设的意见》《中国共产党统一战线工作条例（试行）》《关于加强人民政协协商民主建设的实施意见》《关于加强政党协商的实施意见》。这些文件是对新型政党制度的不断完善和发展。

2017年，党的十九大报告首次明确将坚持和完善这一制度纳入“健全人民当家作主的制度体系”中。2018年，习近平总书记将我国政党制度定位为“从中国土壤中生长出来的新型政党制度”[1]，是对中国共产党领导的多党合作和政治协商制度概念的新概括和新表达。2019年，《中共中央关于加强中国特色社会主义参政党建设的意见》的通过是参政党理论发展的新突破。2020年12月，《中国共产党统一战线工作条例》以党内法规的形式对“新型政党制度”的概念进行了规范。

总之，新型政党制度孕育于近代以来中国民主革命的历史进程，形成于协商筹建新中国的伟大实践，发展于革命、建设和改革的伟大进程，完善于中国特色社会主义新时代。中国共产党根据不同阶段的历史任务，在内容上不断赋予这一制度符合时代发展要求的新思想、新内涵。可以说，这一制度既是马克思主义多党合作思想与中国实际相结合的产物，也是对马克思主义一般原理的创新性发展。

三、中国新型政党制度的世界意义

“从中国的土壤中生长出来的”新型政党制度，不仅在中国经济社会发展中发挥着极其重要的作用，充分彰显了中国特色社会主义制度优势，

[1] 《坚持多党合作发展社会主义民主政治　为决胜全面小康社会而团结奋斗》，《人民日报》2018年3月5日。

而且“为当代世界政党政治的发展贡献了中国智慧，也成为人类政治文明的新模式”[1]。

（一）为创造中国经济快速发展和社会长期稳定奇迹提供制度保障，彰显中国特色社会主义制度的优越性

评判政党制度优劣的一个重要指标是其功能发挥的最终效果。多年来，各民主党派和无党派人士在中国共产党的坚强领导下，凝聚最大正能量、画出最大同心圆，共同创造了举世瞩目的中国奇迹，充分彰显了新型政党制度的优势。

中国传统知识分子历来有浓厚的爱国情怀、强烈的社会责任担当。民主党派作为以知识分子为主体的精英型政党，汇聚着中国各行各业的专家学者。这就决定了新型政党制度框架下展开的参政议政、民主协商，更具技术含量、知识含量、智慧含量，从而提升了决策的科学化、民主化。[2]

在国家重大方针政策和重要事务决策中，民主党派通过考察、专题调研、社情民意收集等方式对经济社会发展中的全局性、战略性、前瞻性问题建言献策。例如，“一带一路”建设、京津冀协同发展、粤港澳大湾区建设等重大决策均需听取各方面意见，调动各方面力量贯彻落实。中国共产党领导的多党合作和政治协商制度就提供了这样一个制度平台。通过这样的制度安排，既能发扬民主，又能快速决策；既能集中力量办大事，又能调动各民主党派参政议政的积极性。2013 年以来，各民主党

[1] 中华人民共和国国务院新闻办公室:《中国新型政党制度》,《人民日报》2021 年 6 月 26 日。

[2] 参见齐春雷:《中国新型政党制度的世界意义》,《中央社会主义学院学报》2018 年第 5 期。

派以本党派名义提交提案近3000件；提交大会发言525篇，其中口头发言81次；报送社情民意信息3万余篇。[1]提案从形成到落实是将不同界别的“众意”综合起来最终变成国家“公意”的过程，最终实现的是人民利益的最大公约数。[2]

在中国共产党领导全国人民完成重大任务时，民主党派积极作为，发挥了不可替代的作用。以脱贫攻坚为例，作为参政党，各民主党派在这场攻坚战中，既是参与者，也是监督者。几十年来，各民主党派从咨询服务、技术培训、智力支持、政策扶持、招商引资、项目规划、人才培训等方面进行帮扶，取得了重大成绩。仅2020年，包括民主党派在内的统一战线就在定点扶贫县等地区实施了213个帮扶项目，培训基层干部2.23万人次，培训各类技术人员3.59万人次，购买贫困地区产品3000多万元，为定点县如期脱贫摘帽作出了重要贡献。2016年6月，在中共中央的统一部署下，各民主党派中央分别对口八个贫困人口多、贫困发生率高的中西部省区，开展脱贫攻坚民主监督工作。脱贫攻坚民主监督是民主党派首次对国家重大战略开展专项监督，是民主党派履行民主监督职能的领域拓展。据统计，五年来各民主党派中央共组织调研590余次，坚持把发现问题、研究问题、解决问题贯穿全过程，向对口省区各级党委、政府提出意见建议2400余条，向中共中央、国务院报送监督报告40份、“直通车”意见建议47份，为科学决策、精准施策提供

[1] 参见《中国新型政党制度彰显独特优势》，《经济日报》2021年6月26日。

[2] 参见赵娟娟：《我国新型政党制度的理论导源、历史形成和现实意义》，《云南行政学院学报》2021年第2期。

了重要参考。[1] 中国脱贫攻坚战的胜利书写了世界反贫困史上的伟大传奇，为全球减贫事业作出了卓越贡献，获得了国际社会的高度评价。

在国家遇到重大风险挑战时，民主党派、无党派人士坚定不移与中国共产党同舟共济、风雨与共，彰显了新型政党制度的独特优势。例如，面对新冠疫情，各民主党派和无党派人士及时发挥联系广泛的优势，协助中共各级党委和政府做好群众思想工作，引导广大成员和联系的群众增强对党和政府的信任，增强对打赢疫情防控阻击战的信心和决心；积极宣传科学防控知识，解读疫情防控政策措施，引导广大成员及群众科学防控、依法支持和配合疫情防控工作，维护社会稳定；积极投身医疗救助、科研攻关、捐款捐物、舆论宣传、文艺创作等各项工作，形成抗击疫情的强大合力；积极响应复工复产号召，引导广大成员正确看待经济发展中遇到的困难和挑战，聚焦经济目标任务，发挥积极性和创造性，为经济持续健康发展贡献力量；主动宣传疫苗接种相关知识，引导民众安心接种，积极助力新冠疫苗全民接种工作。据不完全统计，共有六万多名民主党派、无党派人士医务工作者奋战在抗击新冠疫情一线，各民主党派中央和无党派人士向中共中央、国务院提交意见建议超过 4000 件，捐款捐物超过 51 亿元。[2] 正如习近平总书记所说："在这场严峻斗争中，各民主党派、工商联和无党派人士坚决贯彻落实中共中央决策部署，引导广大成员积极投身医疗救助、科研攻关、捐款捐物、复工复产、建言献策等各项工作，为打赢疫情防控的人民战争、总体战、阻击战作出

---

[1] 参见黄昌盛：《聚力攻坚战　同心谋振兴——各民主党派助力打赢脱贫攻坚战纪实》，《团结报》2021 年 2 月 25 日。

[2] 参见《中国新型政党制度彰显独特优势》，《经济日报》2021 年 6 月 26 日。

了重要贡献。”[1] 中国采取的果断举措不仅有利于在本国控制疫情进一步蔓延，也为阻遏疫情向全世界扩散作出了积极贡献。“中国人民在疫情防控中展现的中国力量、中国精神、中国效率，展现的负责任大国形象，得到国际社会高度赞誉。”[2]

（二）提供解决西方制度困境的新方案

新型政党制度是以人民为中心的制度，“能够真实、广泛、持久代表和实现最广大人民根本利益、全国各族各界根本利益，有效避免了旧式政党制度代表少数人、少数利益集团的弊端”。这一制度创造了和谐稳定、各司其职的政党关系，“把各个政党和无党派人士紧密团结起来、为着共同目标而奋斗，有效避免了一党缺乏监督或者多党轮流坐庄、恶性竞争的弊端”[3]。因此，新型政党制度为世界提供了解决西方制度困境的新方案。

1. 创建了以人民为中心的政党制度

“为什么人的问题，是检验一个政党、一个政权性质的试金石。”[4] 这一标准深刻表明，以执政党数量和轮替来评价政党制度是形式主义的。只有符合一国国情、文化传统与社会历史条件，能够实现人民幸福、生

---

[1] 《中共中央召开党外人士座谈会　习近平主持并发表重要讲话》，《人民日报》2020 年 7 月 31 日。

[2] 习近平：《在统筹推进新冠肺炎疫情防控和经济社会发展工作部署会议上的讲话》，人民出版社 2020 年版，第 9 页。

[3] 《坚持多党合作发展社会主义民主政治　为决胜全面建成小康社会而团结奋斗》，《人民日报》2018 年 3 月 5 日。

[4] 《习近平谈治国理政》第三卷，外文出版社 2020 年版，第 35 页。

产力提高和政局稳定的制度才是好的制度。[1] 正如习近平总书记指出的："政治制度是用来调节政治关系、建立政治秩序、推动国家发展、维护国家稳定的，不可能脱离特定社会政治条件来抽象评判，不可能千篇一律、归于一尊。"[2]

在西方政党制度下，无论是两党制，还是多党制，资产阶级不同党派上台执政代表的都是掌握经济决定权的少数人的利益。由于各资产阶级政党均视党派利益高于国家利益，所以它们之间的竞争有可能对国家政治稳定带来严重危害。例如，美国民主党与共和党都是资产阶级利益的代表。四年一度的美国总统大选实际是两党的竞技场，营造的民主假象并不能真正体现多数美国人民的意志。从根本上说，西方政党制度是"少数民主""程序民主""形式民主"，是资产阶级利益集团"零和博弈""恶性竞争"政治生态发展的客观结果。[3]

马克思、恩格斯在《共产党宣言》中指出："过去的一切运动都是少数人的，或者为少数人谋利益的运动。无产阶级的运动是绝大多数人的，为绝大多数人谋利益的独立的运动。"[4] 中国共产党是马克思主义理论武装起来的政党。"中国共产党人的初心和使命，就是为中国人民谋幸福，为中华民族谋复兴。"[5] 中国共产党与各民主党派不存在根本的利害冲突，这

---

[1] 参见王彩玲：《新型政党制度：一个中国故事的世界意义》，《中国社会科学报》2021 年 7 月 29 日。

[2] 《习近平谈治国理政》第二卷，外文出版社 2017 年版，第 286 页。

[3] 参见李永胜、肖圆圆：《中国新型政党制度的生成逻辑、基本特征及实践价值》，《中州学刊》2020 年第 7 期。

[4] 《马克思恩格斯文集》第二卷，人民出版社 2009 年版，第 42 页。

[5] 《习近平谈治国理政》第三卷，外文出版社 2020 年版，第 1 页。

是彼此间长期团结合作的坚实基础。习近平总书记强调，中国共产党与各民主党派“应该不忘多党合作建立之初心”[1]。新时代，中国共产党与各民主党派共同的奋斗目标是实现人民对美好生活的向往、实现中华民族伟大复兴的中国梦。民主党派与中国共产党的“共同思想政治基础就是中国特色社会主义”[2]。这是新型政党制度与其他政党制度的本质区别。

2. 创造了和谐稳定、各司其职的政党关系

在当今世界的200多个国家和地区中，绝大多数国家都有多个政党同时存在。由此产生了一个问题，即在一个国家中政党与政党之间的关系如何处理。政党制度决定政党关系。竞争型政党制度中，各政党的一切政治行为均是从自身利益出发，上台执政是终极目标。各政党之间由此引发的竞争甚至会导致阶层撕裂、社会动荡。尽管这些政党有时也会出于一些共同利益而结成选举联盟或者联合组阁，但这种合作只是一种权宜之计，是一种竞争策略，并不能缓解它们真实的利益矛盾。

在新型政党制度中，中国共产党同各民主党派的关系不是执政党同在野党或反对党的关系，而是执政党同参政党的关系，是领导与被领导的关系，是休戚与共、共存共荣的亲密友党关系。从理论上来看，中国新型政党制度中，执政党的地位是法定的、稳固的，由中国共产党的坚强领导而确立了稳固的权威。民主党派参加国家政权，并在各级权力机关、政府和司法机关、人民政协担任领导职务；参与国家大政方针的协商和决策；参

[1] 《坚持多党合作发展社会主义民主政治　为决胜全面建成小康社会而团结奋斗》，《人民日报》2018年3月5日。

[2] 中共中央文献研究室编：《习近平关于社会主义政治建设论述摘编》，中央文献出版社2017年版，第123页。

与国家事务的管理；参与对国家方针、政策、法律、法令执行情况的检查和监督。可见，在国家各项政策的决策、执行、监督和反馈的全过程中，人民民主的形式和本质均得到了充分展现。政党之间不会为争夺政权而勾心斗角，互相拆台，最大限度地减少了社会内耗；不会出现各个政党轮流执政的局面，避免了政权频繁更迭、政治秩序混乱等现象；不会出现以一个政党的政策否定另一个政党政策的情况，避免了大政方针上的朝令夕改，大起大落，左右摇摆，使国家政策保持连续性和稳定性。[1]

从实践来看，新型政党制度创造了和谐稳定、各司其职的政党关系。一方面，坚持中国共产党的领导是新型政党制度最本质的特征。“坚持中国共产党的领导，不是不要民主了，而是要形成更广泛、更有效的民主。”[2] 坚持共产党的领导是“要在广泛凝聚各方智慧中起到领导核心作用，有效集中民主党派所代表的各阶层、利益群体的力量，同舟共济地进行社会主义建设”[3]。为此，中国共产党必须全面从严治党，加强党的自身建设，同时“鼓励不同意见交流和讨论，真正形成知无不言、言无不尽的氛围”[4]。另一方面，民主党派是中国共产党的好参谋、好帮手、好同事。新型政党制度能够广泛汇聚民智民力，以政治协商的机制，推动决策的科学化与民主化，保证党和国家政策实施的规范有序，有力提

[1] 参见孙信：《我国政治格局稳定的重要制度保证——学习习近平同志在中央统战工作会议上的重要讲话精神》，《中央社会主义学院学报》2015 年第 5 期。

[2] 《坚持多党合作发展社会主义民主政治　为决胜全面建成小康社会而团结奋斗》，《人民日报》2018 年 3 月 5 日。

[3] 熊茜：《习近平总书记关于新型政党制度重要论述的多重探析》，《毛泽东思想研究》2021 年第 3 期。

[4] 中共中央文献研究室编：《习近平关于社会主义政治建设论述摘编》，中央文献出版社 2017 年版，第 74 页。

升中国共产党的执政能力，优化执政党与参政党之间的对话方式、资源配置与组织机制，并进一步促进中国共产党与民主党派的高度团结与相向而行，彰显制度运行的高效性。[1]

（三）打破西方话语霸权，提升中国政党制度的国际话语权

话语权是国家实力的表现。长期以来，西方政治学中的政党制度理论一直在政党制度的话语体系中占据强势地位，在话语传播中处于垄断地位，享有很大的国际话语权。在西方话语体系中，政党制度通常划分为一党制、两党制、多党制等类型。一些西方国家把中国多党合作制度视为一党制或是一党制的一个变种，以“一党独裁”等污名化手段歪曲中国政党制度，并将“多党竞争”奉为民主的标杆。这些划分方法反映了西方固有的思维习惯和意识形态偏见，导致国内外对我国政党制度存在误读、误解甚至偏见。

新型政党制度是对中国多党合作生动的实践与经验的理论概括，是以马克思主义为指导的、从中国土壤中生长出来的政党制度，开辟了一条与西方政党制度本质不同的崭新模式，不照搬照抄任何国家。新型政党制度以无可辩驳的经济快速发展和社会长期稳定奇迹打破了西方政党制度的神话，丰富了世界政党制度模式。它为那些既希望加快经济社会发展，又希望保持自身独立性的国家和民族提供了一种政党制度的新范式，而这必将激励和推动这些国家主动走出一条符合本国实际的政治发展道路，从而推动人类政治文明发展进程。

---

[1] 参见李永胜、肖圆圆:《中国新型政党制度的生成逻辑、基本特征及实践价值》,《中州学刊》2020 年第 7 期。

伴随中国的快速发展，新型政党制度的影响力越来越深远，“越来越多的国家开始认同和研究中国政治制度和发展道路，不少发展中国家领导人都羡慕我们国家的制度，连一些西方媒体也表示，中国的政治模式比西方更有效率、更为成功”[1]。一些发展中国家的政要很希望向中国学习如何处理好政党关系，想了解中国的具体做法和经验，有的国家专门派特使来学习新型政党制度。对此，习近平总书记明确指出：“中国共产党人和中国人民完全有信心为人类对更好社会制度的探索提供中国方案。”[2]

当今世界，围绕话语权展开的竞争越来越成为国际政治中的重要现象。对此，习近平总书记多次强调，要增强国际话语权，集中讲好中国故事。新型政党制度以新旧划分政党制度，超越了以往所有政党制度的分类标准，打破了几百年来的西方政治话语霸权，提升了中国政党制度在国际上的理论话语权，形成了新的政党制度话语体系。随着中国国家治理体系和治理能力现代化总体目标的逐步推进，新型政党制度必将彰显出更大的优势。

[1] 《学习贯彻习近平总书记关于社会主义政治建设重要论述　坚定不移走中国特色社会主义政治发展道路——访中央统战部常务副部长张裔炯》，《人民日报》2017 年 9 月 6 日。

[2] 《习近平谈治国理政》第二卷，外文出版社 2017 年版，第 37 页。

方闻昊 中央党史和文献研究院第四研究部

维护党中央权威和集中统一领导的历史考察及现实思考

维护党中央权威和集中统一领导是党和国家前途命运所系，是全国各族人民根本利益所在。在过往百年的奋斗历程中，优秀的中国共产党人始终坚持马克思主义经典作家关于维护党中央权威和集中统一领导的重要思想，强调权威、集中制和铁一般的纪律的重要作用，创造性地总结出“四个服从”、正确处理民主和集中的辩证关系以及确立全党的核心等重要原则，并在新时代坚持筑牢维护党中央权威和集中统一领导的思想基础、抓紧其中最关键的环节、厉行相关的制度规定，为巩固党的团结统一、推动党的事业不断从胜利走向胜利，提供了坚强保证。

维护党中央权威和集中统一领导是无产阶级政党的重要组织原则。这是马克思主义经典作家及其学说和事业的优秀继承者们在血与火的革命斗争实践中总结出的科学结论和宝贵经验。习近平总书记指出：“坚持和加强党的全面领导，首先要维护党中央权威和集中统一领导。保证全党令行禁止，是党和国家前途命运所系，是全国各族人民根本利益所在。”[1] 中国共产党百年来之所以能够在极其弱小的情况下不断地成长壮大，在一次次

[1] 《习近平谈治国理政》第三卷，外文出版社 2020 年版，第 84 页。

濒临绝境的腥风血雨中转危为安，在数不清的攻坚克难中一步步从胜利走向胜利，一个重要原因就在于我们党始终坚决维护党中央权威和集中统一领导，从而保证了全党上下的紧密团结和前进方向的坚定正确。当前，我国正处于中华民族伟大复兴战略全局和世界百年未有之大变局彼此交汇、相互激荡的关键历史时期，需要应对的风险挑战比以往更多，需要战胜的困难矛盾也比以往更大。我们唯有更加坚决地维护党中央权威和集中统一领导，才能在全面建成小康社会、实现第一个百年奋斗目标的基础上，为全面建设社会主义现代化国家、向第二个百年奋斗目标进军，积蓄最磅礴的奋斗力量。

一、维护党中央权威和集中统一领导是马克思主义经典作家政党建设思想的题中应有之义

马克思、恩格斯作为世界上第一个以科学社会主义为行动指南的无产阶级政党的创始人，在与形形色色的无政府主义错误思潮作斗争的过程中深刻阐明了权威和集中对于加强党的建设、争取革命胜利的重要意义。而列宁作为第一个带领本国人民将社会主义从理想变为现实的马克思主义政党的领袖，在特殊的革命和建设环境中继承和发展了马克思、恩格斯的宝贵思想，作出了实行最严格的集中制和铁一般的纪律的重要指示，为创建富有严密组织性和强大战斗力的新型无产阶级政党提供了科学指引。

承认并维护权威是马克思主义政党的基本观点。马克思在深入考察资本主义社会经济生活状况时发现，凡是那些需要许多人共同协作完成

的劳动，都必然有一个表面看来与某一个局部劳动环节全然无关而实际上与整个劳动过程息息相关的统一意志在发挥作用，“就像一个乐队要有一个指挥一样”[1]。1872年，恩格斯在坚定反对巴枯宁无政府主义对意大利工人运动的消极影响的过程中写作了《论权威》的名篇。在这里，他以纺纱业、铁路运输业以及航海业为例，进一步论证了现代社会中一切简单的个人独立活动都正在逐渐为复杂的集体联合活动所取代的客观发展趋势，并有力地说明了没有权威就不可能将内部的相互依赖性日益增强的联合活动有效地组织起来的深刻道理。他指出，现代活动的首要条件是“要有一个能处理一切所管辖问题的起支配作用的意志”，“问题是靠权威来解决的”。[2] 由此可见，那种把自治原则吹嘘为绝对的好的东西，而把权威原则看成绝对的不好的，甚至在任何情况下都应当加以诅咒的东西的观点，是不符合特定社会历史发展阶段的客观要求的，因而可以说是荒谬的。基于这样的认识，恩格斯在总结巴黎公社的经验教训时提出，如果没有革命的权威，巴黎公社连一天都无法支撑[3]，而巴黎公社之所以失败，正是因为它对革命的权威使用得太少[4]。列宁继承了马克思、恩格斯的上述思想，同样从现代社会的经济事实出发，认为权威是机器大工业的必然产物。他在《苏维埃政权的当前任务》一文的初稿中提出，集体的劳动过程不能离开明确的领导，不能离开对明确的领导规定明确的责任，也不能离开由明确的领导建立起来的统一而严格的秩序。[5] 他

[1] 《马克思恩格斯文集》第七卷，人民出版社2009年版，第431页。

[2] 《马克思恩格斯文集》第三卷，人民出版社2009年版，第337、336页。

[3] 参见《马克思恩格斯文集》第三卷，人民出版社2009年版，第338页。

[4] 参见《马克思恩格斯文集》第十卷，人民出版社2009年版，第375页。

[5] 参见《列宁全集》第三十四卷，人民出版社2017年版，第144页。

在这篇文章的定稿中继续强调，社会主义就是“要求群众无条件服从劳动过程的领导者的统一意志”[1]。可以看到，权威原则是共产党人通过观察人类社会历史发展的客观过程而得出的规律性认识，同时也成为党开展全部活动的基本遵循。

集中制是建设马克思主义政党的重要原则。在建党过程中，马克思主义经典作家一直高度重视解决民主基础上的集中问题。早在指导正义者同盟改组为共产主义者同盟时，为了清除同盟中先前存在的阴谋活动和宗派主义因素，马克思、恩格斯就强调加强对于同盟的集中统一领导。在 1847 年 12 月 8 日修改制定的《共产主义者同盟章程》中，恩格斯对同盟盟员提出一系列要求，包括一切工作和一切生活都必须符合同盟的意图，必须服从同盟的决议；同时对同盟的支部、区部、总区部和中央的职能作出明确规定，包括区部委员会必须根据同盟的目的对所属各支部加以领导，区部委员会至少每两个月向总区部报告一次工作进展情况，总区部委员会也至少每三个月向中央报告一次工作进展情况。[2]1848 年革命失败后，针对当时同盟的坚强组织被极大削弱、部分盟员认为单纯依靠公开活动而不需要秘密结社就能够完成艰巨复杂的革命任务，以及个别支部和区部开始放松甚至最终放弃同上级组织，尤其是中央委员会的联系等严重问题，马克思、恩格斯在 1850 年 3 月的《共产主义者同盟中央委员会告同盟书》中严厉告诫全体盟员千万不要被资产阶级民主派空谈自由和自治的花言巧语所欺骗和迷惑，并切中要害地指出：“革命活动只有在集中的条件下才能发挥全部力量……实行最严格的中央集权制

[1] 《列宁全集》第三十四卷，人民出版社 2017 年版，第 180 页。

[2] 参见《马克思恩格斯全集》第四卷，人民出版社 1958 年版，第 572、574—575 页。

是真正革命党的任务。”[1] 在领导俄国社会民主党进行反对沙皇专制的革命斗争的过程中，列宁也曾在某些时期遇到党的组织严重涣散的问题。为了克服党的工作的地方狭隘性，把党真正建设成为一支坚强有力的战斗队伍，他在 1899 年为《工人报》复刊所写的《我们的当前任务》一文中明确讲道，我们的党必须是“统一的因而也是集中制的党”[2]。在 1903 年 6 月底至 7 月初拟定的《俄国社会民主工党章程草案》中，他将党中央集中统一领导明确规定为建党的基本原则之一：“中央委员会统一和指导党的全部实践活动”，党的每一个地方组织都“必须服从中央委员会和中央机关报的决定。”[3] 特别是在与以马尔托夫为主要代表的孟什维克所主张的自治制作严肃的理论斗争的过程中，列宁写作了著名的《进一步，退两步》，全面而深刻地剖析了自由主义和分散主义的严重危害，系统而详尽地阐述了集中制的重要功能，指出集中制思想是“唯一的原则性思想，应该贯穿在整个党章中”[4]。这一主张在 1906 年 4 月召开的俄国社会民主工党第四次代表大会上得以实现。由此可见，加强集中制建设是巩固党的团结、凝聚党的力量的极重要的举措，是党在同错误思想和实践作斗争的过程中得出的科学结论，必须始终不渝地加以坚持。

铁一般的纪律是马克思主义政党实现集中统一领导的根本保证。列宁始终坚持这样一条基本准则，那就是作为一个统一的组织，马克思主义政党必须要求全体党员遵守党组织的纪律，服从党组织的决定。[5] 在

---

[1] 《马克思恩格斯文集》第二卷，人民出版社 2009 年版，第 197 页。
[2] 《列宁全集》第四卷，人民出版社 2013 年版，第 167 页。
[3] 《列宁全集》第七卷，人民出版社 2013 年版，第 238—239 页。
[4] 《列宁全集》第八卷，人民出版社 2017 年版，第 236 页。
[5] 参见《列宁全集》第二十四卷，人民出版社 2017 年版，第 110 页。

俄国社会民主党的初创时期，当马尔托夫等人将行动一致的铁的纪律要求污蔑为野蛮的农奴制时，列宁旗帜鲜明地回应道，任何人都要接受党的纪律的约束，否则就是不履行其作为党员的基本义务，“全体党员不分上下都必须无例外和无条件地承认党的纪律”[1]。十月革命胜利后，面对帝国主义武装干涉和国内武装叛乱的严峻考验，列宁沉着总结无产阶级革命斗争经验:“无条件服从统一意志是绝对必要的”[2]，“无产阶级实现无条件的集中和极严格的纪律，是战胜资产阶级的基本条件之一”[3]。对于否定集中和纪律的错误观点，列宁一针见血地指出，那恰恰是小资产阶级特有的生产方式所必然带来的属于他们整个阶级的懦弱涣散的现实表现。他特别重视反对这种落后的习惯势力对无产阶级的浸染和腐蚀，严厉指出:“谁哪怕是把无产阶级政党的铁的纪律稍微削弱一点（特别是在无产阶级专政时期），那他事实上就是在帮助资产阶级来反对无产阶级。”[4]为了加强党的纪律，进而巩固党的集中统一领导，列宁特别强调领袖的重要作用。他在认真考察领袖与政党、阶级的关系的基础上提出，凡是领导某一阶级政治行动的现代国家政党，都是“由最有威信、最有影响、最有经验、被选出担任最重要职务而称为领袖的人们所组成的比较稳定的集团来主持的”[5]，一个政党没有领袖，它的组织纪律就是一句空话，它的一切活动也都将沦为纸上谈兵。此外，列宁还特别强调反对派别活动。他认为，只要是派别活动就都会严重损害纪律的权威，不论

---

[1] 《列宁全集》第十卷，人民出版社 2017 年版，第 202 页。

[2] 《列宁全集》第三十四卷，人民出版社 2017 年版，第 180 页。

[3] 《列宁全集》第三十九卷，人民出版社 2017 年版，第 4 页。

[4] 同上书，第 25 页。

[5] 同上书，第 21 页。

这个派别中的某些代表人物是满心希望维护党的纪律和团结，还是一心从事破坏党的纪律和团结的活动，结果都必然是削弱党作为一个统一整体所从事的工作，因此要“毫无例外地解散一切按这个或那个纲领组成的派别（如‘工人反对派’、‘民主集中派’等等），并责令立即执行”[1]。加强纪律性对于马克思主义政党来说至关重要。没有最严格的纪律规定和最彻底的纪律执行就不可能有党的集中统一领导，也就不可能有党的事业的不断前进。

二、维护党中央权威和集中统一领导是中国共产党奋斗百年得出的宝贵历史经验

在旧中国那样一个小生产如汪洋大海的古老国度，将处于一盘散沙状态下的人民按照马克思主义政党的要求锻造成具有高度政治觉悟和高度组织纪律性的革命队伍中的一员，绝不是一件轻而易举的事情。中国共产党自建党伊始就把马克思主义经典作家关于维护党中央权威和集中统一领导的基本原理与本国具体实际相结合，创造性地总结了一系列宝贵的历史经验，为在严峻复杂的斗争环境中加强党的团结统一、凝聚党的奋进力量，作出了卓越的历史贡献。

“四个服从”是维护党中央权威和集中统一领导的根本纪律要求。建党之初，无政府主义作为一种激进的社会革命思潮，曾对许多党员产生过重要影响。为了克服这种错误思想对一个真正的马克思主义政党的腐

[1] 《列宁全集》第四十一卷，人民出版社 2017 年版，第 83 页。

蚀，1922 年 7 月，党的二大讨论通过了《关于共产党的组织章程决议案》和党的历史上的第一部党章，首次明确提出我们的党是一个严密的、集权的、有纪律的、革命的组织，全体党员必须完全服从党的全国代表大会和中央执行委员会的一切决议，党的下级机关必须不打折扣地执行上级机关的一切命令。[1] 鉴于张国焘在红军长征途中分裂党和军队造成的重大损失和王明在抗战初期闹独立、搞右倾投降主义带来的严重后果，毛泽东在 1938 年秋召开的党的扩大的六届六中全会上向全党系统阐述个人服从组织、少数服从多数、下级服从上级、全党服从中央的政治纪律和政治规矩，而且特别强调“谁破坏了这些纪律，谁就破坏了党的统一”[2]。在这次后来被毛泽东称为“决定中国之命运的”[3] 会议上，我们党讨论制定了《关于中央委员会工作规则与纪律的决定》和《关于各级党部工作规则与纪律的决定》两部重要的党内法规，明确指出“四个服从”是践行民主集中制这一党的根本组织制度和领导制度的基本原则，各级党组织和全体党员必须无条件地执行。[4] 在“四个服从”中，全党服从中央是最紧要的，是党和人民的最高利益所在。新中国成立后，为了揭露和批判高岗、饶漱石的反党分裂活动，加强对全国社会主义革命和建设事业的坚强领导，党的七届四中全会通过了《关于增强党的团结的决议》，特别强调“党的团结的唯一中心是党的中央”，“必须把任何地区、任何

[1] 参见中共中央文献研究室、中央档案馆编:《建党以来重要文献选编（1921—1949）》第 1 册，中央文献出版社 2011 年版，第 162、167 页。

[2] 《毛泽东选集》第二卷，人民出版社 1991 年版，第 528 页。

[3] 《毛泽东文集》第三卷，人民出版社 1996 年版，第 425 页。

[4] 参见参见中共中央文献研究室、中央档案馆编:《建党以来重要文献选编（1921—1949）》第 15 册，中央文献出版社 2011 年版，第 766、771、773 页。

部门的党的组织及其工作看做是在中央统一领导下的整个党及其工作的不可分割的一部分”。[1] 进入改革开放和社会主义现代化建设新时期，面对复杂的国际国内形势和艰巨的经济建设任务，邓小平也非常强调这一点。他明确指出：“中央决定了的东西，党的组织决定了的东西，在没有改变以前，必须服从，必须按照党的决定发表意见，不允许对党中央的路线、方针、政策任意散布不信任、不满和反对的意见。”[2] “四个服从”是我们党在长期革命斗争中形成的优良传统，也是对我们党内政治生活准则的高度概括，为确保党的团结统一和行动有力发挥了重要作用。

正确处理民主和集中的辩证关系是维护党中央权威和集中统一领导的重要前提。民主和集中是互为条件、相辅相成的，二者缺一不可。一方面，集中是胜利的必要条件，不要集中就注定遭受失败，甚至被彻底消灭。我们的党和军队曾长期处于“被敌人分割的、游击战争的并且是农村的”[3] 环境中，因而不免产生某些无纪律状态和无政府状态。解放战争后期，为了克服地方主义和游击习气，凝聚夺取全国胜利的磅礴伟力，毛泽东在 1948 年 5 月 25 日为党中央起草的关于土地改革和整党工作的党内指示中，严厉地批评了某些地方存在的擅自违背党中央或上级党组织根据全局利益制定的政策和策略，自以为是地施行只顾局部利益而不顾全党统一意志和统一部署的政策和策略等严重损害革命利益的行为，提出必须对这些错误行为加以严肃的纠正，并“将一切可能和必须集中

[1] 中央档案馆、中共中央文献研究室编：《中共中央文件选集（1949 年 10 月—1966 年 5 月）》第 15 册，人民出版社 2013 年版，第 254 页。

[2] 《邓小平文选》第二卷，人民出版社 1994 年版，第 272 页。

[3] 《毛泽东选集》第四卷，人民出版社 1991 年版，第 1346 页。

的权力，集中于中央和中央代表机关”[1]。当然，加强党的集中统一领导不是要走向个人专断，相反，要时刻注意克服个人包办的家长制作风，避免出现“霸王别姬”的悲剧局面。毛泽东总是强调，遇到大事都要进行集体讨论，都要认真地听取大家的意见，尤其是不同的意见，并认真地对这些意见及其反映的复杂情况加以具体的分析。[2]在他看来，做群众的学生不仅不会丝毫有损领导的威信，反而会因为其决定包括了群众提出的正确意见而得到群众的拥护。另一方面，民主是集中的必要条件，不要民主就不可能真正解决矛盾，也就不可能真正统一认识，自然也就不会有正确的集中。这就要求我们时刻准备多听一些闲话，甚至习惯于听这些闲话，而且要把听闲话当作考察舆情的好机会。[3]对此，毛泽东曾有一个形象的比喻，那就是“要像房子一样，经常打开窗户让新鲜空气进来”[4]。这反映到正确处理中央和地方的关系问题上，就是要注意“在巩固中央统一领导的前提下，扩大一点地方的权力，给地方更多的独立性，让地方办更多的事情”[5]。对于这一点，毛泽东讲道：“这对我们建设强大的社会主义国家比较有利。我们的国家这样大，人口这样多，情况这样复杂，有中央和地方两个积极性，比只有一个积极性好得多。”[6]诚然，意见有正确和错误之分。对于正确的意见当然要听，而且必须听，

---

[1] 《毛泽东选集》第四卷，人民出版社 1991 年版，第 1332 页。

[2] 参见《毛泽东文集》第八卷，人民出版社 1999 年版，第 295 页。

[3] 参见《毛泽东文集》第五卷，人民出版社 1996 年版，第 28 页。

[4] 《毛泽东文集》第三卷，人民出版社 1996 年版，第 339—340 页。

[5] 《毛泽东文集》第七卷，人民出版社 1999 年版，第 31 页。

[6] 同上。

并且必须照做。对于错误的意见“也要听，根本不听是不对的”[1]，只是不要照做，并且要给予恰当的批评，要学会用道理说服人，但决不能采取捉人、杀人、乱戴帽子等压服的办法，特别要注意克服那种“一听到群众有一点议论，尤其是尖锐一点的议论，就要追查所谓‘政治背景’、所谓‘政治谣言’，就要立案，进行打击压制”[2]的神经衰弱的毛病。科学对待民主和集中这对矛盾范畴，为在真正的无产阶级民主的基础上实现真正的无产阶级的集中奠定了坚实基础。

确立全党的核心是维护党中央权威和集中统一领导的关键所在。早在抗日战争时期，为了在敌强我弱的情况下团结一切可以团结的力量来坚持斗争，毛泽东就非常强调统一领导的重要性。1943 年 10 月 14 日，毛泽东在西北局高级干部会议上系统阐述我们党在抗日战争中必须切实执行的十大行之有效的政策，其中关键的一条就是统一领导。他指出：“实行一元化的领导很重要，要建立领导核心，反对‘一国三公’。”[3]他在这里引用“一国三公”的典故，目的在于教育抗日革命根据地的党、政、军部门时刻牢记自己是在一个统一的核心的领导下开展工作的，要密切注意兄弟单位之间的协调和配合，防止出现政出多门、推诿扯皮等官僚主义问题。新中国成立后，为了加强党的集中统一领导，使之适应巩固新生的国家政权和迎接大规模经济建设高潮到来的需要，1956 年 9 月 16 日，邓小平在党的八大上关于修改党章的报告中着重谈到确立党的领袖对于加强党的集中统一领导的作用。他在简要梳理唯物史观的基本

---

[1] 《毛泽东选集》第四卷，人民出版社 1991 年版，第 1442 页。

[2] 《邓小平文选》第二卷，人民出版社 1994 年版，第 145 页。

[3] 《毛泽东文集》第三卷，人民出版社 1996 年版，第 69 页。

原理的基础上，特别阐述马克思主义在承认人民群众创造历史的伟大作用的同时，从来都不否认杰出的个人在一定的社会条件下对于历史所起的重要作用的深刻道理。[1] 进入改革开放新时期，面对复杂的国际国内环境，尤其是社会主义国家改旗易帜的现实危险，邓小平多次强调领导核心对于巩固我们党的团结统一和坚持我国社会主义事业的前进方向的重要意义。1989 年 6 月 16 日，他在同几位中央负责同志的谈话中讲道："第一代领导集体的核心是毛主席。因为有毛主席作领导核心，'文化大革命'就没有把共产党打倒。第二代实际上我是核心。因为有这个核心，即使发生了两个领导人的变动，都没有影响我们党的领导，党的领导始终是稳定的。"[2] 基于此，他特别强调"任何一个领导集体都要有一个核心，没有核心的领导是靠不住的"的重要观点，并对第三代领导集体提出明确要求，那就是"也必须有一个核心"，"要有意识地维护一个核心"。[3] 对于一个肩负民族复兴历史重任的党来说，拥有一个坚强有力的领导核心是推动各项事业顺利前进的重要保证。

三、新时代维护党中央权威和集中统一领导的基本遵循

党的十九大报告指出："经过长期努力，中国特色社会主义进入了新时代，这是我国发展新的历史方位。"[4] 新时代的开辟是建立在党的十八

[1] 参见《邓小平文选》第一卷，人民出版社 1994 年版，第 234—235 页。

[2] 《邓小平文选》第三卷，人民出版社 1993 年版，第 310 页。

[3] 同上。

[4] 《习近平谈治国理政》第三卷，外文出版社 2020 年版，第 8 页。

大以来所取得的伟大历史性成就的基础上的。然而，前进的道路上从来不可能一帆风顺，越是取得辉煌成绩的时候，越要有如临深渊、如履薄冰的谨慎；越是接近民族复兴的时候，越要对那些可能出现的风险挑战甚至惊涛骇浪保持万分警惕。面对风云变幻的国际局势、敏感复杂的周边环境以及繁重艰巨的改革发展稳定任务，我们要以坚决维护党中央权威和集中统一领导的不变来沉着应对世情、国情、党情的万变，唯有如此，才能赢得新时代中国特色社会主义的伟大胜利。

维护党中央权威和集中统一领导，首先是要坚定对马克思主义的信仰、对社会主义和共产主义的信念，从思想深处拥护党的理论和路线方针政策。组织上的统一归根到底要靠思想上的统一来保证，新时代维护党中央权威和集中统一领导的行动自觉要建立在全体党员坚定信仰共产主义远大理想和中国特色社会主义共同理想的思想自觉的基础之上。要教育引导全党同志始终牢记科学社会主义指引中国人民推翻黑暗的剥削阶级旧社会并开始建设光明的社会主义新社会的苦难辉煌的历史，深刻认识“中国特色社会主义在解放和发展社会生产力、解放和增强社会活力、促进人的全面发展上比资本主义制度更有效率，更能激发全体人民的积极性、主动性、创造性，更能为社会发展提供有利条件”[1]的铁一般的事实，切实解决好历史观、民族观、国家观、文化观的问题，锤炼共产党人思想上的钢筋铁骨，铸牢坚守理想信念的铜墙铁壁。习近平总书记指出：“理想信念的确立，是一种理性的选择，而不是一时的冲动，光有朴素的感情是远远不够的，还必须有深厚的理论信仰作支撑，否则一

[1] 《习近平谈治国理政》，外文出版社 2014 年版，第 93 页。

有风吹草动就会发生动摇。”[1] 因此，全体党员干部要舍得在理论学习上花时间、花精力、花心思，坚持强读强记、常学常新、真学真信，把认真研读马克思主义经典原著当作一种工作和生活习惯，把熟练掌握马克思主义基本原理作为一种看家本领。同时要切实做到以科学的态度对待科学，以真理的精神追求真理，不断开辟马克思主义中国化时代化新境界，坚持用21世纪马克思主义、当代中国马克思主义武装全党、教育人民、指导实践，真正做到对习近平新时代中国特色社会主义思想至信而深厚、虔诚而执着，巩固全党全国人民团结奋进的共同思想基础。

维护党中央权威和集中统一领导，最关键的是维护习近平同志党中央的核心、全党的核心地位。党的十八大以来，中华民族之所以能迎来从站起来、富起来到强起来的伟大飞跃，根本原因就在于在新时代坚持和发展中国特色社会主义的伟大实践中形成了习近平同志这个党中央的核心、全党的核心的坚强领导，这是历史和人民的共同选择、郑重选择、必然选择。要教育引导全党同志着力提高战略思维、历史思维、辩证思维能力，从历史与现实、理论与实践、国内与国际的有机结合中深刻认识核心的重要作用，强化对于核心的情感认同，一刻不停地“增强拥护核心、跟随核心、捍卫核心的思想自觉政治自觉行动自觉”[2]。要时刻牢记我们每个人都是在以习近平同志为核心的党中央的集中统一领导下履职尽责、干事创业的，不论情况如何变化，都要始终同以习近平同志为核心的党中央保持高度一致，真正做到党中央提倡的坚决响应、党中央决定的坚决执行、党中央禁止的坚决不做，决不搞表态性服从、选择性

---

[1] 习近平:《学习马克思主义基本理论是共产党人的必修课》,《求是》2019 年第 22 期。

[2] 《中共中央关于加强党的政治建设的意见》，人民出版社 2019 年版，第 8 页。

服从、应付性服从的“伪忠诚”，决不做阳奉阴违的两面人、两面派。要坚决防止和纠正一切偏离维护习近平同志党中央的核心、全党的核心地位的错误言行，对那些未经党中央批准而随意使用的不严谨的政治术语和无限拔高的政治口号要坚决制止，对那些不切实际地宣传造势而实际上意在诋毁我们的党和领袖的险恶用心要坚决斗争，决不允许搞任何形式的“低级红”“高级黑”。要始终明确，我们党的原则一直都是严格禁止任何形式、任何名目的个人崇拜，切实保证党的领袖的一切活动都处在党和人民的有效监督之下，坚决维护作为党和人民利益代表的领袖的崇高威信。

维护党中央权威和集中统一领导，归根到底还要靠完善的制度规定和坚决的制度执行。制度涉根本、管长远。毛泽东指出：“光从思想上解决问题不行，还要研究解决制度问题。人是生活在制度之中，同样是那些人，实行这种制度，人们就不积极，实行另外一种制度，人们就积极起来了。”[1]党的十八大以来，以习近平同志为核心的党中央陆续制定或修订了《关于新形势下党内政治生活的若干准则》《中国共产党党内监督条例》《中共中央政治局关于加强和维护党中央集中统一领导的若干规定》《中国共产党纪律处分条例》《中共中央关于加强党的政治建设的意见》《中国共产党重大事项请示报告条例》等党内法规，建立起一套日趋完善的维护党中央权威和集中统一领导的制度体系，坚持用制度管权、管事、管人。习近平总书记指出：“维护党中央权威和集中统一领导不能

[1] 逄先知、冯蕙主编：《毛泽东年谱：1949—1976》第二卷，中央文献出版社 2013 年版，第 529 页。

停留在口头上，而是要体现在行动上。”[1] 可见制度的生命力还是在于执行。要狠抓现有制度的落地生根，反对制度执行过程中一切犹疑不定的态度和形式主义的做法。要深入开展制度教育训练，十分明白地强调维护党中央权威和集中统一领导的制度，十分坚决地执行维护党中央权威和集中统一领导的制度，引导全党同志熟悉这套制度的内容、领会这套制度的精神、认识这套制度的价值，明确哪些事是这套制度允许的、哪些事是这套制度不允许的，哪些事制度允许这样做、哪些事制度允许那样做，真正把这套制度内化为政治信念和道德养成、外化为行为准则和行动自觉。越是党员领导干部，越要做学习这套制度、尊崇这套制度、遵守这套制度、捍卫这套制度的榜样，要严格要求自己，养成按制度办事的习惯，带头维护制度权威，努力在全党全社会营造守制度、讲规矩的良好氛围。要搞好制度安排和监督制度执行之间的衔接配套，建立健全对贯彻落实习近平总书记重要指示批示情况的督查问责机制[2]，使任何违反制度、空置制度的行为都能得到及时发现和有力纠正，防止出现“破窗效应”。

万山磅礴必有主峰。国际共产主义运动 170 多年的历史和中国共产党 100 年来的历史雄辩地证明，每当党中央权威和集中统一领导维护得比较好的时候，党的事业就推进得比较顺利，即使遭遇挫折哪怕是重大挫折，也能比较从容地渡过险关；而每当党中央权威和集中统一领导遭到削弱的时候，党的事业就容易出现这样那样的问题，从而变得举步维艰。因此可以说，坚决维护党中央权威和集中统一领导是我们这个百年

[1] 习近平:《在党史学习教育动员大会上的讲话》,《求是》2021 年第 7 期。

[2] 参见《中共中央关于加强党的政治建设的意见》，人民出版社 2019 年版，第 9 页。

大党从胜利走向胜利的坚强保证。要清醒地认识到，从世界百年未有之大变局中脱颖而出，在中华民族伟大复兴的雄伟征程上砥砺前行，绝不是轻轻松松、敲锣打鼓就能做到的事情。但是我们坚信，只要坚决维护好党中央权威和集中统一领导，自觉将学懂弄通做实习近平新时代中国特色社会主义思想作为首要政治任务，就一定能够战胜漫漫前路上将要遇到的一切艰难险阻，续写百年马克思主义大党的历史辉煌！

朱艳圣 中央党史和文献研究院第四研究部

社会主义从概念到理论再到实践

“社会主义”一词的出现与空想社会主义有着直接的联系，是资本主义社会矛盾发展到一定时期的产物。随着资本主义的发展和工人阶级作为独立的政治力量登上历史舞台，社会主义由概念发展为一种学说和理论，最后成为一种替代资本主义的现实的社会制度。在此过程中，马克思、恩格斯创立了科学社会主义理论，提出了未来共产主义的设想；列宁把社会主义理论变成现实，对社会主义道路进行了有益的探索；中国共产党人将马克思主义理论与中国国情相结合，形成了中国特色社会主义理论，开辟了建设和发展社会主义的新境界。

马克思主义的理论来源主要包括德国古典哲学、英国古典政治经济学和英法空想社会主义。其中，空想社会主义最早可以追溯至托马斯·莫尔的《乌托邦》。但是，莫尔并没有使用“社会主义”一词。事实上，空想社会主义者从创始人莫尔到三大空想家圣西门、傅立叶和欧文，只有欧文在晚年使用过“社会主义”一词。尽管如此，“社会主义”一词的出现与空想社会主义有着直接的联系，是空想社会主义发展的必然结果。同时，由于空想社会主义是针对资本主义的各种弊端而提出的，因此“社会主义”一词也是资本主义社会矛盾发展到一定时期的产物。随着资本主义的发展和工人阶级作为独立的政治力量登上历史舞台，社会主义由概念发展成为一种学说和理论，最后成为一种替代资本主义的现实的社会制度。

一、“社会主义”概念的起源

“社会主义”一词源于拉丁文，一说由 socialis（同伴的、同伙的、同盟的）一词引出，用于表示社会中人与人之间相互平等之意；一说由 socius（喜欢社交的）一词引出，表示社会的、共同的、集体的生活之意。关于“社会主义”一词的最早使用，根据作者目前所掌握的相关资料及挖掘研究，个人认为主要有三种说法。

第一种是 1753 年德国神学家、天主教本笃派教士安塞尔姆·德辛在与人论战时将信奉天主教的神学家和遵循自然规律的人区别开来，称后者为社会主义者，即强调人是具有社会性的。

第二种是 1803 年意大利传教士贾科莫·朱利安尼在《驳斥反社会主义》一文中认为，人生下来注定是社会的人，把“社会主义”说成是上帝安排的一种传统的社会制度。这两种说法与后来空想社会主义者所使用的“社会主义”一词的含义迥然不同。

第三种说法出现在 19 世纪二三十年代。这一时期，空想社会主义者开始使用“社会主义”和“社会主义者”概念，并赋予社会主义现代含义，即把它作为比资本主义更高级的社会制度。1827 年 11 月，欧文的信徒主办的《合作杂志》第一次公开使用了“社会主义者”一词，即主张资本应归公有的人是“公有主义者和社会主义者”。1832 年，法国圣西门学派刊物《地球》杂志（又译《环球》杂志）第一次使用法文“社会主义”一词。圣西门学派的门徒乔西叶尔在为维克多·雨果《秋叶》所写的一篇书评中把人与人之间有组织的联系称为“社会主义”。1833 年，英国欧文派在《贫民卫报》上使用了英文“社会主义”一词。

1834 年，圣西门派活动家比埃尔·勒鲁发表《论个人主义和社会主义》一文，首次比较充分地阐明了社会主义概念，认为只有走“联合”或“社会主义”的道路才能改善贫苦大众的命运，从而使“社会主义”一词成了表达空想社会主义理论的概念。自此，“社会主义”一词以空想的理论形式在法国广泛运用。1836 年前后，“社会主义”一词在欧文派最重要的刊物——《新道德世界》上多次出现。从 1836 年开始，欧文派被冠以“社会主义”的称号。1840 年和 1841 年，欧文分别出版《社会主义或理性制度》《关于“什么是社会主义”问题，欧文同布林德利的公开论战》。他在这两本书中把社会主义解释为在强大生产力的基础上使大家的共同财产为大家的共同利益服务的一种社会制度。到 19 世纪 40 年代，“社会主义”一词开始在英法两国广为流传，并成为一种时髦的思潮，在社会各阶级中都有不少人自命为社会主义者。由于阶级立场不同，这些人对社会主义的解释也千差万别，从而形成了形形色色的社会主义流派。

综上可以看出，英法两国几乎同时使用“社会主义”“社会主义者”这两个词。这绝非偶然与巧合，而是与英法两国资本主义的发展有着直接的联系。当时英国第一次工业革命基本完成，是资本主义经济发展最典型的国家，而法国则经历了 1789 年大革命和 1830 年革命，是资本主义政治发展最典型的国家。资本主义政治和经济的迅猛发展使得资本主义社会矛盾日渐显现。

15世纪以来，随着地理大发现和殖民地的开拓，资本主义在西欧一些国家首先发展起来。经过简单协作、手工工场和大机器生产三个阶段，资本主义制度在19世纪初已经确立，并逐渐暴露出其固有的自身无法克服的矛盾。资本主义社会最突出的矛盾就是生产的社会化与生产资料的私人占有之间的矛盾，并表现为周期性的经济危机。1825年爆发了第一次世界性经济危机，随后经济危机在1836、1847年再次爆发，此后几乎每隔十年就爆发一次。经济危机的爆发加剧了资本主义社会的各种矛盾，资本主义制度自身固有的弊端不断显现和加重。

资本主义脱胎于封建社会内部，并逐渐瓦解了封建社会。相比于封建社会，资本主义极大地解放了生产力，促进了社会发展，使人类社会进入一个更高的阶段。但是，资本主义的起源和发展充满着罪恶，是用血与火写成的历史。马克思说："资本来到世间，每个毛孔都滴着血和肮脏的东西。"[1]资本主义的兴起和发展意味着农民丧失土地和一切生产资料，成为无产者。随着机器工业的发展，资本对工人的剥削加深了。资本主义由于自身无法克服的矛盾而产生的经济危机更是加重了工人的苦难，无产阶级作为一个阶级逐渐登上历史舞台。英国宪章运动、法国里昂工人起义和德国西里西亚纺织工人起义三大工人运动表明，无产阶级反对资产阶级的斗争进入了一个新的阶段。

随着资本主义的发展，社会主义作为一种反对资本主义、追求建立

[1] 《马克思恩格斯文集》第五卷，人民出版社2009年版，第871页。

一种取代资本主义的新社会制度思潮出现了。16 世纪初，莫尔就在《乌托邦》中揭露了资本原始积累的罪恶，提出了以组织生产、普遍劳动为基础的公有制和平等的原则，奠定了空想社会主义的根基。19 世纪初，反映对资本主义社会的不满情绪并幻想建立一个消除贫富对立的美好社会的思潮得到进一步的发展。三大空想家圣西门、傅立叶和欧文作为这种思潮的代表人物，不仅批判了资本主义制度所带来的灾难，而且从理论上和实践上阐述和试验了未来的理想社会制度。也正是由于他们的出现，“社会主义”一词才得以出现并广为流传。应该说，“社会主义”一词准确地表达了空想家们对于资本主义制度及以资本家为代表的个人主义者们所造成的人类在体力、精神、道德上不平等的不满，试图把人与人之间的不平等关系变为平等关系，从而解决资本主义私有制本身不可克服的矛盾，幻想建立一种优于资本主义且以公有制为基础的社会制度。因此，“社会主义”一词不仅代表了对资本主义的憎恶和对理想社会的向往，而且设想了一种优于资本主义且以公有制为基础的社会制度。

值得注意的是，在“社会主义”一词广为流传的同时，“共产主义”一词也开始出现并流传。“共产主义”一词源于拉丁文 communis，意为公有、公共。在法文中，“共产主义”一词既与公有制（communauté）的基本含义相近（共产主义亦可译为公有主义，即主张公有制的思想观点），又与公社（commune）一词密切相关。一般认为，“共产主义”一词最早于 1834—1839 年间，出现于法国巴黎工人秘密团体的革命集会中。法国工人当时使用“共产主义”一词具有双重意义，既渴望消灭私有制、实行财产公有，又力求建立作为社会基层自治组织的“公社”。“共产主义”一词的出现与当时法国的革命形势密切相关。法国 1789 年大革命“产生了共产主义的思想”[1]，其中巴贝夫的平均共产主义最为著名。“第二次革命，1830年的革命产生了另一种更强大的共产主义。”[2]在共产主义思想的传播过程中，“共产主义”一词应运而生。到1840年时，“共产主义”一词已从秘密转向公开，在法国社会广为流行。

“社会主义”“共产主义”作为反对资本主义的思想派别几乎同时出现，都在19世纪40年代前期发展成为对于整个社会主义运动有着重大影响的反对资本主义的政治思潮。从起源和内涵来看，两者之间还是有着一定的差别。二者均主张实行公有制，提倡人人平等，但“社会主义”主张保留私有制，而“共产主义”强调废除私有制，强调绝对平均主义、禁欲一切生活享受，这是一种斯巴达式的共产主义。此外，受法国大革命的影响，“共产主义”主张通过革命建立一个公社式的社会。尽管如此，在此期间，“社会主义”与“共产主义”经常是通用的。英国社会主义思想家柯尔指出：“在十九世纪四十年代，‘共产主义’一词往往同‘社会主义’联系起来使用，但通常又区别于后者，并且含有更强烈的战斗含义。”[3]马克思、恩格斯早期的文章也反映了这一点。但当无产阶级开始进行独立的政治斗争以后，资产阶级就经常利用“社会主义”来反对阶级斗争和无产阶级革命。恩格斯指出，他们之所以在出版《共产党宣言》时不把它称作“社会主义宣言”，是因为“在1847年，社会主义意味着资产阶级的运动，共产主义则意味着工人的运动。当时，社会主义，

[1] 《马克思恩格斯文集》第一卷，人民出版社2009年版，第320页。

[2] 《马克思恩格斯全集》第三卷，人民出版社2002年版，第479—480页。

[3] ［英］柯尔：《社会主义思想史》第一卷，何瑞丰译，商务印书馆1977年版，第13页。

至少在大陆上，是上流社会的，而共产主义却恰恰相反”[1]。这就意味着随着革命形势的发展，“社会主义”与“共产主义”两词有了不同的发展和意义。

二、科学社会主义理论的形成

马克思、恩格斯是科学社会主义的创立者，其最终目标是实现共产主义。马克思、恩格斯在其著作中经常使用“社会主义”“共产主义”来表达、阐述他们的观点和思想。在不同时期，马克思、恩格斯对“社会主义”的使用和理解是不同的。在这一过程中，马克思、恩格斯赋予“社会主义”以新的含义，科学社会主义理论逐渐形成。

马克思在主编《莱茵报》时就接触了“社会主义”“共产主义”概念。1842年10月15日，马克思在《共产主义和奥格斯堡〈总汇报〉》一文中首次使用了“社会主义”“共产主义”概念。当时的马克思对空想的社会主义和共产主义理论持保留态度，但是他认为共产主义在欧洲具有重要意义。这是马克思在担任《莱茵报》编辑以后写的第一篇文章，他以此首次公开表明自己对共产主义的态度，并参与报界对共产主义问题的讨论。1843年11月4日和18日，恩格斯在《新道德世界》发表《大陆上社会改革运动的进展》一文，首次使用“社会主义”“共产主义”概念，但主要是谈“共产主义”，将其看作在财产共有的基础上进行社会制度的彻底革命。此时的马克思、恩格斯将这两个词并用，但用得更多

[1] 《马克思恩格斯文集》第二卷，人民出版社2009年版，第21页。

的是“共产主义”一词。应该强调的是，马克思、恩格斯在使用“社会主义”和“共产主义”两个概念时，并不是作为同义语，而是将其看作两个既有联系又有区别的概念。其联系在于社会主义和共产主义都是工人阶级发展的产物，均属于无产阶级的思想体系，而区别在于“共产主义”一词主张废除私有制，而“社会主义”一词则并不主张废除私有制。

1843年到1844年初，马克思、恩格斯通过各自的途径实现了从唯心主义向唯物主义、从革命民主主义向共产主义的转变。在这一过程中，马克思、恩格斯都认识到消灭私有制的重要性。而这对马克思、恩格斯使用“共产主义”一词有着直接的影响，因为在他们看来，共产主义就是消灭私有制。在《1844年经济学哲学手稿》中，马克思指出，“共产主义是对私有财产即人的自我异化的积极的扬弃”[1]。马克思在1843年9月致卢格的信中认为，如卡贝、德萨米和魏特林等人所鼓吹的那种实际存在的共产主义，“不过是人道主义原则的特殊表现，它还没有摆脱它的对立面即私有制的存在的影响。所以消灭私有制和这种共产主义绝对不是一回事”[2]。恩格斯在《国民经济学批判大纲》中则指出，只有消灭私有制，才能消除资本主义制度造成的极其严重的社会弊端。

1844年8月，马克思、恩格斯开始历史性的合作，共同创立共产主义思想体系。从这时起，马克思、恩格斯不仅将自己创立的共产主义与其他共产主义区别开来，而且有意识地将其与社会主义严格区别开来。如马克思、恩格斯在合著《德意志意识形态》时明确指出，共产主义是无产阶级的事业，是通过彻底的社会变革实现人的解放。而社会主义则

[1] 《马克思恩格斯文集》第一卷，人民出版社2009年版，第185页。

[2] 《马克思恩格斯全集》第一卷，人民出版社1956年版，第416页。

是代表资产阶级的、具有空想色彩的思想。马克思在《哲学的贫困》中指出，“社会主义者劝告工人不要触动旧社会，以便更好地进入他们用非凡的先见之明为工人准备就绪的新社会”[1]。恩格斯在《英国工人阶级状况》中指出，宪章主义者是无产阶级的代表，而社会主义者虽然提出消灭穷困的实际办法，但他们来自资产阶级。当然，这里提及的诸种“社会主义”乃是指有别于科学社会主义的空想社会主义。关于这一时期“社会主义”与“共产主义”的区别，梅林曾正确地概括为：“社会主义想借助有产阶级来消除资产阶级社会的弊端，而共产主义则认识到，只有彻底改革这个社会才能肃清这些弊病。”[2]

不仅如此，马克思、恩格斯还将自己创立的各种组织以“共产主义”来命名，如1846年在布鲁塞尔成立的共产主义联络委员会，1847年将正义者同盟改组为共产主义者同盟。在为共产主义者同盟撰写的《共产主义原理》中，恩格斯将“共产主义者”与“社会主义者”进行了区分，认为“当无产阶级成为革命的和共产主义的阶级的时候”，这些社会主义者和资产阶级联合起来反对无产者。1848年发表的《共产党宣言》是科学社会主义的宣言书。《共产党宣言》批判了当时流行的形形色色的社会主义流派，并将其分为反动的社会主义、保守的或资产阶级的社会主义以及批判的空想的社会主义和共产主义，从而划清了科学社会主义与这些流派的界限。

虽然《共产党宣言》阐述了科学社会主义的思想，但“科学社会主

---

[1] 《马克思恩格斯文集》第一卷，人民出版社2009年版，第653页。

[2] [德]梅林:《德国社会民主党史》第一卷，青载繁译，生活·读书·新知三联书店1963年版，第3页。

义”这个概念并没有随之产生，而是在革命实践中逐渐形成的。马克思、恩格斯创立自己的共产主义思想体系之后并没有赋予它新的名字，而是仍然使用“共产主义”一词。为了与其他共产主义相区别，他们使用过“革命共产主义”“德国共产主义”来指称自己创立的共产主义思想体系。1848 年革命失败后，他们的思想也并没有传播开来。正如恩格斯所说，“它出现的时候曾受到当时人数尚少的科学社会主义先锋队的热烈欢迎（第一篇序言里提到的那些译本便可以证明这一点），但是不久它就被随着 1848 年 6 月巴黎工人失败而抬起头来的反动势力排挤到后台去了”[1]。但当工人阶级足够强大并再次组织起来的时候，尤其是巴黎公社后蒲鲁东主义、布朗基主义破产之后，科学社会主义逐渐为工人阶级接受并成为工人阶级的强大理论武器。“1887 年，大陆社会主义已经差不多完全是《共产党宣言》中所宣布的那个理论了。”[2] 在这一过程中，“科学社会主义”这个概念就产生了。

“科学社会主义”一词最早见于马克思、恩格斯合著的《德意志意识形态》，但它还不具有现在所通用的含义。那里是这样说的：“正如圣西门据格律恩先生说是为政治经济学奠定了基础一样，圣西门据格律恩先生说也为科学社会主义奠定了基础。”[3] 最早使用现代意义上的“科学社会主义”的是恩格斯。1869 年，恩格斯在为马克思写的传记中谈到《资本论》时指出，“社会主义在这里第一次得到科学的论述”[4]。1872 年，他在《论

[1] 《马克思恩格斯文集》第二卷，人民出版社 2009 年版，第 20 页。

[2] 同上书，第 21 页。

[3] 《马克思恩格斯全集》第三卷，人民出版社 1960 年版，第 595 页。

[4] 《马克思恩格斯全集》第十六卷，人民出版社 1964 年版，第 412 页。

住宅问题》中三次使用“德国科学社会主义”概念，其中一处指出，“德国科学社会主义的观点，即无产阶级必须采取政治行动，必须把实行无产阶级专政作为达到废除阶级并和阶级一起废除国家的过渡。这种观点在《共产主义宣言》中已经申述过并且以后又重述过无数次”[1]。很显然，恩格斯是想用“德国科学社会主义”来指称马克思和他所创立的、属于社会主义派别的思想体系。其后，恩格斯多次使用“德国科学社会主义”，如在《德国农民战争》中就指出，“如果不是先有德国哲学，特别是黑格尔哲学，那么德国科学社会主义，即过去从来没有过的唯一科学的社会主义，就决不可能创立。如果工人没有理论感，那么这个科学社会主义就决不可能像现在这样深入他们的血肉”[2]。也是在这本著作中，恩格斯指出，“社会主义自从成为科学以来，就要求人们把它当做科学来对待，就是说，要求人们去研究它”[3]。

1874年，马克思在《巴枯宁〈国家制度和无政府状态〉一书摘要》中首次明确指出：“‘科学社会主义’也只是为了与空想社会主义相对立才使用。”[4]1880年，恩格斯发表并出版《社会主义从空想到科学的发展》，明确指出，科学社会主义就是无产阶级运动的理论。马克思为该书法文版写了前言，称它是“科学社会主义的入门”。该书在欧洲被译成多种文字，在工人中得到广泛传播，对宣传马克思主义起了巨大作用，并让“科学社会主义”一词得到广泛传播。

---

[1] 《马克思恩格斯文集》第三卷，人民出版社2009年版，第310页。

[2] 《马克思恩格斯文集》第二卷，人民出版社2009年版，第217页。

[3] 同上书，第219页。

[4] 《马克思恩格斯全集》第十八卷，人民出版社1964年版，第567页。

尽管如此，恩格斯仍然使用“德国科学社会主义”一词。1882年，恩格斯在《社会主义从空想到科学的发展》第一版德文序言中就指出，“科学社会主义本质上就是德国的产物”。不过，1891年，恩格斯就此加的一条脚注指出，“科学社会主义并不完全是德国的产物，而同样是国际的产物”。[1] 同样是在1891年，恩格斯在《法兰西内战》的导言中指出，“其中只有少数人通过熟悉德国科学社会主义的瓦扬，比较清楚地了解基本原理”[2]。此外，恩格斯还使用“现代科学社会主义”一词。1877年，在马克思的传记中，恩格斯指出，“现代科学社会主义就是以这两个重要事实为依据的”[3]。无论是“德国科学社会主义”还是“现代科学社会主义”，“科学社会主义”已经成为马克思、恩格斯共同创立的学说。

在“科学社会主义”一词流行之时，“马克思主义”一词也开始被使用。“马克思主义”一词最初是由马克思的反对者在19世纪70年代提出来的，是作为贬义词用来贬低、攻击马克思、恩格斯的。1883年马克思逝世之后，一些国家的先进工人和社会主义者为了纪念和肯定马克思在理论上的伟大贡献，开始从褒义上使用“马克思主义”一词。考茨基首先正面使用了“马克思主义”这一概念，声明要逐渐地把马克思主义的特色越来越多地搬进他原有的历史观。1886年，恩格斯在《路德维希·费尔巴哈和德国古典哲学的终结》中，明确肯定并诠释了“马克思主义”，指出“没有马克思，我们的理论远不会是现在这个样子。所以，

---

[1] 《马克思恩格斯文集》第三卷，人民出版社2009年版，第495、496页。

[2] 同上书，第108页。

[3] 《马克思恩格斯文集》第三卷，人民出版社2009年版，第461页。

这个理论用他的名字命名是公正的”[1]。随后，“马克思主义”被各国马克思主义者广泛采用。19 世纪后期，马克思主义在国际共产主义运动中占据了主导地位。从此，“马克思主义”一词便同“共产主义”“科学社会主义”两个词一样，并作为它们的同义语在正面的意义上广泛传播和使用起来了。

三、社会主义的发展与实践

马克思、恩格斯创立了科学社会主义学说，将社会主义从空想变为科学，从而广泛而深刻地影响了世界。

1875 年，马克思在《哥达纲领批判》中第一次区分了共产主义社会发展的两个阶段，即“共产主义社会第一阶段”和“共产主义社会高级阶段”，并阐明了两个阶段的基本特征。他指出，在共产主义社会的第一阶段，由于在经济、道德和精神上都还带着资本主义社会的痕迹，消费品分配只能遵循商品等价交换的原则，即实行按劳分配，“每一个生产者，在作了各项扣除以后，从社会领回的，正好是他给予社会的”[2]。只有到了共产主义社会的高级阶段，随着社会生产力高度发展，社会财富极大丰富和人本身全面发展，“社会才能在自己的旗帜上写上：各尽所能，按需分配”[3]。他还明确指出，在资本主义社会和共产主义社会之间有一个从前者变为后者的革命转变时期，同这个时期相适应也有一个政治上的过渡

[1] 《马克思恩格斯全集》第二十一卷，人民出版社 1965 年版，第 336 页。

[2] 《马克思恩格斯文集》第三卷，人民出版社 2009 年版，第 434 页。

[3] 同上书，第 436 页。

时期，但他没有明确指出与这个“共产主义社会第一阶段”相适应的革命转变时期和政治过渡时期就是社会主义社会。同年夏天，马克思在修改德国社会民主党人约翰·莫斯特的《资本和劳动：卡尔·马克思〈资本论〉浅说》一书时提出了“社会主义社会形态”的概念。根据马克思的描述，“社会主义社会形态”就是“共产主义社会第一阶段”，但马克思没有明确指出这一点。

1875 年以后，恩格斯多次使用“社会主义社会”“社会主义制度”等概念。1875 年 3 月，恩格斯在给奥·倍倍尔的信中，同时使用了“社会主义社会制度”和“社会主义社会”概念。他指出，“马克思驳斥蒲鲁东的著作和后来的《共产主义宣言》都已经直接指出，随着社会主义社会制度的建立，国家就会自行解体和消失”[1]。“把社会主义社会看做平等的王国，这是以‘自由、平等、博爱’这一旧口号为根据的片面的法国人的看法。”[2] 根据对上下文理解，恩格斯认为，社会主义社会已经消灭了国家，消灭了一切阶级差别，不存在所谓自由平等的问题。1890 年 8 月 21 日，在致奥托·伯尼克的信中，恩格斯说：“我认为，所谓‘社会主义社会’不是一种一成不变的东西，而应当和任何其他社会制度一样，把它看成是经常变化和改革的社会。它同现存制度的具有决定意义的差别当然在于，在实行全部生产资料公有制（先是国家的）基础上组织生产。”[3]1894 年，恩格斯在《〈论俄国的社会问题〉跋》中指出，未来的社

[1] 《马克思恩格斯文集》第三卷，人民出版社 2009 年版，第 414 页。

[2] 同上书，第 415 页。

[3] 《马克思恩格斯文集》第十卷，人民出版社 2009 年版，第 588 页。

会主义社会是“资本主义社会的最独特的最后的产物”[1]。综上可以看出，恩格斯并没有把共产主义社会分成两个阶段，而是将社会主义社会看作共产主义社会。

根据马克思、恩格斯的设想，社会主义革命将首先同时在英、美、法、德等发达资本主义国家取得胜利。随着资本主义由自由竞争进入垄断阶段，列宁根据帝国主义时代经济政治发展不平衡的规律，提出了“一国胜利”论，从而成为第一位把科学社会主义理论付诸实践、把科学社会主义从理论变成现实的马克思主义者。在丰富和发展马克思主义的过程中，列宁明确地将未来社会分为“社会主义社会”和“共产主义社会”两个阶段。

1916 年之前，列宁多次使用“社会主义”概念来指称未来社会。1903 年，列宁在《告贫苦农民》中明确指出：“我们要争取新的、更好的社会制度：在这个新的、更好的社会里不应该有穷有富，大家都应该做工。共同劳动的成果不应该归一小撮富人享受，应该归全体劳动者享受。……这个新的、更好的社会就叫社会主义社会。”[2]1905 年，他在《对维·加里宁〈农民代表大会〉一文作的两处增补》中进一步指出：“社会主义要求消灭货币的权力、资本的权力，消灭一切生产资料私有制，消灭商品经济。社会主义要求把土地和工厂交给按照总计划组织大生产（而不是分散的小生产）的全体劳动者。”[3]

1916 年，列宁开始把社会主义与共产主义区别开来，将社会主义看

[1] 《马克思恩格斯文集》第四卷，人民出版社 2009 年版，第 458 页。

[2] 《列宁专题文集·论社会主义》，人民出版社 2009 年版，第 381 页。

[3] 《列宁全集》第十二卷，人民出版社 1987 年版，第 75 页。

作共产主义之前的发展阶段。1916 年初，他在《社会主义革命和民族自决权》(提纲) 中讲到，作为国家形式的民主将随着国家的消失而消失，"但那只是在取得最终胜利和彻底得到巩固的社会主义向完全的共产主义过渡时候的事"[1]。随后，在《关于自决问题的争论总结》一文中，他赞同马克思在《哥达纲领批判》中关于"无产阶级的革命专政"的思想，强调"这个真理就包含着对国家的承认——直到胜利了的社会主义转变为完全的共产主义为止"[2]。

1917 年 4 月，列宁在《无产阶级在我国革命中的任务》中指出，"人类从资本主义只能直接过渡到社会主义，即过渡到生产资料公有和按每个人的劳动量分配产品。我们党看得更远些：社会主义必然会逐渐成长为共产主义，而在共产主义的旗帜上写的是：'各尽所能，按需分配'"[3]。同年，在《国家与革命》一书中，列宁明确指出，"在共产主义社会的第一阶段 (通常称为社会主义)，'资产阶级权利'没有完全取消，而只是部分地取消"，"但是社会主义同共产主义在科学上的差别是很明显的。通常所说的社会主义，马克思把它称做共产主义社会的'第一'阶段或低级阶段。既然生产资料已成为公有财产，那么'共产主义'这个名词在这里也是可以用的，只要不忘记这还不是完全的共产主义"。[4]

列宁关于社会主义和共产主义的思想不只是停留在理论上，而且还体现在苏联的社会主义实践中。十月革命后，人类历史上诞生了第一个

[1] 《列宁全集》第二十七卷，人民出版社 1990 年版，第 255 页。
[2] 《列宁全集》第二十八卷，人民出版社 1990 年版，第 19 页。
[3] 《列宁全集》第二十九卷，人民出版社 2017 年版，第 178 页。
[4] 《列宁专题文集·论社会主义》，人民出版社 2009 年版，第 34、38 页。

社会主义国家，列宁将重心转向社会主义建设，探索社会主义发展道路。在建设社会主义的实践过程中，列宁进一步加深了对社会主义和共产主义的认识和理解，对马克思、恩格斯关于社会主义和共产主义的思想进行了充实和完善。如列宁认识到，社会主义本身是一个发展过程，需要分阶段逐步过渡，并提出“初级形式的社会主义”“发达的社会主义”“完全的社会主义”等概念。列宁逝世后，斯大林成为联共（布）领导人，继续探索社会主义发展道路。斯大林进一步发展了列宁关于社会主义首先在一国胜利的理论，提出一国建成社会主义理论。从 20 世纪 20 年代末开始，斯大林领导下的苏联以加快实现工业化和农业集体化为目标，大力进行社会主义建设。在很短的时间内，苏联在政治、经济、文化和社会等方面取得了极大的成就。1937 年，苏联的工业生产水平就位居世界第二和欧洲第一，其科技水平也取得巨大进步。在 20 世纪 30 年代主要资本主义国家深陷经济危机之时，苏联第一次消灭了失业，实行免费医疗、社会保险和退休金制度。此外，苏联还大力普及初级义务教育，基本消除了文盲。1936 年 11 月，斯大林宣布，苏联“基本上实现了社会主义，建立了社会主义制度，即实现了马克思主义者又称为共产主义第一阶段或低级阶段的制度。这就是说，我们已经基本上实现了共产主义第一阶段，即社会主义”[1]。十月革命和苏联社会主义的成功实践为人类社会探索出一条不同于资本主义的发展道路，开创了社会主义革命、建设和发展的新局面，极大地推动了世界社会主义运动的迅猛发展。第二次世界大战结束后，社会主义越出苏联一国范围，向东欧和东亚扩展。

[1] 《斯大林文集（1934—1952）》，人民出版社 1985 年版，第 107—108 页。

社会主义由一国发展到多国，形成了强大的社会主义阵营。东欧国家在社会主义实践过程中普遍采取苏联模式，一度实现了经济的快速发展。但是，在苏联模式本身就存在弊端的情况下，东欧社会主义发展在20世纪70年代之后出现停滞，陷入困境。在苏联的干预下，东欧社会主义改革受挫，没有找到适合自己的发展道路。20世纪90年代前后，发生了举世震惊的东欧剧变、苏联解体，社会主义在这些地区和国家遭遇失败，国际共产主义运动陷入低潮。

中国接触社会主义是在洋务运动之后。当时一些旅欧人士接触了社会主义思潮，把社会主义意译为“养民学”“安民学”“民生主义”“均产说”等。康有为、梁启超将其意译为“人群之说”“人群主义”。现在通用的“社会主义”一词是从日本传入中国的。1870年，日本学者加藤弘之在《真政大意》一书中首次用日文片假名音译“社会主义”一词。1878年6月，福地源一郎在《东京每日新闻》上发表的《邪说之危害》一文中首次用汉字意译“社会主义”。1902年9月，梁启超在《新民丛报》上发表《进化论革命者颉德之学说》一文，在注释“麦喀士”（马克思）时说：“社会主义之泰斗也。”1905年，朱执信在《民报》上最早扼要地介绍了科学社会主义的要点。1917年俄国十月革命一声炮响，马克思列宁主义在我国获得广泛传播。1921年中国共产党成立。但是，当时的中国积贫积弱，要实现社会主义和中华民族的伟大复兴，就必须推翻帝国主义、封建主义、官僚资本主义“三座大山”，实现民族独立、人民解放。以毛泽东同志为主要代表的中国共产党人将马克思列宁主义与中国实际相结合，取得了新民主主义革命的伟大胜利，实现了中国从几千年封建专制政治向人民民主的伟大飞跃。中国革命的成功为在中国实现社会主义、探索社会主义发展道路创造了有利条件。

中国走上社会主义道路是近代社会历史发展和人民选择的最终结果。当时的中国既不是马克思主义创始人所设想的在生产力高度发展的基础上建设社会主义，与其他社会主义国家也不完全相同。尽管如此，由于苏联是第一个社会主义国家，在建设社会主义方面取得了巨大的成就，中国像其他社会主义国家一样借鉴苏联模式和经验，提出了“学习苏联”的口号。但是，在建设社会主义的实践过程中，毛泽东等人发现苏联模式和经验与中国国情有较多差异。为此，以毛泽东同志为主要代表的共产党人为了寻找一条适合中国国情的社会主义道路开始了艰辛而有益的探索。

党的十一届三中全会以后，以邓小平同志为主要代表的中国共产党人通过反思历史经验教训，对社会主义有了新的认识和理解。1978 年 8 月，邓小平指出，“各国的发展阶段不同，消灭资本主义，建立共产主义，这是一个很长的历史过程”[1]。1979 年 9 月，叶剑英在庆祝中华人民共和国成立三十周年大会上的讲话中明确指出，中国的社会主义制度“还不完善，经济和文化还不发达”，“还处在幼年时期”，“在我国实现现代化，必然要有一个由初级到高级的过程”。[2] 在此基础上，中国共产党提出了社会主义初级阶段理论。1981 年 6 月，党的十一届六中全会通过的《关于建国以来党的若干历史问题的决议》中明确指出，“尽管我们的

[1] 中共中央文献研究室编:《邓小平思想年谱（1975—1997）》，中央文献出版社 1998 年版，第 73 页。

[2] 中共中央文献研究室编:《三中全会以来重要文献选编》(上)，人民出版社 1982 年版，第 212、220、233 页。

社会主义制度还是处于初级的阶段，但是毫无疑问，我国已经建立了社会主义制度，进入了社会主义社会，任何否认这个基本事实的观点都是错误的”[1]。1982 年，党的十二大重申了“我国的社会主义社会现在还处在初级发展阶段”的论断，并特别指明物质文明不发达是社会主义初级阶段的根本特征。1987 年，党的十三大第一次系统地阐述了社会主义初级阶段理论，并指出我国正处在社会主义初级阶段。这个社会主义初级阶段，不是泛指任何国家进入社会主义都会经历的起始阶段，而是特指我国在生产力落后、商品经济不发达条件下建设社会主义必然要经历的特定阶段。从生产资料私有制的社会主义改造基本完成，到社会主义现代化的基本实现，至少需要上百年时间，都属于这个阶段。党和国家的主要任务是发展生产力，推进社会主义现代化建设。1992 年初，邓小平在南方谈话中指出，“社会主义的本质是解放生产力，发展生产力，消灭剥削，消除两极分化，最终达到共同富裕”[2]。在此基础上，中国共产党逐步形成和完善了中国特色社会主义理论。中国特色社会主义从理论和实践上系统回答了在中国这样一个人口多、底子薄的东方大国建设一个什么样的社会主义、怎样建设社会主义这个根本问题。在改革开放和社会主义现代化建设的 40 多年中，中国实现了从生产力相对落后的状况到经济总量跃居世界第二的历史性突破，实现了人民生活从温饱不足到总体小康、奔向全面小康的历史性跨越，为实现中华民族伟大复兴提供了

[1] 中共中央文献研究室编:《改革开放三十年重要文献选编》(上)，中央文献出版社 2008 年版，第 212 页。

[2] 中共中央文献研究室编:《改革开放三十年重要文献选编》(下)，中央文献出版社 2008 年版，第 1413 页。

充满新的活力的体制保证和快速发展的物质条件。

进入新时代以来，以习近平同志为核心的党中央带领全党全国各族人民推动中国特色社会主义事业取得了举世瞩目的伟大成就，以无可辩驳的事实彰显了科学社会主义理论的科学性与真理性，展现了科学社会主义的鲜活生命力。中国特色社会主义的成功实践，扭转了自20世纪90年代以来国际共产主义运动的低潮局面，使世界形势发生了有利于马克思主义、社会主义的深刻转变。这不仅对于社会主义在中国的发展，而且对于世界社会主义的发展和人类进步，都具有深远的历史意义。在当代中国，坚持和发展习近平新时代中国特色社会主义思想，就是真正坚持和发展马克思主义，就是真正坚持和发展科学社会主义。

童建挺 中央党史和文献研究院第五研究部

从后来人到引领者
——中国共产党百年与国际共产主义运动

作为一个马克思主义政党，自建立伊始，中国共产党领导中国人民进行的革命、建设、改革和复兴就始终是国际共产主义运动的一个重要组成部分。一百年来，党在这个运动中不断壮大，从名不见经传的后来人成为东方革命的典范，再从社会主义阵营的后起之秀成为国际共产主义运动的中流砥柱，现在又引领整个运动走向复兴，谱写了华美的篇章。

2021 年 7 月，中国共产党迎来自己的百年华诞。经过百年风雨，党领导人民创造了不朽的伟业，在中华民族伟大复兴的史册上写下了光辉的篇章。中国共产党在国际共产主义运动中铸造的辉煌，值得我们书写和总结。

一、党的诞生——中国革命与国际共产主义运动的汇合

1921 年 7 月，中国共产党建立。中国革命不仅由此面貌焕然一新，而且从此融入国际共产主义运动这一代表人类社会前进方向、改变人类

社会根本面貌的最伟大的革命洪流中，成为它不可分割的一个组成部分。

国际共产主义运动是国际性的无产阶级革命运动，它以马克思主义政党作为自己的领导，把推翻资产阶级和一切剥削制度、最终实现共产主义、解放全人类作为自己的奋斗目标。早在 19 世纪 40 年代末，以共产主义者同盟的建立和《共产党宣言》的发表为标志，马克思主义与西欧工人运动初步结合，国际共产主义运动的号角就首先在西欧发达资本主义国家吹响。

从“为国际无产阶级争取社会主义的斗争奠定了基础”的第一国际，到“为这个运动在许多国家广泛的大规模的开展准备基础的”[1] 第二国际，西欧各国先进工人政党和组织前赴后继，为实现这一伟大的奋斗目标进行了艰苦卓绝的斗争。1917 年，列宁发动十月革命，建立了世界上第一个社会主义国家，终于把科学社会主义从理论变成现实，并开辟了帝国主义国家无产阶级革命和殖民地半殖民地民族解放运动的新纪元。1919 年，第三国际成立，国际共产主义运动的中心正式从西欧转移到了俄国。随着共产党在各国相继建立，运动的洪流也冲出欧洲和北美，涌向亚非拉殖民地半殖民地。

这时，中国革命的浪潮终于找到涌入国际共产主义运动洪流的汇流处。在此之前，为了民族复兴，陷入半殖民地半封建社会黑暗境地的中国人民已经进行了 70 多年英勇不屈的斗争，但都未能改变旧中国的社会性质和中国人民的悲惨命运。事实证明，旧式的农民运动拯救不了中国，资产阶级革命也拯救不了中国。十月革命的炮响，给在黑暗中探索的中

[1] 《列宁全集》第三十六卷，人民出版社 1985 年版，第 291 页。

国先进分子送来了马克思列宁主义。他们“用无产阶级的宇宙观作为观察国家命运的工具，重新考虑自己的问题”，找到了救国救民的真理，那就是“走俄国人的路”，[1] 用马克思列宁主义来改造中国社会。从正在中国发展壮大的工人阶级那里，他们发现了革命的主力军，从此走向发动和组织工人、创建无产阶级政党的道路。马克思主义与中国的工人运动相结合，中国共产党便应运而生。

中国共产党建立伊始，就旗帜鲜明地把实现社会主义、共产主义作为自己的奋斗目标，把中国革命同国际共产主义运动紧紧地联系在一起。在第一次代表大会上，党制定的纲领明确规定要推翻资本家阶级的政权，消灭社会的阶级区分，消灭资本家私有制，联合第三国际。在第二次代表大会上，党不仅通过了以反帝反封建民主革命任务为最低纲领、以“渐次达到一个共产主义的社会”[2] 为最高纲领的宣言，而且通过了加入第三国际的决议，正式确认自己是共产国际的一个支部。

这样，中国共产党一诞生，就在中国拉开了有组织的共产主义运动的序幕。从此，中国革命因其共产主义的奋斗目标，不再是在半殖民地半封建社会进行的一种单纯的反帝反封建的斗争，而成为各国无产阶级在自己的政党领导下进行的共同事业——国际共产主义运动的一个组成部分；从此，中国革命有了鲜明的国际影响和世界历史意义。

---

[1] 参见《毛泽东选集》第四卷，人民出版社 1991 年版，第 1471 页。

[2] 中共中央党史研究室:《中国共产党历史》第一卷（1921—1949）（上册），中共党史出版社 2011 年版，第 79 页。

二、从国际共运的后来人到东方革命的典范

刚刚诞生的中国共产党，在中国政治舞台上是一个很小的政党，在国际共运队伍中也名不见经传，不过是俄共（布）建立以来的第34个共产党[1]；党建立不久，十月革命后掀起的欧洲革命高潮就宣告结束。然而，中国共产党却逆势而上，立即领导人民掀起新民主主义革命的浪潮，很快就成为国际共运的东方一支引人注目的队伍。

刚一建立，中国共产党就在上海成立中国劳动组合书记部，集中力量领导工人运动，掀起第一次罢工运动的高潮。为加快革命的步伐，1924年，中国共产党与国民党第一次合作，建立统一战线，发动第一次国内革命战争，并开展了轰轰烈烈的工农运动，不仅给予帝国主义在华的侵略势力和北洋封建军阀的反动统治以致命打击，而且震撼了帝国主义殖民统治。刚刚崭露头角，中国共产党就成为东方革命的一支生力军，它掀起的革命浪潮也被共产国际称为当时殖民地半殖民地反帝斗争中“具有世界历史意义的最重大的事件”[2]。

大革命失败后，中国共产党高举革命旗帜，把工作重点由城市转入农村，创建和发展红军和农村革命根据地，进行土地革命，组织苏维埃工农政府。在逐步形成的毛泽东思想的指引下，党找到了农村包围城市、武装夺取政权的道路，提出了关于中国革命战争和革命根据地的理论和

[1] 参见高放：《中共是国际共产主义运动的后起之秀和中流砥柱》，《中共党史研究》2014年第1期。

[2] 戴隆斌主编：《国际共产主义运动历史文献》第四十八卷，中央编译出版社2013年版，第336页。

路线，革命迅速发展。尽管第五次反“围剿”失败，中央红军被迫进行长征，但在当时处于低潮的国际共产主义运动中，中国共产党领导的革命依然是一股强劲的力量。共产国际第七次代表大会对此给予高度评价：“苏维埃运动在中国的诞生及其胜利发展有着最深远的世界历史意义。无上光荣的中国红军的英勇斗争成了整个殖民地世界劳动者的光辉榜样。”[1]

1937 年，面对日本的侵略，在民族危亡的历史关头，中国共产党与国民党进行第二次合作，建立了抗日民族统一战线，同时也与包括苏联在内的 50 多个国家的人民联合在一起，结成广泛的国际反法西斯统一战线。在世界反法西斯战争的东方主战场，党领导人民军队“勇敢战斗在抗日战争最前线，支撑起中华民族救亡图存的希望，成为全民族抗战的中流砥柱”[2]，不仅最终取得抗日战争的完全胜利，而且有力地支援了世界人民反对日本法西斯主义的斗争，从而也间接为战后欧亚一系列社会主义国家的诞生和国际共产主义运动再次走向高潮作出了重要贡献。

由于创造性地把马克思主义的基本原理与中国革命的具体实际相结合，创立了毛泽东思想这一中国的马克思主义，并把关于新民主主义的理论和政策、关于解放农民的理论与政策、关于革命统一战线的理论与政策、关于革命战争的理论与政策、关于革命根据地的理论与政策、关于建设新民主主义共和国的理论与政策、关于建设党的理论与政策、关于文化的理论与政策等一系列“完全是马克思主义的，又完全是中国的”[3]原创性的理

---

[1] 王学东主编：《国际共产主义运动历史文献》第五十七卷，中央编译出版社 2013 年版，第 75—76 页。

[2] 习近平：《在纪念中国人民抗日战争暨世界反法西斯战争胜利 75 周年座谈会上的讲话》，人民出版社 2020 年版，第 6 页。

[3] 《刘少奇选集》（上），人民出版社 1981 年版，第 335 页。

论和政策付诸实践，党在革命斗争中不断壮大，到1945年抗日战争结束时已经拥有120多万名党员、约132万人的军队、260万名民兵和近1亿人口，占据西北、华北、华东、华中及华南等面积达近100万平方公里的抗日民主根据地，[1]成为中国政治舞台上的一支重要力量。因此，在1946年国民党悍然发动内战之后，中国共产党领导全国人民，经过三年解放战争，就推翻了国民党反动统治，夺取了新民主主义革命的胜利，建立了中华人民共和国，基本完成了争取民族独立和人民解放的历史任务。

中国革命的胜利，对于国际共产主义运动具有重大的意义和深远的影响。一方面，它意味着中国共产党给在经济文化比较落后的国家，无产阶级怎样领导广大群众夺取政权这一20世纪前期国际共产主义运动面临的重大课题交出了一份优秀的答案，它所开创的与俄国革命不同的农村包围城市、武装夺取政权的道路，实现了马克思主义基本原理同中国具体实际相结合的第一次历史性飞跃，极大丰富和发展了马克思主义，为世界无产阶级和一切被压迫人民的解放事业开辟了更加广阔的道路，党也因此当之无愧地成为国际共产主义运动中东方革命的典范。另一方面，新中国的成立，意味着中国共产党使一个人口占世界1/5的大国冲破了帝国主义的东方战线，成为社会主义阵营的一员，从而打击了整个资本主义世界，大大地改变了社会主义与资本主义的力量对比。社会主义冲破资本主义的包围，从一国发展到多国，形成一个世界社会主义体系，世界发展的趋势和格局由此深刻改变。

从诞生到夺取全国革命的胜利，短短28年，中国共产党就在轰轰烈

---

[1] 参见中共中央党史研究室：《中国共产党历史》第一卷（1921—1949）（下册），中共党史出版社2011年版，第670页。

烈的新民主主义革命中，从国际共运的一位名不见经传的后来人，成为对整个运动的发展作出突出贡献的东方革命的典范，在国际共产主义运动史上写下了光辉的一章。

三、从社会主义阵营的后起之秀到中国道路的不懈探索者

新中国建立时，正是社会主义由一国向多国发展、社会主义建设成为国际共产主义运动的主旋律之际，中国共产党立即领导人民开始了社会主义革命和建设的征程，在七年之间就完成了社会主义改造，开始对适合本国特点的社会主义建设道路的不懈探索，对国际共产主义运动作出了自己力所能及的贡献。

新中国成立后，中国共产党领导全国人民进行社会主义改造，确立社会主义基本制度。1949—1952 年，土地制度改革和其他民主改革任务基本完成，遭到严重破坏的国民经济也迅速恢复。1953 年，党提出过渡时期的总路线，开始实行第一个五年计划的大规模经济建设；到 1956 年，创造性地完成了对农业、手工业和资本主义工商业的社会主义改造，基本实现了生产资料私有制向社会主义公有制的转变。从此，新中国由新民主主义社会过渡到社会主义社会，“实现了中华民族有史以来最为广泛而深刻的社会变革，实现了一穷二白、人口众多的东方大国大步迈进社会主义社会的伟大飞跃”[1]。

---

[1] 习近平:《在庆祝中国共产党成立 100 周年大会上的讲话》，人民出版社 2021 年版，第 5 页。

在这一深刻的变革和伟大的飞跃的过程中，中国共产党不仅创造性地运用了马克思和列宁关于用赎买的方法来消灭资本主义私有制的思想，验证了他们对社会主义改造的一些设想，而且为经济文化落后的国家进行社会主义改造树立了成功范例，丰富了国际共产主义运动的理论和实践，无可争议地成为社会主义阵营中一名引人注目的后起之秀。[1]

从1956年起，中国共产党领导人民开始了社会主义全面建设的新时期。以毛泽东同志为主要代表的中国共产党人借鉴苏联社会主义建设的经验教训，开始了对适合本国特点的社会主义建设道路的艰辛探索。以毛泽东的《论十大关系》和党的八大为标志，党创造性地指出社会主义社会的基本矛盾仍然是生产力和生产关系、经济基础和上层建筑的矛盾，明确我国国内的主要矛盾是人民对于经济文化迅速发展的需要同当前经济文化不能满足人民需要的状况之间的矛盾，开始提出一条不同于苏联模式的中国自己的建设路线，对社会主义建设道路的探索有了良好的开端。尽管后来出现曲折和磨难，但党仍顶住了国内外巨大压力，不仅建立了“独立的、比较完整的工业体系和国民经济体系”，而且使经济实现相当快的发展，人民物质生活和文化生活水平逐步提高，居民的人均消费水平也得到了增长，科教文卫事业得到长足发展，[2]不仅为后来中国特色社会主义理论体系的形成奠定了理论基础，而且也为当时其他社会主义国家探索建设道路提供了有益的经验教训。

与此同时，作为社会主义阵营的一员，中国共产党也在世界舞台上

[1] 参见高放:《中共是国际共产主义运动的后起之秀和中流砥柱》,《中共党史研究》2014年第1期。

[2] 参见中共中央党史研究室:《中国共产党的九十年》(社会主义革命和建设时期)，中共党史出版社、党建读物出版社2016年版，第637—638页。

为国际共产主义运动的发展作出了自己力所能及的贡献。在与其他社会主义国家交往时，中国共产党坚持各党各国独立自主原则，反对大党大国对其他党、其他国家的不平等做法和霸权主义，既维护了党和国家的自主权利和民族尊严，维护了国际共运中党与党之间关系的基本准则，也促进了国际共产主义事业的健康发展，尤其是和平共处五项原则的提出，超越了社会制度和意识形态，得到国际社会的广泛认同，逐渐成为公认的国际关系准则，为国际共产主义运动理论宝库增添了新的内容。不仅如此，在经济并不宽裕甚至遭遇困难的情况下，中国共产党还是竭尽所能地帮助其他国家和地区的人民革命斗争和正义事业。从支持印度支那三国人民抗美救国斗争、支持古巴革命和社会主义事业，到支持阿拉伯、非洲人民的反帝斗争，中国共产党的无私奉献不仅得到各国的赞赏和尊敬，也巩固了各国共产党之间和社会主义国家之间的团结合作。

从社会主义革命到社会主义建设，中国共产党不仅带领全国人民实现了中华民族有史以来最为广泛而深刻的社会变革，而且迈出了探索适合本国特点的社会主义建设道路的重要步伐，无论在理论上还是在实践中，都为国际共产主义事业向前发展作出了自己应有的贡献。

四、从中国特色社会主义的开创者到国际共运的中流砥柱

党的十一届三中全会后，中国共产党带领人民进入了改革开放和社会主义现代化建设新时期，成功开创了中国特色社会主义，使社会主义焕发出强大的生机和活力，不仅在东欧剧变、苏联解体的情况下挽救了

“将要失事的社会主义大船”，而且成为国际共产主义运动的中流砥柱。

中国共产党多年对社会主义建设进行的艰辛探索终于结出丰硕的果实。1978 年 12 月，党的十一届三中全会开启了我国改革开放和社会主义现代化建设新时期。党带领人民进行全面改革开放，从农村改革入手，然后转向城市进行经济体制改革，并把实行对外开放和增强自力更生有机结合起来，同时推动政治体制改革，进行社会主义精神文明建设，坚持四项基本原则，从而成功开创了中国特色社会主义。围绕“什么是社会主义、怎样建设社会主义”这个核心问题，以邓小平同志为主要代表的中国共产党人坚持解放思想、实事求是，第一次比较系统地回答了经济文化比较落后的国家如何建设、巩固和发展社会主义这一 20 世纪下半叶国际共产主义运动面临的重大课题，从而实现了马克思主义基本原理与中国具体实际相结合的第二次历史性飞跃，确立了党在社会主义初级阶段的基本路线，形成了建设有中国特色社会主义理论。从此，社会主义在中国焕发出强大的生机。1985 年同 1980 年相比，我国的国内生产总值年均增长 11%；1984 年至 1988 年五年间，国内生产总值年均增长 12.1%；[1] 国家经济实力和综合国力不断增强，整个国家和社会的各项事业蓬勃发展。与此同时，社会主义初级阶段、社会主义本质、计划和市场的关系等理论，在实践的检验中不断成熟和完善，丰富和发展了马克思主义，为国际共产主义运动的理论宝库又增添了一笔财富。

然而，不少社会主义国家却在改革探索中迷失了方向。从 1989 年下半年起，由于社会主义建设的失误和西方和平演变，在苏联、东欧各国

[1] 参见中共中央党史研究室：《中国共产党的九十年》（改革开放和社会主义现代化建设新时期），中共党史出版社、党建读物出版社 2016 年版，第 728、748 页。

长期执政的共产党先后失去执政地位，共产党执政的国家由15个减至5个，第二次世界大战后形成的社会主义阵营不复存在，国际共产主义运动陷入前所未有的低谷。

在这重要的历史关头，中国共产党排除各种干扰和障碍，始终坚持社会主义初级阶段基本路线不动摇，接续推进改革开放和社会主义现代化建设事业，使中国经济继续保持高速增长。整个“七五”期间，国内生产总值年均增长8.0%，工农业总产值年均增长11.4%，国民总收入年均增长8.0%，全部超过了预定的指标。[1]尽管国际共产主义运动陷入低潮，但中国不仅“稳住了”，而且实现了发展目标，显示出社会主义的优越性。[2]由于中国社会主义红旗不倒，世界上1/5的人口在坚持社会主义，社会主义就始终站立在世界上。[3]在危难之际，中国特色社会主义显示出强大的生命力，为国际共产主义运动注入了新的活力；中国共产党也因此捍卫和挽救了社会主义，成为国际共产主义运动当之无愧的中流砥柱。

党的十三届四中全会以后，以江泽民同志为主要代表的中国共产党人继续开辟和拓展中国特色社会主义道路，确立社会主义市场经济体制的改革目标和基本框架，确立社会主义初级阶段的基本经济制度和分配制度，开创全面改革开放新局面，推进党的建设新的伟大工程，通过自身不断的改革与创新，以更加迅猛的速度推进中国政治经济等各方面迅

[1] 参见中共中央党史研究室:《中国共产党的九十年》(改革开放和社会主义现代化建设新时期)，中共党史出版社、党建读物出版社2016年版，第782页。

[2] 参见《邓小平文选》第三卷，人民出版社1993年版，第321页。

[3] 同上书，第346页。

速发展，使社会主义制度焕发出勃勃生机。在前进的征程中，中国共产党科学分析了国内外形势和党所处的历史方位，深入思考面临的新情况新问题，形成许多新思想新观点，形成了“三个代表”重要思想，进一步丰富和发展了中国特色社会主义理论。中国不仅成为社会主义国家建设和发展的一面鲜艳旗帜，而且成为国际共产主义运动理论创新和继续向前发展的坚强阵地，成功地把这一运动推进到 21 世纪。

21 世纪之初，以胡锦涛同志为代表的中国共产党人团结带领全党全国各族人民，在全面建设小康社会进程中推进实践创新、理论创新、制度创新，深刻认识和回答了新形势下实现什么样的发展、怎样发展等重大问题，形成了科学发展观，抓住重要战略机遇期，聚精会神搞建设，一心一意谋发展，强调坚持以人为本、全面协调可持续发展，着力保障和改善民生，促进社会公平正义，推进党的执政能力建设和先进性建设，成功地在新形势下坚持和发展了中国特色社会主义。

面对 2008 年国际金融危机的冲击，中国共产党果断决策、从容应对，在世界上率先实现经济回升向好。2010 年，中国国内生产总值超过 40 万亿元，“实现了从生产力相对落后的状况到经济总量跃居世界第二的历史性突破”，成为仅次于美国的世界第二大经济体。[1] 而资本主义国家却在金融危机引起的经济危机、政治对抗和社会抗议中徘徊不前，开始进入一轮规模较大的衰退期。中国的加速发展和在应对金融危机的做法中显示出的旺盛生命力和巨大优势，大大彰显了社会主义制度的优越性，在很大程度上扭转了社会主义在同资本主义竞争中的被动局面，东

[1] 参见中共中央党史研究室：《中国共产党的九十年》（改革开放和社会主义现代化建设新时期），中共党史出版社、党建读物出版社 2016 年版，第 927 页。

欧剧变、苏联解体之后出现的社会主义“终结论”和共产主义“虚无论”不攻自破，国际共产主义运动在低潮中迎来新的发展，开始逐步走出低谷。

在改革开放和社会主义现代化建设新时期，中国共产党开创、坚持、捍卫、发展中国特色社会主义，不仅使国家“大踏步赶上了时代”[1]，而且在危急之际成为国际共产主义运动的中流砥柱，并推动这一运动逐步走出低谷，在国际共运史上续写了砥砺奋进的壮美篇章。

五、从新时代中国特色社会主义的开创者到国际共运走向复兴的引领者

进入21世纪以来，世界百年未有之大变局加速演进。随着中国共产党带领人民在各方面取得越来越伟大的成就，中国特色社会主义愈益行稳致远，彰显出比资本主义更大的优越性。习近平新时代中国特色社会主义思想的创立，标志着科学社会主义在21世纪的中国焕发出更加强大的生机和活力，中国共产党不仅团结带领全国人民走向中华民族伟大复兴，而且在世界上高高举起了中国特色社会主义伟大旗帜，推动国际共产主义运动走向复兴，成为它的引领者。

2012年党的十八大后，中国特色社会主义进入新时代。以习近平同志为主要代表的中国共产党人，全面审视国际国内新的形势，通过总结实践、展望未来，深刻回答了新时代坚持和发展什么样的中国特色社

[1] 习近平:《在庆祝改革开放40周年大会上的讲话》，人民出版社2018年版，第6页。

会主义、怎样坚持和发展中国特色社会主义等重大时代课题，创立了习近平新时代中国特色社会主义思想。这一思想极大地丰富和发展了当代中国的马克思主义、21 世纪马克思主义，实现了马克思主义中国化时代化新的飞跃，成为全党全国人民为实现中华民族伟大复兴而奋斗的行动指南。

为了实现中华民族伟大复兴，以习近平同志为核心的党中央统揽伟大斗争、伟大工程、伟大事业、伟大梦想，坚持和加强党的全面领导，统筹推进“五位一体”总体布局、协调推进“四个全面”战略布局，坚持和完善中国特色社会主义制度、推进国家治理体系和治理能力现代化，推动党和国家事业取得历史性成就、发生历史性变革。2018 年，中国不仅继续保持世界第二大经济体的地位，同时也是“制造业第一大国、货物贸易第一大国、商品消费第二大国、外资流入第二大国”，外汇储备连续多年位居世界第一[1]，成为世界经济增长的主要稳定器和动力源，与世界第一大经济体的差距也不断缩小。2020 年，面对突如其来的新冠疫情，中国共产党依靠社会主义国家集中力量办大事的制度优势和党自身强大的动员组织能力，有效应对疫情传播，不仅保护了人民的身体健康和生命安全，而且“成为疫情发生以来第一个恢复增长的主要经济体，在疫情防控和经济恢复上都走在世界前列”[2]。到 2020 年底，“十三五”规划主要目标任务完成。中国国内生产总值达 101.6 万亿元，稳居世界第二位；人均国内生产总值连续两年超过 1 万美元；年末常住人口城镇化率达到

---

[1] 参见习近平:《在庆祝改革开放 40 周年大会上的讲话》，人民出版社 2018 年版，第 12—13 页。

[2] 习近平:《在全国抗击新冠肺炎疫情表彰大会上的讲话》，人民出版社 2020 年版，第 10 页。

63.89%；城镇居民人均可支配收入达 43834 元，农村居民人均可支配收入达 17131 元。脱贫攻坚战取得了全面胜利，现行标准下 9899 万农村贫困人口全部脱贫，832 个贫困县全部摘帽，12.8 万个贫困村全部出列，区域性整体贫困得到解决，完成了消除绝对贫困的艰巨任务。[1]2021 年 7 月 1 日，习近平总书记在庆祝中国共产党成立 100 周年大会上庄严宣告，我们在中华大地上全面建成了小康社会，实现了党的第一个百年奋斗目标，“中华民族迎来了从站起来、富起来到强起来的伟大飞跃，实现中华民族伟大复兴进入了不可逆转的历史进程”[2]。

中国特色社会主义进入新时代不仅对中华人民共和国和中华民族具有重大意义，而且对世界社会主义、对国际共产主义运动具有重大意义。一方面，由于新时代中国特色社会主义以鲜活的实践和丰硕的成果凸显了科学社会主义的真理价值和时代价值，展现了社会主义制度文明和发展道路的巨大优越性，越来越多的发展中国家在探索走向现代化的道路时，纷纷参考和借鉴中国特色社会主义的成功之处，学习新时代中国特色社会主义为解决人类问题贡献的“中国智慧和中国方案”[3]；另一方面，随着综合国力和国际影响力不断增强，中国逐渐走近世界舞台的中央，对世界的塑造力和引领力日益增强，其秉持的人类命运共同体理念也得到越来越多的支持和赞同，中国共产党所高举的既准确把握时代发展的特点和要求，又深刻揭示人类社会发展规律和趋势的科学社会主义的旗

[1] 参见中共中央党史和文献研究院:《全面建成小康社会大事记》,《人民日报》2021 年 7 月 28 日。

[2] 习近平:《在庆祝中国共产党成立 100 周年大会上的讲话》，人民出版社 2021 年版，第 7 页。

[3] 习近平:《决胜全面建成小康社会　夺取新时代中国特色社会主义伟大胜利——在中国共产党第十九次全国代表大会上的报告》，人民出版社 2017 年版，第 12 页。

帜正在凝聚感召世界上一切正义和进步力量。与之相对照，西方各主要资本主义国家则在金融危机之后又爆发了欧债危机、难民危机，面对新冠疫情更是反应迟缓，进退失据，各种制度弊端不断显现，不仅政治经济实力受到削弱，其主导世界的根基也在动摇。英美等国发生的逆全球化潮流也清楚地表明，资本主义对整个世界的驾驭和统治能力已经显著下降。所有这一切都意味着，世界范围内社会主义和资本主义两种意识形态、两种社会制度的历史演进及其较量发生了有利于社会主义的重大转变。新时代中国特色社会主义在与资本主义的竞争中展现出的显著的制度优势，昭示着在中华民族走向复兴的伟大征程中，国际共产主义运动也在走向伟大复兴。

新时代中国特色社会主义成功破解了在新时代怎样坚持和发展社会主义的历史性课题，实现了马克思主义基本原理同中国具体实际相结合的新的飞跃，成为 21 世纪科学社会主义的引领旗帜。作为当今国际共产主义运动的中流砥柱和社会主义创新发展的突出贡献者，中国共产党在建立 100 年之际，引领着这一伟大的运动走向伟大复兴。

六、结语

在国际共产主义运动的历史上，中国共产党自诞生之日起，就在运动的波澜中不断壮大，创造了一个又一个奇迹。短短 28 年，它就从中国政治舞台上一个很小的政党、国际共运中一位名不见经传的后来人，成为一个领导中国人民取得革命胜利的大党和东方社会主义革命的典范；执政 70 多年，它不仅使偌大中国从一个各方面都比较落后的东方国家，成为在国际舞台举足轻重的世界第二大经济体和社会主义大国，也使自己从社会主义阵营的一名后起之秀，成长为新时代中国特色社会主义的开创者和国际共产主义运动走向复兴的引领者。

中国共产党 100 年走过的光辉历程，证明国际共产主义运动在发展中尽管历经坎坷和曲折，但始终是代表人类社会前进方向、改变人类社会根本面貌的最伟大的革命洪流，马克思主义揭示的人类社会发展规律和总趋势没有改变，也不会改变。中国共产党在 100 年历程中取得的辉煌成就，是马克思主义在中国的伟大胜利。正如习近平总书记指出的那样，“中国共产党为什么能，中国特色社会主义为什么好，归根到底是因为马克思主义行！”[1]

中国共产党 100 年走过的光辉历程同样证明，中国共产党是马克思和恩格斯等无产阶级革命导师所开创的国际共产主义运动伟大事业的忠实的继承者和真正的发展者。它不忘初心、牢记使命，始终坚持共产主义的远大理想，代表最广大人民根本利益，与人民休戚与共、生死相依；它坚持马克思主义基本原理，坚持实事求是，从中国实际出发，洞察时代大势，把握历史主动，进行艰辛探索，不断推进马克思主义中国化时代化，指导中国人民不断推进伟大社会革命；它勇于自我革命，始终坚持党要管党、全面从严治党，不断应对好自身在各个历史时期面临的风险考验，确保党在世界形势深刻变化的历史进程中始终走在时代前列。[2]正因如此，中国共产党才能砥砺前行，在奋斗中不断壮大，从 100 年前

[1] 习近平：《在庆祝中国共产党成立 100 周年大会上的讲话》，人民出版社 2021 年版，第 13 页。

[2] 同上书，第 19 页。

国际共运中名不见经传的后来人成为当今新时代社会主义的开创者和国际共产主义运动走向复兴的引领者。

回首中国共产党走过的百年历程，党为国际共产主义事业创造了辉煌的伟业。展望未来，在中华民族以不可阻挡的步伐迈向伟大复兴的征程中，中国共产党必将为国际共产主义事业、为人类发展进步作出新的更大贡献！

李姿姿　中央党史和文献研究院第四研究部

中国共产党百年现代化探索及其对科学社会主义的贡献

近代以来，在西方列强的侵略下，中国逐渐成为半殖民地半封建社会，中华民族遭受前所未有的劫难。在十月革命的影响下，中国共产党选择了马克思列宁主义，找到了使中国摆脱贫穷落后、走向民族独立和国家富强的社会主义现代化新道路，开启了百年波澜壮阔的社会主义现代化探索与实践历程，创造了社会主义现代化建设的伟大业绩。中国共产党百年现代化探索过程，既是实现中华民族伟大复兴的过程，也是探索社会主义革命和建设规律的过程，积累了丰富的理论和实践经验，为科学社会主义的进一步发展和完善作出了积极的贡献。

近代以来，在西方坚船利炮的猛烈轰击下，中国沦为半殖民地半封建社会，中华文明面临生死存亡的考验，中华民族遭受前所未有的劫难。自那时起，实现民族独立、建立一个富强的国家，成为许多仁人志士为之奋斗的目标。中国共产党自诞生以来就以实现国家富强和民族独立为目标，把为中国人民谋幸福、为中华民族谋复兴确立为自己的初心使命。经过新民主主义革命、社会主义革命和建设、改革开放和社会主义现代化建设以及中国特色社会主义新时代这四个历史时期的探索和实践，中国共产党对建设社会主义现代化国家在认识上不断深入、在战略上不断成熟、在实践上不断丰富，在社会主义现代化的道路选择、物质基础、制度保障、发展阶段等方面积累了丰富的经验，坚持并发展了科学社会主义，使科学社会主义在21世纪焕发出新的生命力。

一、新民主主义革命时期：以建立社会主义国家为目标的现代化之路

中国共产党对国家富强和国家现代化的探索是与社会主义紧密联系在一起的。马克思主义认为，社会现代化是人类历史发展的趋势，它始于资本主义制度之下，在社会主义社会中达到更高层次。早期中国共产党人选择了马克思列宁主义，将现代化与社会主义结合起来，以建立社会主义国家为现代化的目标，为中国的现代化创造了根本的社会条件。[1]

（一）中国共产党的创建：为社会主义现代化提供了思想和组织上的准备

近代以来，在经历了洋务运动、维新运动、辛亥革命之后，中国人对现代化的理解日益深刻，对现代化于中国的意义有了更全面的认识。20世纪初的新文化运动将中国先进知识分子的现代化探索推向了一个新的阶段，为中国共产党接受马克思主义、选择中国的现代化道路作了思想上的准备。新文化运动的倡导者认为，要想中国真正走向现代化道路，

[1] 参见任保平:《百年大党领航中国求索现代化之路》,《经济参考报》2021年6月15日。

必须从改变民众的思想行为着手。新文化运动以“德先生”和“赛先生”为口号，提倡民主，倡导科学，宣传西方的进步文化，为新思潮的传播开辟了道路，推动了中国民主进步和科学事业的发展。

1917 年爆发的俄国十月革命为中国送来了马克思列宁主义，给在黑暗中苦苦寻求救国方案的中国先进分子展示了一条社会主义的新路。在十月革命的影响下，以李大钊为代表的先进知识分子接受了马克思列宁主义，促进了中国社会现代化向新的方向发展，为中国社会现代化提出了革命—现代化的新途径和建立现代民族国家的目标。[1]1921 年，通过将马克思列宁主义与中国工人运动相结合，中国共产党应运而生，宣告中国人探寻现代化的努力从被动走向主动。1922 年召开的中共二大制定了党的最高纲领和最低纲领。党的最高纲领是组织无产阶级，用阶级斗争的手段，建立劳农专政的政治，铲除私有财产制度，渐次达到共产主义。党的最低纲领是建设国内和平、达到中华民族完全独立，统一中国为真正的民主共和国。两大纲领为中国的现代化设定了远期目标和近期目标，为中国共产党的现代化探索指明了前进的道路和方向。

早期的一些共产党领导人对如何实现现代化的问题进行了相关的理论探讨。李大钊提出了现代化的发展观，指出现代化是在经济、政治、文化等方面的全面改造，构建了以马克思主义为指导的关于推进中国社会现代化进程的理论体系，指明了现代化的社会主义方向。[2] 瞿秋白探索我国现代化的实现之路，强调政治变革在中国现代化进程中的主导地位，提出由无产阶级领导中国革命，建立真正的民主政治；重视经济和

[1] 参见吴汉全:《李大钊与五四运动现代化地位的形成》,《江淮论坛》2001 年第 2 期。

[2] 参见吴汉全:《李大钊与中国社会现代化新道路（外二种）》，吉林人民出版社 2011 年版。

技术的发展，主张变更旧的经济关系，建设社会主义性质的经济；强调通过思想教育实现人民思想观念的更新。[1] 共产党理论家恽代英在 20 世纪 20 年代对中国工业化问题进行了系统讨论，他提出中国必须实现工业化，要通过市场机制来实现工业化和现代化，主张引进外资来推进工业化。[2] 这些理论探讨对早期共产党确立现代化的方向和道路，认识和选择现代化的主导力量起着重要的引导作用。

（二）从大革命到民主革命胜利：社会主义现代化的早期实践与理论发展

在新民主主义革命时期，中国共产党根据科学社会主义原则和马克思主义对社会主义的设想，在革命根据地和边区进行了政治、经济、社会和军事建设，进行了社会主义现代化建设的最初尝试。政治上在根据地建立了工农苏维埃政权，在边区建立了参议会制度，在解放区建立了各级人民代表会议制度，探索社会主义民主政治道路。在经济上进行土地革命，大力发展农业生产，建立工业，有计划地发展商品经济。毛泽东多次提到党的工作人员必须努力学会做经济工作。他指出："必须动员一切可能的力量，大规模地发展解放区的农业、工业和贸易，改善军民生活。"[3] 在社会建设上，废除封建社会的人身依附关系，实行妇女解放，兴办教育，开展医疗卫生事业，改良社会风气。在军事上，抗日战争期间，中国共产党提出了军队现代化的要求。1938 年，周恩来在《怎样进

[1] 参见李宁宁：《试析瞿秋白现代化思想的基本特征》，《瞿秋白研究论丛》2002 年第 1 期。

[2] 参见李天华、李良明：《恽代英在中国工业化思想史上的理论贡献》，《陕西师范大学学报（哲学社会科学版）》2015 年第 6 期。

[3] 参见《毛泽东选集》第三卷，人民出版社 1991 年版，第 1091 页。

行持久战？》中使用了“现代化的军事工业”“装备的现代化”“军队现代化”等说法。[1]1938 年 5 月，毛泽东在《论持久战》中提出“革新军制离不了现代化”。[2] 这些措施提高了工农劳动群众生产的积极性，改善了劳动群众的生活，壮大了党的队伍，为社会主义现代化建设积累了宝贵经验。

中国共产党在长期的武装斗争中创造性地形成了建立社会主义现代化国家的理论、战略与政策。1940 年，毛泽东在《新民主主义论》中分析了中国革命的性质、道路和方向。毛泽东指出，中国革命的历史进程包括民主主义革命和社会主义革命两个步骤，中国共产党奋斗的目标是“建设一个中华民族的新社会和新国家。在这个新社会和新国家中，不但有新政治、新经济，而且有新文化”，“一句话，我们要建立一个新中国”。[3]1945 年 4 月 24 日，毛泽东在党的七大政治报告中专门论述了“工业问题”，强调建立一个统一的国家是实现现代化的前提条件。他指出：“没有独立、自由、民主和统一，不可能建设真正大规模的工业。没有工业，便没有巩固的国防，便没有人民的福利，便没有国家的富强。”“解放中国人民的生产力，使之获得充分发展的可能性，有待于新民主主义的政治条件在全中国境内的实现”。[4] 毛泽东进一步设想了实现现代化的步骤，明确提出了实现工业化和农业近代化的“两化”目标。他指出：“在新民主主义的政治条件获得之后，中国人民及其政府必须采取切实步

[1] 《周恩来军事文选》第二卷，人民出版社 1997 年版，第 85、86 页。

[2] 《毛泽东选集》第二卷，人民出版社 1991 年版，第 511 页。

[3] 同上书，第 663 页。

[4] 《毛泽东选集》第三卷，人民出版社 1991 年版，第 1080 页、1081 页。

骤，在若干年内逐步地建立重工业和轻工业，使我国由农业国变成工业国”，“中国工人阶级的任务，不但是为着建立新民主主义的国家而斗争，而且是为着中国的工业化和农业近代化而斗争”。[1]

1949年3月5日，毛泽东在党的七届二中全会上强调，要实现由落后的农业国向先进的工业国转变的现代化目标。“在革命胜利以后，迅速地恢复和发展生产，对付国外的帝国主义，使中国稳步地由农业转变为工业国，把中国建成一个伟大的社会主义国家。”[2]1949年10月1日，中华人民共和国成立，实现了好几代中华儿女梦寐以求的目标，实现了民族独立和人民解放。新民主主义革命的胜利，彻底结束了旧中国半殖民地半封建社会的历史，彻底结束了旧中国一盘散沙的局面，彻底废除了列强强加给中国的不平等条约和帝国主义在中国的一切特权，为实现中华民族伟大复兴创造了根本社会条件，为建立社会主义现代化国家打开了前进的通道。

二、社会主义革命和建设时期：以建成社会主义现代化国家为目标的现代化探索

新中国的成立为中国的社会主义现代化准备了根本的社会条件。但是，如何进行现代化建设，建立怎样的现代化，成为摆在中国人面前的问题。中国共产党清醒地认识到建立社会主义国家只是第一步，建成社会主义国家还有很长的路要走。

---

[1] 《毛泽东选集》第三卷，人民出版社1991年版，第1081页。

[2] 同上书，第1437页。

（一）新中国成立和向社会主义过渡：为社会主义现代化奠定根本制度基础

在新民主主义革命时期，毛泽东明确中国革命进程分两步走，第一步是新民主主义革命，第二步是社会主义革命，最终目的是通过建立社会主义制度，促进生产力的发展。新中国的成立，标志着新民主主义革命的任务基本完成，进入社会主义革命阶段。从 1949 年到 1956 年，经过国民经济恢复时期，完成了社会主义“三大改造”，确立了社会主义制度。与此同时，第一个五年计划顺利完成，为社会主义工业化奠定了初步的基础。社会主义改造促进了我国工农业生产和整个国民经济的发展，从 1953 年到 1956 年，全国工业总产值平均每年递增 19.6%，农业总产值平均每年递增 4.8%。[1] 通过社会主义改造，农业和手工业由个体所有制变为社会主义的集体所有制，私营工商业由资本主义所有制变为社会主义所有制，使社会生产力从旧的生产关系的束缚中解放出来，为在社会主义条件下取得比资本主义更快更好的现代化发展速度铺平了道路。

新中国成立后，毛泽东对社会主义现代化作出了一系列构想，为中国现代化的探索指明了方向。1954 年 6 月 14 日，毛泽东在中央人民政府委员会第十三次会议上《关于中华人民共和国宪法草案》的讲话中说：“我们的总目标，是为建设一个伟大的社会主义国家而奋斗。我们是一个六亿人口的大国，要实现社会主义工业化，要实现农业的社会主义化、机械化，要建成一个伟大的社会主义国家，究竟需要多少时间？现在不

[1] 参见张文儒主编：《毛泽东与中国现代化》，当代中国出版社 1993 年版，第 6 页。

讲死，大概是三个五年计划，即十五年左右，可以打下一个基础。到那时，是不是就很伟大了呢？不一定。我看，我们要建成一个伟大的社会主义国家，大概经过五十年即十个五年计划，就差不多了，就像个样子了，就同现在大不一样了。”[1]1954 年 9 月，在一届全国人大一次会议开幕式上，毛泽东提出：“准备在几个五年计划之内，将我们现在这样一个经济上文化上落后的国家，建设成为一个工业化的具有高度现代文化程度的伟大的国家。”[2]1955 年 3 月 21 日，毛泽东在党的全国代表会议上的开幕词中，重申了分步走实现“总目标”的构想，指出“我们可能经过三个五年计划建成社会主义社会，但要建成为一个强大的高度社会主义工业化的国家，就需要有几十年的艰苦努力，比如说，要有五十年的时间，即本世纪的整个下半世纪”[3]。1956 年 11 月，毛泽东在《纪念孙中山先生》一文中指出：“一九一一年的革命，即辛亥革命，到今年，不过四十五年，中国的面目完全变了。再过四十五年，就是二千零一年，也就是进到二十一世纪的时候，中国的面目更要大变。中国将变为一个强大的社会主义工业国。”[4] 这些论述表明毛泽东将中国的社会主义建设分成了建立社会主义、建成社会主义和建成伟大的社会主义国家三个层次，对社会主义现代化建设的长期性和艰巨性有深刻的认识。

---

[1] 《毛泽东文集》第六卷，人民出版社 1999 年版，第 329 页。

[2] 同上书，第 350 页。

[3] 同上书，第 390 页。

[4] 《毛泽东文集》第七卷，人民出版社 1999 年版，第 156 页。

（二）社会主义建设的曲折发展：探索适合中国情况的社会主义现代化道路

1956 年 2 月苏共二十大召开，苏联建设社会主义过程中的问题暴露出来。鉴于苏联社会主义建设的经验教训，中国共产党建设社会主义的思路从“以苏为师”转向“以苏为鉴”，开始探索适合中国情况的社会主义现代化道路。

1956 年 4 月，毛泽东在《论十大关系》中讨论了中国工业化道路的问题。毛泽东从中国实际出发，提出以重工业为国家建设重点，同时要注意大力发展轻工业和农业，以确保工业发展的粮食和原料，并满足人民的生活需要；要适当调整工业、轻工业和农业的投资比例；要大力发展内地工业，平衡工业发展的布局和有利于战备，但要利用好沿海工业。在 1960 年的《十年总结》中，毛泽东进一步说：“前八年照抄外国的经验。但从一九五六年提出十大关系起，开始找到自己的一条适合中国的路线……开始反映中国客观经济规律。”[1] 可以说，《论十大关系》是中国共产党历史上第一次探索中国式社会主义建设道路的努力，是建设中国特色社会主义的先声。[2]

随着社会主义建设的推进，党中央对社会主义现代化的具体目标有了更符合实际的认识，提出了实现四个现代化的战略目标。早在新中国建立前夕，毛泽东在党的七届二中全会上就提出建立工业强国的目标。

---

[1] 中共中央文献研究室编：《建国以来重要文献选编》第 9 册，中央文献出版社 1996 年版，第 418 页。

[2] 参见齐鹏飞、温乐群主编：《20 世纪的中国——走向现代化的历程》（政治卷 1949—2000），人民出版社 2010 年版，第 53 页。

新中国成立初期，党明确规定了党在过渡时期的总任务就是要实现国家的工业化，使中国摆脱近代以来贫穷落后的局面。此后不久，党就将视野扩大到发展科学技术上面。1957年2月27日，毛泽东在《关于正确处理人民内部矛盾的问题》的重要讲话中明确提出了“三个现代化”的构想。他指出:“专政的目的是为了保卫全体人民进行和平劳动，将我国建设成为一个具有现代工业、现代农业和现代科学文化的社会主义国家。”[1]1959年12月19日，毛泽东在阅读苏联《政治经济学教科书》时提出了四个现代化的构想，指出“建设社会主义，原来要求是工业现代化，农业现代化，科学文化现代化，现在要加上国防现代化”[2]。1960年2月，周恩来把“科学文化现代化”改为“科学技术现代化”，使四个现代化的基本内容被完整地提了出来。[3]

1964年12月，周恩来在第三届全国人民代表大会第一次会议的《政府工作报告》中提出，我们的目标就是要在不太长的历史时期内，把我国建设成为一个具有现代农业、现代工业、现代国防和现代科学技术的社会主义强国。这是我国首次提出把我国建设成为社会主义现代化强国的宏伟设想。为了实现这一目标，党中央提出了“两步走”的战略步骤：第一步用15年时间，即在三个五年计划期间内，建立一个独立的比较完整的工业体系和国民经济体系；第二步力争在20世纪末，全面实现四个现代化，使中国经济走在世界前列。

[1] 《毛泽东文集》第七卷，人民出版社1999年版，第207页。

[2] 《毛泽东文集》第八卷，人民出版社1999年版，第116页。

[3] 参见中共中央党史研究室:《中国共产党历史》第二卷（1949—1978）（下册），中共党史出版社2011年版，第675页。

党中央提出四个现代化的战略目标后，计划从1966年开启新的现代化建设征程。但是，因“文化大革命”的影响，中国经济建设的步骤被打乱，社会主义现代化建设遭到严重挫折。尽管如此，在社会主义革命和建设时期，我国确立了社会主义基本制度，改变了旧中国一穷二白的落后面貌，建立起了独立的比较完整的工业体系和国民经济体系，工农业生产条件和水平有了很大提高，城乡商业和对外贸易有了很大增长，教育、科学、文化、卫生、体育事业有了很大发展，为实现中华民族伟大复兴奠定了根本政治前提和制度基础。

三、改革开放和社会主义现代化建设新时期：中国特色社会主义现代化道路的探索与发展

1978年党的十一届三中全会召开，确立了解放思想、实事求是的思想路线，决定实行改革开放，中国的现代化迎来了一个高速发展的新时期。中国共产党带领中国人民解放思想、锐意进取，创造了改革开放和社会主义现代化建设的伟大成就。

（一）改革开放历史性转变：中国特色社会主义现代化道路的开创

1978年12月，中国共产党召开十一届三中全会，把全党工作重点和全国人民的注意力转移到社会主义现代化建设上来。全会决定终结“以阶级斗争为纲”的旧主题，确定以社会主义现代化建设为中心的新主题。由此，中国开始了从“以阶级斗争为纲”到以经济建设为中心、从

僵化半僵化到全面改革、从封闭半封闭到对外开放的历史性转变。[1]

党的十一届三中全会指出，实现四个现代化，要求大幅度地提高生产力，也就必然要求多方面地改变同生产力发展不适应的生产关系和上层建筑，改变一切不适应的管理方式、活动方式和思想方式，为解放和发展生产力创造有利条件。邓小平在多个场合阐述了社会主义必须发展生产力，贫穷不是社会主义的观点。他指出："讲社会主义，首先就要使生产力发展，这是主要的。只有这样，才能表明社会主义的优越性。社会主义经济政策对不对，归根到底要看生产力是否发展，人民收入是否增加。这是压倒一切的标准。"[2]"马克思主义最注重发展生产力。我们讲社会主义是共产主义的初级阶段，共产主义的高级阶段要实行各尽所能、按需分配，这就要求社会生产力高度发展，社会物质财富极大丰富。所以社会主义阶段的最根本任务就是发展生产力，社会主义的优越性归根到底要体现在它的生产力比资本主义发展得更快一些、更高一些，并且在发展生产力的基础上不断改善人民的物质文化生活。"[3]1982年召开的党的十二大，重申了四个现代化的发展目标，指出中国共产党在新的历史时期的总任务是团结全国各族人民，自力更生，艰苦奋斗，逐步实现工业、农业、国防和科学技术的现代化，把我国建设成为高度文明、高度民主的社会主义国家。

在总结我国社会主义革命建设和国际共产主义运动经验教训的基础

---

[1] 参见中共中央党史研究室:《中国共产党的九十年》(改革开放和社会主义现代化建设新时期)，中共党史出版社、党建读物出版社 2016 年版，第 657 页。

[2] 《邓小平文选》第二卷，人民出版社 1994 年版，第 314 页。

[3] 《邓小平文选》第三卷，人民出版社 1993 年版，第 63 页。

上，中国共产党强调社会主义现代化建设要与中国国情相适应，建设有中国特色的社会主义。邓小平强调，中国必须走适合中国实际的社会主义道路。他指出："实现四个现代化是一场深刻的伟大的革命。在这场伟大的革命中，我们是在不断地解决新的矛盾中前进的"，"要努力把马克思主义的普遍原则同我国实现四个现代化的具体实践结合起来"。[1]"我们的现代化建设，必须从中国的实际出发。无论是革命还是建设，都要注意学习和借鉴外国经验。但是，照抄照搬别国经验、别国模式，从来不能得到成功。"[2]"马克思主义必须是同中国实际相结合的马克思主义，社会主义必须是切合中国实际的有中国特色的社会主义。"[3]实际上，推进改革开放的过程，也是探索适合中国情况的社会主义现代化建设道路的过程。

针对我国经济落后和发展不平衡的实际情况，邓小平提出建设"中国式的现代化"的战略主张。1979 年 10 月，邓小平在中共省、市、自治区委员会第一书记座谈会上，在谈到经济工作问题时指出："中国式的现代化，就是把标准放低一点。"同年 12 月 6 日，他在会见日本首相大平正芳时指出："我们要实现的四个现代化，是中国式的四个现代化。我们的四个现代化的概念，不是像你们那样的现代化的概念，而是'小康之家'。到本世纪末，中国的四个现代化即使达到了某种目标，我们的国民生产总值人均水平也还是很低的。要达到第三世界中比较富裕一点的国家的水平，比如国民生产总值人均一千美元，也还得付出很大的努

[1] 《邓小平文选》第二卷，人民出版社 1994 年版，第 152—153 页。

[2] 《邓小平文选》第三卷，人民出版社 1993 年版，第 2 页。

[3] 同上书，第 63 页。

力。”[1] 党的十二大将20世纪末的奋斗目标由先前的实现四个现代化改为实现小康，这符合我国经济社会文化发展的实际情况。“中国式的现代化”战略主张是马克思主义与中国具体实际相结合的产物，是中国特色社会主义现代化的具体体现。

1987年，党的十三大系统阐述了关于社会主义初级阶段的理论和党在社会主义初级阶段的基本路线，制定了“三步走”的经济发展战略。大会指出，我国从20世纪50年代生产资料所有制的社会主义改造完成，到社会主义现代化的基本实现，至少需要上百年时间，都属于社会主义初级阶段。这个阶段的任务是，逐步摆脱贫穷、落后，由农业人口占多数的手工劳动为基础的农业国，逐步变为非农业人口占多数的现代化工业国；由自然经济、半自然经济占很大比重变为商品经济高度发达。社会主义初级阶段理论正确判断了我国所处的历史方位，为我国进行现代化建设设定了清晰的目标。大会确定了“三步走”发展战略，指出党的十一届三中全会后，我国经济建设的战略部署大体分“三步走”。第一步，用十年时间实现国民生产总值比1980年翻一番，解决人民的温饱问题；第二步，到20世纪末，使国民生产总值再增长一倍，人民生活达到小康水平；第三步，到21世纪中叶，人均国民生产总值达到中等发达国家水平，人民生活比较富裕，基本实现现代化。

（二）改革开放新阶段：社会主义现代化内涵的丰富和发展

党的十三届四中全会以来，以江泽民同志为主要代表的中国共产党人和以胡锦涛同志为主要代表的中国共产党人，高举邓小平理论伟大旗

[1] 《邓小平文选》第二卷，人民出版社1994年版，第194、237页。

帜，开创全面改革开放新局面，使中国特色社会主义现代化的内涵不断丰富，向建成社会主义现代化国家迈进。

1992 年党的十四大指出，到 20 世纪末，我国国民经济整体素质和综合国力将迈上一个新台阶，国民生产总值将超过原定比 1980 年翻两番的要求，人民生活由温饱进入小康。大会明确我国经济体制改革的目标是建立社会主义市场经济体制，为进一步解放和发展生产力提供了有利的制度条件。在世纪之交的关键时刻，党中央进一步设计了“新三步走”发展战略。1997 年党的十五大提出了新的“三步走”发展战略，即 21 世纪第一个十年实现国民生产总值比 2000 年翻一番，使人民的小康生活更加宽裕，形成比较完善的社会主义市场经济体制；再经过十年的努力，到中国共产党成立 100 年时，使国民经济更加发展，各项制度更加完善；到 21 世纪中叶中华人民共和国成立 100 年时，基本实现现代化，建成富强民主文明的社会主义国家。新的“三步走”发展战略为中国特色社会主义走向 21 世纪做了规划。

进入 21 世纪，我国如期完成“三步走”战略的前两步，实现了总体小康。但是，这个小康还是低水平、不全面、发展很不平衡的小康。党的十六大明确指出党在新世纪前 50 年要实现的目标是全面建设小康社会、加快推进社会主义现代化，并提出了全面建设小康社会的具体目标，即实现国内生产总值到 2020 年比 2000 年翻两番，使经济更加发展、民主更加健全、科教更加进步、文化更加繁荣、社会更加和谐、人民生活更加殷实，实现中国特色社会主义经济、政治、文化的全面发展。

2006 年，党的十六届六中全会通过《关于构建社会主义和谐社会若干重大问题的决定》，提出构建社会主义和谐社会的目标，使中国特色社会主义事业的总体布局由经济建设、政治建设、文化建设“三位一体”发展为经济建设、政治建设、文化建设、社会建设“四位一体”。2007年召开的党的十七大明确提出中国现代化总目标是“建设富强民主文明和谐的社会主义现代化国家”，这意味着中国共产党对社会主义现代化的探索又迈出了新的步伐。

改革开放推动了我国社会主义现代化建设的飞跃式发展。通过改革开放，我国实现了从高度集中的计划经济体制到充满活力的社会主义市场经济体制、从封闭半封闭到全方位开放的历史性转变，实现了从生产力相对落后的状况到经济总量跃居世界第二的历史性突破，实现了人民生活从温饱不足到总体小康、奔向全面小康的历史性跨越，为实现中华民族伟大复兴提供了充满新的活力的体制保证和快速发展的物质条件。

四、中国特色社会主义新时代：全面建设社会主义现代化强国

党的十八大以来，以习近平同志为核心的党中央全面审视国际国内新的形势，深刻回答了新时代坚持和发展什么样的中国特色社会主义、怎样坚持和发展中国特色社会主义这个重大时代课题，将马克思主义基本原理与中国的具体实践结合，创立了习近平新时代中国特色社会主义思想，为我国的社会主义现代化指引了前进的方向。

（一）社会主义现代化建设的战略布局与蓝图

党的十八大以来，中国特色社会主义进入新时代。新时代是我国决

胜全面建成小康社会，进而全面建设社会主义现代化强国的时代。在以习近平同志为核心的党中央的领导下，社会主义现代化建设的内涵不断丰富和发展。2012 年，党的十八大确定了全面建成小康社会和全面深化改革开放的目标。大会把生态文明建设放在突出地位，使中国特色社会主义事业总体布局由“四位一体”扩展为“五位一体”，即“经济建设、政治建设、文化建设、社会建设、生态文明建设”，并指出建设中国特色社会主义的总任务是实现社会主义现代化和中华民族伟大复兴。大会提出，要确保到 2020 年实现全面建成小康社会的宏伟目标，并把全面建成小康社会的各项任务具体化为经济持续健康发展，人民民主不断扩大，文化软实力显著增强，人民生活水平全面提高，资源节约型、环境友好型社会建设取得重大进展。

党的十九大综合分析国际国内形势和我国发展条件，擘画了新时代社会主义现代化建设的蓝图，提出了新时代的“两步走”战略，把从 2020 年到本世纪中叶分成两个阶段来安排：第一个阶段，从 2020 年到 2035 年，在全面建成小康社会的基础上，再奋斗 15 年，基本实现社会主义现代化；第二个阶段，从 2035 年到本世纪中叶，在基本实现现代化的基础上，再奋斗 15 年，把我国建成富强民主文明和谐美丽的社会主义现代化强国。

随着中国特色社会主义进入新时代，我国社会主要矛盾发生了变化，从人民日益增长的物质文化需要同落后的社会生产之间的矛盾，转化为人民日益增长的美好生活需要和不平衡不充分的发展之间的矛盾。社会主要矛盾的变化表明，我国的现代化内涵正逐步由以追求经济增长为主要内容的现代化，向经济、政治、文化、社会、生态协同发展的现代化转变。[1] 面对现代化建设的新要求，党中央提出创新、协调、绿色、开放、共享的新发展理念，推动供给侧结构性改革，推进“四个全面”战略布局，进行国家治理体系和治理能力现代化建设，打赢脱贫攻坚、防范化解重大风险、污染防治三大攻坚战，实现了全面建成小康社会的第一个百年奋斗目标，向着第二个百年奋斗目标迈进。

（二）开启全面建设社会主义现代化国家新征程

随着全面建成小康社会、打赢脱贫攻坚战的胜利完成，中华民族伟大复兴向前迈出了新的一大步，标志着我国进入了一个新的发展阶段。党的十九届五中全会提出，全面建成小康社会、实现第一个百年奋斗目标后，我们要乘势而上开启全面建设社会主义现代化国家新征程，向第二个百年奋斗目标进军。全会提出了到 2035 年基本实现社会主义现代化的远景目标，全面地描绘了我国到 2035 年基本实现社会主义现代化的美好蓝图，提出了由经济、政治、文化、社会、生态、国防和军队等方面构成的现代化发展目标。

我国建设社会主义现代化国家不仅关系中华民族伟大复兴的战略全局，而且对世界现代化进程也有重要意义。习近平总书记在党的十九届五中全会第二次全体会议上的讲话中深刻阐述了我国建设社会主义现代化具有的重要特征。第一，我国现代化是人口规模巨大的现代化，我国 14 亿多人口要整体迈入现代化社会，其规模超过现有发达国家的总和，将彻底改写现代化的世界版图。第二，我国现代化是全体人民共同富裕

[1] 参见王天楠、郭薇:《阐明新时代社会主要矛盾的变化》,《中国社会科学报》2018 年 1 月 24 日。

的现代化，我国现代化坚持以人民为中心的发展思想，逐步实现全体人民共同富裕。第三，我国现代化是物质文明和精神文明相协调的现代化，坚持社会主义核心价值观，促进物的全面丰富和人的全面发展。第四，我国现代化是人与自然和谐共生的现代化，注重同步推进物质文明建设和生态文明建设，走生产发展、生活富裕、生态良好的文明发展道路。第五，我国现代化是走和平发展道路的现代化，强调同世界各国互利共赢，推动构建人类命运共同体。实践表明，中国式现代化体现了社会主义建设规律和人类社会发展规律，为人类文明发展作出了积极的贡献。

2021 年 7 月 1 日，习近平总书记在庆祝中国共产党成立 100 周年大会上的讲话中郑重宣告："我们坚持和发展中国特色社会主义，推动物质文明、政治文明、精神文明、社会文明、生态文明协调发展，创造了中国式现代化新道路，创造了人类文明新形态。"中国式现代化新道路是中国共产党经过百年现代化探索和实践找到的实现中华民族伟大复兴的正确道路。站在"两个一百年"奋斗目标的历史交汇点，在中国特色社会主义进入新时代的历史方位下，中国共产党正带领中国人民创造属于自己的历史，谱写中国社会主义现代化的新篇章。

五、中国共产党的百年现代化探索对科学社会主义的贡献

19 世纪中期，马克思和恩格斯在对资本主义社会进行深入剖析的基础上，创立了科学社会主义，科学地揭示了人类社会发展的一般规律和资本主义生产方式的特殊规律，提出了资本主义必然灭亡、社会主义必

然胜利的科学论断。在马克思主义科学理论的指引下，中国共产党团结带领中国人民进行了艰苦卓绝的斗争，推翻了帝国主义、封建主义和官僚资本主义“三座大山”，迎来了国家独立和民族解放，并通过持续不懈的努力，使这个世界上最大的发展中国家摆脱贫困，跃升为世界第二大经济体，创造了人类社会发展史上的奇迹。中国共产党百年现代化探索史，是社会主义制度的优越性不断被开发和得以彰显的历史，它使具有500多年历史的社会主义主张在世界上人口最多的国家成功开辟出具有高度现实性和可行性的正确道路，让科学社会主义在21世纪焕发出新的蓬勃生机，使科学社会主义得到了丰富和发展。

（一）中国共产党探索了一条通过政党领导国家建设，进而建立富强民主独立的社会主义现代化国家的新道路，丰富了科学社会主义关于经济文化相对落后国家建设社会主义的理论

马克思、恩格斯曾指出，社会主义是高于资本主义的制度形式，社会主义将在资本主义国家大工业发展的基础上产生，在一切资本主义国家发生才能取得胜利，经济文化相对落后的国家取得社会主义胜利需要具备一定的条件。与西方国家的现代化进程相比，中国进行现代化面临许多不同的条件。鸦片战争后，中国成为半殖民地半封建社会，国土沦丧，国家主权受到破坏。建立一个统一的国家是中国实现社会主义现代化的前提条件。中国共产党自成立以来，就以实现民族独立、国家富强为己任，团结带领中国人民进行民族国家建设，为实现社会主义现代化和中华民族伟大复兴而奋斗。1949年中华人民共和国成立，毛泽东豪迈地宣告，“我们的民族将从此列入爱好和平自由的世界各民族的大家庭”，

“中国人被人认为不文明的时代已经过去了，我们将以一个具有高度文化的民族出现于世界”。[1] 新中国成立后，在党的领导下，通过社会主义改造，我国确立了社会主义制度，朝着建立社会主义现代化强国的目标迈进。正如一些学者指出的：“中国共产党在领导人民进行新民主主义革命和社会主义革命的过程中，承载起了建设社会和新国家的使命，全面展开了党领导人民建设国家的实践。中国共产党是国家建设的领导力量和中心支柱，与此同时，国家建设也在中国共产党领导下走向现代化和社会主义。”[2] 中国共产党探索的以政党领导国家建设，进而实现社会主义现代化的途径，为经济文化相对不发达国家走向社会主义、实现国家现代化提供了可供借鉴的经验。

（二）中国共产党辩证看待经济基础和上层建筑的关系，大力发展社会生产力，适时调整生产关系和上层建筑，坚持和发展了科学社会主义的唯物史观

马克思、恩格斯在批判以往关于社会发展的哲学观点的基础上，提出了历史唯物主义，指出人类社会是按照一定规律从低级向高级不断进步与发展的，社会发展遵循的规律是生产力决定生产关系，经济基础决定上层建筑，生产关系和上层建筑具有反作用。中国共产党在百年社会主义现代化探索过程中，注重根据时代发展分析我国社会主要矛盾，把主要任务放在提高生产力上，调整同生产力发展不适应的生产关系和上层建筑，成功推进社会主义现代化事业。新民主主义革命时期，党正确

[1] 《毛泽东文集》第五卷，人民出版社 1993 年版，第 344、345 页。

[2] 林尚立：《政党与国家建设：理解中国政治的维度》，《复旦政治学评论》2012 年第 2 期。

分析了半殖民地半封建中国的社会矛盾全局，制定了新民主主义革命路线，取得了新民主主义革命的胜利；新中国成立后，党的八大指出我国社会主要矛盾是人民对于建立先进的工业国的要求同落后的农业国的现实之间的矛盾，是人民对于经济文化迅速发展的需要同当前经济文化不能满足人民需要的状况之间的矛盾，推动了我国集中力量发展生产力，建立完整的工业体系和国民经济体系；党的十一届三中全会后，党指出我国社会的主要矛盾是人民日益增长的物质文化需要同落后的社会生产之间的矛盾，为我国坚持以经济建设为中心、推进改革开放提供了指引；进入 21 世纪后，党的十九大对我国社会主要矛盾作出了新的判断，推进我国政治、经济、文化等制度体系的发展和完善，为我国的社会主义现代化注入了更丰富的内涵。中国共产党适时对社会主要矛盾作出判断，坚持将发展生产力作为党和国家事业的中心任务，同时注重发挥社会主义上层建筑的优势，创造和谐稳定的社会环境，推动经济快速发展，坚持和发展了科学社会主义的唯物史观。

（三）中国共产党进行社会主义市场经济改革，实现社会主义基本制度与市场经济体制结合，推进了科学社会主义关于社会主义经济制度的理论

马克思、恩格斯设想的未来社会是在生产力高度发展基础上超越市场经济的社会，但在现实世界中，社会主义取代资本主义是一个长期的历史过程，而且 20 世纪以来，取得社会主义胜利的国家大多是经济文化相对落后的国家，因此，社会主义国家需要建立与生产力发展水平相适应的制度形式来发展经济。改革开放以来，以邓小平为代表的中国共产

党人从社会主义初级阶段的实际出发，认真总结国内外改革和发展的经验教训，提出了社会主义市场经济理论，指出市场经济不等于资本主义，社会主义也有市场，为中国建立社会主义市场经济体制作了理论上的准备。在党的领导下，我国持续推进社会主义市场经济体制改革，成功实现了从高度集中的计划经济体制向社会主义市场经济体制的历史转变，极大调动了人民的积极性，促进了生产力发展，增强了党和国家的活力。党的十八届三中全会提出使市场在资源配置中起决定性作用，党的十九大报告指出加快完善社会主义市场经济体制，使我国的社会主义现代化事业获得了更加强大的生命力。中国共产党对社会主义市场经济进行的探索打破了对社会主义经济体制的僵化理解，丰富和发展了科学社会主义关于社会主义经济制度的理论。

（四）中国共产党将马克思主义基本原理与本国的具体实践相结合，提出社会主义初级阶段理论，制定了与发展阶段相适应的现代化目标，发展了科学社会主义关于社会主义发展阶段论的观点

马克思、恩格斯指出社会主义取代资本主义是历史的总趋势，但从资本主义社会转变为社会主义社会将经历一个漫长的历史过程，其中存在一个从资本主义社会向社会主义社会过渡的时期，而且共产主义社会自身在其发展过程中也将经历两个发展阶段，即共产主义社会的第一阶段和共产主义社会的较高阶段。列宁把这两个阶段分别称为社会主义社会和共产主义社会。中国共产党从我国的具体实际出发，对实现社会主义和建立一个社会主义强国进行了战略规划和思考。20 世纪 50 年代，毛泽东对社会主义发展阶段问题进行了探讨，把中国社会主义建设区分为建立社会主义国家、建成社会主义国家和建成伟大的社会主义国家这样三个层次。1962年，毛泽东进一步提出建设强大的社会主义中国需要100多年时间的观点。改革开放后，我国提出了社会主义初级阶段理论，指出这是特指我国在生产力落后、商品经济不发达条件下建设社会主义必然要经历的特定阶段。与社会主义初级阶段相适应，中国共产党提出了“中国式现代化”目标，制定了“三步走”和“新三步走”战略。随着2020年全面建成小康社会的实现，中国共产党又提出了新时代的“两步走”战略，为实现社会主义现代化强国进行了具体规划。正如习近平总书记所指出的：“社会主义初级阶段不是一个静态、一成不变、停滞不前的阶段，也不是一个自发、被动、不用费多大气力自然而然就可以跨过的阶段，而是一个动态、积极有为、始终洋溢着蓬勃生机活力的过程，是一个阶梯式递进、不断发展进步、日益接近质的飞跃的量的积累和发展变化的过程。全面建设社会主义现代化国家、基本实现社会主义现代化，既是社会主义初级阶段我国发展的要求，也是我国社会主义从初级阶段向更高阶段迈进的要求。”[1] 立足新发展阶段，中国共产党以实现社会主义现代化和中华民族伟大复兴为目标，进一步推进社会主义现代化各项事业，为我国从社会主义初级阶段向更高阶段发展奠定基础。中国共产党提出的社会主义初级阶段理论深化了我们对社会主义建设道路的认识，发展了科学社会主义关于社会主义发展阶段论的观点，使科学社会主义在21世纪焕发出新的生命力。

[1] 中共中央宣传部编：《习近平新时代中国特色社会主义思想学习问答》，学习出版社、人民出版社2021年版，第125页。

晏 荣 中央党史和文献研究院第四研究部

百年来中国共产党对国际共产主义运动的贡献

国际共产主义运动旨在推翻资本主义、实现无产阶级的解放，最终目标是实现共产主义，实现人的自由全面发展。中国共产党的百年历程是国际共产主义运动的重要组成部分。百年来，中国共产党团结带领中国人民进行的革命、建设和改革实践丰富和发展了国际共产主义运动，为国际共产主义运动作出了重大实践贡献、理论贡献、制度贡献和文化贡献，为无产阶级的解放和人的自由全面发展开辟了新境界。

国际共产主义运动旨在推翻资本主义、实现无产阶级的解放，最终目标是实现共产主义，实现人的自由全面发展。这是一个崇高的、远大的理想，不能一蹴而就。辩证唯物主义和历史唯物主义表明，共产主义远大目标是在历史长河中一个个具体目标实现的基础上实现的。马克思、恩格斯指出："共产党人为工人阶级的最近的目的和利益而斗争，但是他们在当前的运动中同时代表运动的未来。"[1] 在不同国家以及社会的不同发展阶段，国际共产主义运动的具体目标是有差别的，无产阶级及其政

[1] 《马克思恩格斯文集》第二卷，人民出版社 2009 年版，第 65 页。

党要完成自身的历史使命，实现共产主义，就必须根据特定的社会历史条件设置具体的、科学的、可及的目标。

100年来，中国共产党领导中国人民进行了艰苦卓绝、成就斐然的伟大斗争，谱写了国际共产主义运动的壮丽篇章。可以说，百年党史是中国共产党领导中国人民进行革命、建设和改革的奋斗史，是克服重重困难、不断创造辉煌的创业史，是赓续红色血脉、不断发展创新的开拓史，是为人类解放事业持续贡献力量和创造的斗争史。中国共产党对国际共产主义运动的贡献可以从以下四个方面进行阐释。

一、探索并形成符合中国实际的新民主主义革命道路、社会主义改造和社会主义建设道路、中国特色社会主义道路，为国际共产主义运动作出重大实践贡献

中国共产党在百年革命、建设和改革实践中，“坚持从我国国情出发，探索并形成了符合中国实际的新民主主义革命道路、社会主义改造和社会主义建设道路、中国特色社会主义道路”[1]，为国际共产主义运动作出重大实践贡献。“一百年来，党领导人民经过波澜壮阔的伟大斗争，中国人民彻底摆脱了被欺负、被压迫、被奴役的命运，成为国家、社会和自己命运的主人，人民民主不断发展，十四亿多人口实现全面小康，中国人民对美好生活的向往不断变为现实。”[2]

---

[1] 习近平:《关于坚持和发展中国特色社会主义的几个问题》,《求是》2019年第7期。

[2] 《中共中央关于党的百年奋斗重大成就和历史经验的决议》，人民出版社2021年版，第62页。

（一）探索并形成新民主主义革命道路

1840 年鸦片战争之后的 100 余年，是西方资本主义快速发展、扩张，由自由资本主义逐步演变为帝国主义并发展壮大的时期，也是中国在全球化的裹挟和列强的蹂躏下，逐渐由封建社会沦落为半殖民地半封建社会，中国人民遭受帝国主义、封建主义和官僚资本主义“三座大山”残酷压迫的时期。在这期间，山河破碎，战乱频仍，人民饥寒交迫，备受奴役，中华民族面临亡国灭种的重大危机。但是，中国人民没有屈服于现状，无数仁人志士前赴后继、屡败屡战、不屈不挠，掀起了一次又一次救亡图存运动。遗憾的是，太平天国运动、洋务运动、戊戌变法、义和团运动、辛亥革命，均没有完成争取民族独立和谋求近代化的旧民主主义革命任务。

随着俄国十月革命的成功，在新文化运动和五四运动的推动下，马克思主义在中华大地迅速传播，各地涌现出多个共产党早期组织，以陈独秀、李大钊等为代表的马克思主义者积极投身工人运动的洪流当中，为工人运动的发展提供了正确的理论指引，也为中国共产党的正式成立奠定了思想基础和组织基础。在共产国际的帮助下，1921 年，中国共产党正式成立，并登上中国政治舞台。

中国共产党的成立，“是一九一九年‘五四’运动以后中国工人运动发展的结果，是近代中国历史发展的结果”[1]，是国际共产主义运动发展的重要成果；反过来，中国共产党的革命实践也丰富和发展了国际共

[1] 中共中央文献研究室、中央档案馆编:《建党以来重要文献选编（1921—1949）》第 20 册，中央文献出版社 2011 年版，第 317 页。

产主义运动。在 28 年艰苦卓绝的伟大斗争中，中国共产党从早期的不成熟，到逐渐认识到必须将马克思主义基本原理与中国具体实际结合起来，独立自主地领导中国革命，团结带领中国人民取得了新民主主义革命的胜利，建立了中华人民共和国，为人类解放事业作出重大贡献。

马克思、恩格斯强调，共产党人和无产阶级政党的“最近目的”是“使无产阶级形成为阶级，推翻资产阶级的统治，由无产阶级夺取政权”[1]。继俄国十月革命证明了社会主义可以首先在一国，特别是资本主义最薄弱环节取得胜利之后，以毛泽东同志为主要代表的中国共产党人在条件比俄国更为恶劣的中国，进一步发展了马克思、列宁关于工农联盟的思想，探索出一条农村包围城市、开展土地革命、武装夺取政权的中国式革命道路，击退了日本帝国主义的侵略，推翻了国民党的反动统治，彻底废除了列强强加给中国的一切不平等条约，取得了新民主主义革命的伟大胜利，建立了新中国，实现了马克思、恩格斯所说的“最近目的”。新中国的成立彻底结束了旧中国半殖民地半封建社会的历史，解放了世界上 1/4 的人口，实现了中国从几千年封建专制政治向人民民主的伟大飞跃。这是国际共产主义运动历史上第一个通过走农村包围城市道路实现无产阶级专政的社会主义大国，是对马克思主义立场观点方法的彻底贯彻和发展，也是对马克思主义和国际共产主义运动的发展。

（二）探索并形成社会主义改造和社会主义建设道路

新中国的建立标志着新民主主义革命的完成，中国步入了新民主主

[1] 《马克思恩格斯文集》第二卷，人民出版社 2009 年版，第 44 页。

义社会。早在1940年，抗日战争还处于艰难的相持阶段之时，毛泽东就高瞻远瞩地思考了中国向何处去、要建立一个怎样的新中国等关乎国家和民族存亡兴衰的重大问题。他提出，我们要建立的是有新政治、新经济、新文化的新中国，是“一个政治上自由和经济上繁荣的中国”，“一个被新文化统治因而文明先进的中国”。[1]马克思、恩格斯指出，“共产主义革命就是同传统的所有制关系实行最彻底的决裂”[2]。新中国成立伊始，在一穷二白的背景下，中国共产党正确领导中国人民，在短时间内，在全国范围内完成对农业、手工业和资本主义工商业的社会主义改造，建立了生产资料社会主义公有制，在世界上人口最多的国家消灭了一切剥削制度，确立了社会主义经济制度，探索了一条经济文化落后国家向社会主义过渡的改造之路。与此同时，随着人民代表大会制度、共产党领导的多党合作和政治协商制度、民族区域自治制度等根本性、基本性制度的建立，我国的社会主义政治制度也逐步建立起来。社会主义基本制度在中国大地上开始生根发芽。这是中华民族有史以来最为广泛而深刻的社会变革，为之后的一切发展进步奠定了根本政治前提和制度基础，为中国发展富强、中国人民生活富裕奠定了坚实基础。第二次世界大战后，社会主义从一国发展到多国。新中国的加入以及社会主义改造的完成，无疑是社会主义阵营蓬勃发展的强心剂。作为人口最多的、东方最大的国家，社会主义中国的建立壮大了社会主义阵营，推动了国际共产主义运动的发展。

社会主义基本制度确立之后，我国正式迈入社会主义的康庄大道。

---

[1] 《毛泽东选集》第二卷，人民出版社1991年版，第663页。

[2] 《马克思恩格斯文集》第二卷，人民出版社2009年版，第52页。

事实上，在社会主义改造开始之前，为尽快改变新中国贫穷落后的面貌，我国从1951年就着手编制第一个五年计划，准备进行有计划的经济建设。从1953年开始，党中央把经济建设工作放在整个国家生活中的首要位置，正式开始实施第一个五年计划。到“文化大革命”发动前夕，我国已经初步建立起独立的比较完整的工业体系，为社会主义现代化建设奠定了重要的物质技术基础。[1]

但是，这条道路并不是现成的，有时候甚至不平坦也不宽阔。尽管有苏联社会主义建设的巨大成就摆在面前，有苏联模式可资学习借鉴，同时苏联也对我国进行了人、财、物等多方面的大量援助，但是，以毛泽东同志为主要代表的党和国家领导人敏锐地意识到，并没有一条现成的社会主义道路摆在那里，也不能照抄照搬苏联模式，必须依据自身国情积极探索，要走出一条适合中国的社会主义道路，自主进行社会主义建设。探索的过程并不顺利，“大跃进”运动、农村人民公社化运动等“左”倾错误是中国共产党在寻找中国社会主义建设途径过程中遭遇的典型挫折，直到发生“文化大革命”，“使党、国家和人民遭到建国以来最严重的挫折和损失”[2]。

（三）探索并形成中国特色社会主义道路

20世纪六七十年代，现代化浪潮随着经济全球化的进一步发展奔涌

[1] 参见中共中央党史研究室：《中国共产党的九十年》（社会主义革命和建设时期），中共党史出版社、党建读物出版社2016年版，第464页。

[2] 中共中央党史研究室第一研究部、中共中央党史研究室第二研究部、中共中央党史研究室第三研究部编：《两个历史问题的决议及十一届三中全会以来党对历史的回顾（简明注释本）》，中共党史出版社2013年版，第100页。

向前，西方国家乘着第三次工业革命的东风，迅速发展；东方的“亚洲四小龙”抓住西方发达国家产业转移的机遇，迅速崛起。但是，中国仍在“以阶级斗争为纲”的桎梏中徘徊不前。长时间的“左”倾错误使中国建设社会主义的探索遇到了重大挫折，“文化大革命”十年浩劫令中国经济濒临崩溃的边缘，错失了重要的发展机遇期、窗口期。直到 1978 年，党的十一届三中全会召开，党中央作出实行改革开放的英明决定，社会主义现代化建设由此进入新时期，以邓小平同志为主要代表的中国共产党人逐步开辟出一条中国特色社会主义道路，为国际共产主义运动的发展注入了极大的生机和活力。

改革开放是中国发展的关键一招。党的十一届三中全会作出把党和国家工作重心转移到经济建设上来、实现改革开放的历史性决策。这是对马克思主义立场观点方法的灵活运用。党的十二大提出“建设有中国特色的社会主义”的重大命题，改革开放由此全面展开。改革首先从农村取得突破，从家庭联产承包责任制开始进行农村改革，并在农村改革的推动下，开启并不断拓展城市改革的广度和深度，经济、政治、文化、社会、生态等各个领域、各方面体制机制发生革命性变革，整个社会呈现出蒸蒸日上的局面。

方向决定道路，道路决定命运。在中国共产党的带领下，中国挺过了东欧剧变、苏联解体引发的国际共产主义运动和世界社会主义运动低潮期，打破了所谓“历史终结论”的预言。在这个过程中，中国既没有停止改革开放，也没有走向封闭僵化，更没有接受西方那一套所谓的“自由民主”、改旗易帜。中国共产党带领中国人民走的是独立自主、开放进取、谋求发展、为人民谋幸福的中国特色社会主义这条康庄大道。

实践已经证明，这条道路是正确的、成功的。作为迥异于苏联模式的社会主义新路，中国特色社会主义道路为国际共产主义运动的发展注入了极大的生机和活力，为世界人民提供了一种新的选择，极大地影响了世界格局的发展演变。

2021 年 2 月 25 日，习近平总书记在全国脱贫攻坚总结表彰大会上庄严宣告：“经过全党全国各族人民共同努力，在迎来中国共产党成立一百周年的重要时刻，我国脱贫攻坚战取得了全面胜利，现行标准下 9899 万农村贫困人口全部脱贫，832 个贫困县全部摘帽，12.8 万个贫困村全部出列，区域性整体贫困得到解决，完成了消除绝对贫困的艰巨任务，创造了又一个彪炳史册的人间奇迹！”[1] 在庆祝中国共产党成立 100 周年大会上，习近平总书记代表党和人民再次庄严宣告，“经过全党全国各族人民持续奋斗，我们实现了第一个百年奋斗目标，在中华大地上全面建成了小康社会”，“正在意气风发向着第二个百年奋斗目标迈进”。[2] 随着中国特色社会主义进入新时代，中国日益成为国际共产主义运动的中流砥柱。

在中华民族伟大复兴战略全局和世界百年未有之大变局的双重影响下，中国的发展面临更多风险与挑战。党的十九大报告强调：“全党要更加自觉地增强道路自信、理论自信、制度自信、文化自信，既不走封闭僵化的老路，也不走改旗易帜的邪路，保持政治定力，坚持实干兴邦，

[1] 习近平：《在全国脱贫攻坚总结表彰大会上的讲话》，人民出版社 2021 年版，第 1 页。

[2] 习近平：《在庆祝中国共产党成立 100 周年大会上的讲话》，人民出版社 2021 年版，第 2 页。

始终坚持和发展中国特色社会主义。”[1]

经过几十年、几代共产党人带领中国人民筚路蓝缕、披荆斩棘的艰难探索，中国共产党终于开拓创新出中国特色社会主义这条康庄大道，成功破解了“什么是社会主义、怎样建设社会主义”的历史性难题。这条道路是被实践证明了的实现中华民族伟大复兴和人民生活幸福的必由之路。在中国共产党的带领下，中国人民已经跨入全面建设社会主义现代化国家的新征程，正意气风发地朝着实现中华民族伟大复兴的宏伟目标坚定前行。中国共产党领导中国人民走出的中国式现代化道路，“创造了人类文明新形态，拓展了发展中国家走向现代化的途径，给世界上那些既希望加快发展又希望保持自身独立性的国家和民族提供了全新选择”[2]。

二、形成一系列马克思主义中国化理论成果，为国际共产主义运动作出重大理论贡献

中国共产党在百年革命、建设和改革实践中不断发展马克思主义，形成了一系列马克思主义中国化理论成果，为国际共产主义运动作出重大理论贡献。中国共产党为什么能，中国特色社会主义为什么好，归根到底是马克思主义行，是中国化时代化的马克思主义行。百年风雨兼程，中国共产党在领导中国人民探寻民族复兴的伟大征程中，在解放思想和

[1] 习近平:《决胜全面建成小康社会 夺取新时代中国特色社会主义伟大胜利——在中国共产党第十九次全国代表大会上的报告》，人民出版社 2017 年版，第 17 页。

[2] 《中共中央关于党的百年奋斗重大成就和历史经验的决议》，人民出版社 2021 年版，第 64 页。

实事求是、固本培元和守正创新的辩证统一中执着前行，既始终高举马克思列宁主义真理的旗帜，又灵活运用马克思主义立场观点方法，紧密结合中国实际，不断推进马克思主义基本原理与中国具体实际相结合、同中华优秀传统文化相结合，不断发展和完善马克思主义，不断推进马克思主义中国化时代化，形成了一系列马克思主义中国化的理论成果：毛泽东思想、中国特色社会主义理论体系和习近平新时代中国特色社会主义思想，构筑了坚强的理论自信。

（一）马克思主义中国化的第一次历史性飞跃：创立毛泽东思想

毛泽东思想诞生于新民主主义革命时期，发展于社会主义革命和建设时期，是以毛泽东同志为核心的党的第一代中央领导集体在革命失败的惨痛经历中痛定思痛、不断总结失误教训的基础上，创造性地将马克思列宁主义基本原理同中国特殊国情相结合创造的理论成果，是中国共产党在领导中国人民进行社会主义改造和建设过程中创造出来的中国化的马克思主义，是马克思主义中国化的第一次历史性飞跃。从“以俄为师”、唯共产国际的指示马首是瞻，到开辟出以农村包围城市、最后夺取全国胜利的革命道路；从学习苏联模式，到建立起适应中国国情的制度体系，中国共产党在毛泽东思想的指引下从一个胜利走向又一个胜利。

“革命不能输出，亦不能输入，而只能由每个民族内部的发展所引起。”[1] 1938 年 9—11 月，中国共产党在延安召开扩大的六届六中全会，毛泽东第一次正式提出“马克思主义中国化”命题。他强调，要“把马

[1] 中共中央文献研究室、中央档案馆编：《建党以来重要文献选编（1921—1949）》第 20 册，中央文献出版社 2011 年版，第 318 页。

克思主义应用到中国具体环境的具体斗争中去，而不是抽象地应用它”，提出“马克思主义的中国化，使之在其每一表现中带着中国的特性，即是说，按照中国的特点去应用它”。[1]1943 年，《中共中央关于共产国际执委主席团提议解散共产国际的决定》指出，“中国共产党人必将继续根据自己的国情，灵活地运用和发挥马克思列宁主义”[2]。毛泽东在《新民主主义论》中阐明了新民主主义革命的路线和纲领，提出了新民主主义革命的任务、政治纲领、经济纲领、文化纲领，科学地提出中国革命分为民主主义和社会主义两个步骤，从理论上解决了困扰已久的像中国这样的经济文化落后国家的革命性质和社会性质问题。

在新民主主义理论的指导下，建立伊始的新中国完成了由新民主主义社会向社会主义社会的过渡，并开始社会主义建设的探索。1956 年 4 月，毛泽东在中央书记处会议上明确提出，“要把马克思主义的基本原理同中国实际进行第二次结合”，以实现“完全地系统地掌握中国社会主义革命和建设的规律”。[3] 在探索社会主义建设的征途中，以毛泽东同志为主要代表的中国共产党人，在实践中形成了对社会主要矛盾的重要论断，系统阐述了社会主义基本矛盾、主要矛盾和人民内部矛盾学说，作出我国处于“不发达的社会主义阶段”等重要论断，进行了重大理论创

[1] 中共中央文献研究室、中央档案馆编：《建党以来重要文献选编（1921—1949）》第 15 册，中央文献出版社 2011 年版，第 651 页。

[2] 中共中央文献研究室、中央档案馆编：《建党以来重要文献选编（1921—1949）》第 20 册，中央文献出版社 2011 年版，第 318 页。

[3] 中共中央党史研究室：《中国共产党的九十年》（社会主义革命和建设时期），中共党史出版社、党建读物出版社 2016 年版，第 466 页。

新。[1]“这些独创性理论成果至今仍有重要指导意义。”[2]

毛泽东思想指导下取得巨大成功的中国革命，也激励和支持了广大亚非拉人民奋起反抗帝国主义殖民统治的斗争，最终摧毁了帝国主义在全球的殖民体系。20 世纪 50 年代中期以后，亚非拉国家反对帝国主义、殖民主义、争取和维护民族独立的运动逐渐高涨。“积极支持亚非拉争取和维护民族独立运动，成为我国外交工作的重要任务。”[3]针对 50 年代末 60 年代初的国际形势，毛泽东提出“中间地带”问题。在这一重要论断的指导下，中国共产党“从社会主义反对帝国主义的战略出发”[4]，积极争取“中间地带”，既为新中国处于艰难处境的外交工作打开了新局面，又支持了亚非拉人民反抗殖民主义、霸权主义的斗争，为广大被压迫民族的解放提供了有力的支持。

（二）马克思主义中国化新的飞跃：形成中国特色社会主义理论体系

在改革开放的伟大实践中，中国共产党丰富和发展了马克思列宁主义、毛泽东思想，先后形成了包括邓小平理论、“三个代表”重要思想和科学发展观在内的中国特色社会主义理论体系，“科学回答了建设中国特色社会主义的发展道路、发展阶段、根本任务、发展动力、发展战略、政治保证、祖国统一、外交和国际战略、领导力量和依靠力量等一系列

[1] 参见金民卿：《马克思主义中国化思想发展的百年历程》，《思想理论教育导刊》2021 年第 3 期。

[2] 《中共中央关于党的百年奋斗重大成就和历史经验的决议》，人民出版社 2021 年版，第 13 页。

[3] 中共中央党史研究室：《中国共产党的九十年》（社会主义革命和建设时期），中共党史出版社、党建读物出版社 2016 年版，第 537 页。

[4] 同上书，第 538 页。

基本问题”[1]，这是马克思主义中国化新的飞跃。这些创新理论秉持人民立场，直面中国在建设和改革过程中遇到的一系列难题，站在人民的角度解决、克服改革开放历史进程中的一切问题与困难，进一步深化了对共产党执政规律、社会主义建设规律和人类社会发展规律的认识。

邓小平理论是以邓小平同志为主要代表的中国共产党人在改革开放新时期形成的重大理论创新成果，是马克思主义基本原理与当代中国具体实际相结合的产物。它紧紧围绕“什么是社会主义、怎样建设社会主义”这个根本问题，对经济、政治、科技、教育、文化、民族、军事、外交、统一战线、党的建设等各个方面进行了深入系统的阐述。社会主义本质论、以经济建设为中心的思想、“三步走”发展战略等，比较系统地回答了在经济社会比较落后的国家怎样建设社会主义、怎样坚持和发展社会主义的问题，响亮提出了“建设有中国特色的社会主义”的口号。

党的十三届四中全会以后，以江泽民同志为主要代表的中国共产党人在世情、国情、党情发生深刻变化的情况下，进一步回答了“什么是社会主义、怎样建设社会主义”的问题，并创造性地回答了“建设什么样的党、怎样建设党”的问题，形成了“三个代表”重要思想。在这一思想的指导下，中国共产党团结带领全国人民战胜了政治风波、亚洲金融危机等重大风险挑战，进一步拓展和巩固了党的执政基础。

党的十六大以后，以胡锦涛同志为主要代表的中国共产党人，直面我国社会主义现代化建设中遇到的问题难题，立足我国仍处于社会主义初级阶段的基本国情，总结我国发展实践，借鉴国外发展经验，适应新

[1] 《中共中央关于党的百年奋斗重大成就和历史经验的决议》，人民出版社 2021 年版，第 17—18 页。

的发展要求，提出科学发展观，突出以人为本，要求做到全面协调可持续的发展。

（三）马克思主义中国化时代化新的飞跃：创立习近平新时代中国特色社会主义思想

当历史的车轮驶入新时代，中国所处的历史方位、发展阶段，面临的社会主要矛盾、机遇与挑战、国际环境等均发生了深刻变化。新的时代呼唤新的理论，新的正确的理论也必将指导人们把握时代大势，踏实走好每一步路。站在新的历史方位，以习近平同志为主要代表的中国共产党人坚持把马克思主义基本原理同中国具体实际相结合、同中华优秀传统文化相结合，在坚持毛泽东思想、邓小平理论、“三个代表”重要思想和科学发展观的基础上，从新的实际出发，创立了习近平新时代中国特色社会主义思想。

习近平新时代中国特色社会主义思想，“就新时代坚持和发展什么样的中国特色社会主义、怎样坚持和发展中国特色社会主义，建设什么样的社会主义现代化强国、怎样建设社会主义现代化强国，建设什么样的长期执政的马克思主义政党、怎样建设长期执政的马克思主义政党等重大时代课题，提出一系列原创性的治国理政新理念新思想新思路”[1]。习近平新时代中国特色社会主义思想围绕治党治国治军、内政外交国防、改革发展稳定，不断深化对中国特色社会主义、国际大势和历史发展趋势的认识，提出了一系列重要理念、重大论断、重要观点。比如，明确

[1] 《中共中央关于党的百年奋斗重大成就和历史经验的决议》，人民出版社 2021 年版，第 25—26 页。

了新时代我国社会主要矛盾是人民日益增长的美好生活需要和不平衡不充分的发展之间的矛盾；提出以人民为中心的发展思想；明确中国特色社会主义事业总体布局和战略布局；明确全面从严治党战略方针；等等。诸如人类命运共同体的重要理念已经不仅仅指导国内发展，更被写入联合国决议，为人类和世界的发展贡献了中国智慧、提供了中国方案。

习近平新时代中国特色社会主义思想是马克思主义中国化时代化的最新成果，“是当代中国马克思主义、二十一世纪马克思主义，是中华文化和中国精神的时代精华，实现了马克思主义中国化新的飞跃”[1]，对国际共产主义运动作出了原创性的、时代性的贡献。

三、形成中国特色社会主义制度体系，为国际共产主义运动作出重大制度贡献

中国共产党在领导中国人民进行革命、建设和改革的过程中，逐渐建立、不断健全中国特色社会主义制度体系，为国际共产主义运动作出重大制度贡献。党的十九届四中全会对我国的制度体系进行了系统梳理，将其分为根本制度、基本制度、重要制度等层次，这一梳理具有重大理论意义和实践意义。中国特色社会主义制度是党和人民在长期实践探索中形成的科学制度体系，是进行国家治理的根本遵循。

[1] 《中共中央关于党的百年奋斗重大成就和历史经验的决议》，人民出版社 2021 年版，第 26 页。

（一）根本制度保障中国特色社会主义正确方向

《中共中央关于坚持和完善中国特色社会主义制度、推进国家治理体系和治理能力现代化若干重大问题的决定》指出，中国共产党的领导、人民代表大会制度、马克思主义在意识形态领域指导地位、党对人民军队的绝对领导是中国特色社会主义根本制度。这些根本制度体现了中国特色社会主义本质特征和国家性质，从根本上保证中国特色社会主义方向。其中，中国共产党领导是中国特色社会主义最本质的特征，是中国特色社会主义制度的最大优势。建设中国特色社会主义就要坚持和完善党的领导这一根本制度。国际共产主义运动的历史告诉我们，坚持并不断发展完善无产阶级政党的领导，就能战胜革命、建设和改革中的一切艰难险阻；相反，如果党的领导地位被弱化，甚至被取消，那么离失败就不远了。2021 年既是中国共产党成立 100 百年，也是苏联解体 30 周年。从时间上看，苏联取消苏共执政党地位所造成的灾难性后果离我们并不遥远，我们对之也并不陌生，必须引以为鉴。苏联解体是从戈尔巴乔夫实施公开性、民主化改革开始的。改革取消了马克思主义在意识形态领域的指导地位，对苏共的历史、苏联领导人进行了抹黑、虚无化，苏共进一步失去了民心，而后苏共失去执政地位，最后导致苏联解体，社会主义制度在苏联覆灭。

除此之外，人民代表大会根本制度、马克思主义在意识形态领域指导地位根本制度、党对人民军队的绝对领导根本制度都从根本上确保了国家的社会主义性质和人民当家作主的地位。

（二）基本制度充分体现社会主义性质

中国特色社会主义基本制度是体现我国社会主义性质，规定着国家政治生活、经济生活基本原则，对国家经济社会发展具有重大影响的制度。中国共产党领导的多党合作和政治协商基本政治制度能够真实、广泛、持续代表和实现最广大人民根本利益，充分彰显人民当家作主的社会主义民主的本质。民族区域自治基本政治制度是中国共产党为解决我国民族问题、批判地吸收包括苏联民族制度在内的经验教训所进行的具有创造性的制度安排，较好地解决了困扰世界上绝大多数国家的民族问题。基层群众自治基本政治制度有力彰显了我国社会主义民主的显著优势和独有特色，充分展现了我国社会主义民主的广泛性和真实性，走出了一条不同于西方民主的、全过程的社会主义民主政治道路。社会主义基本经济制度把社会主义制度和市场经济有机结合起来，不断解放和发展社会生产力，是确保中华民族伟大复兴、人民幸福目标实现的基础性制度。

习近平总书记指出："一个国家选择什么样的国家制度和国家治理体系，是由这个国家的历史文化、社会性质、经济发展水平决定的……是经过革命、建设、改革长期实践形成的，是马克思主义基本原理同中国具体实际相结合的产物，是理论创新、实践创新、制度创新相统一的成果，凝结着党和人民的智慧，具有深刻的历史逻辑、理论逻辑、实践逻辑。"[1] 中国特色社会主义制度的建立和完善，不是一朝一夕之功，是在

[1] 《习近平谈治国理政》第三卷，外文出版社 2020 年版，第 119 页。

革命、建设和改革的百年历程中不断探索、逐步建立、演化而来的，经历了新中国成立时建立的新民主主义制度，到社会主义建设时期的社会主义制度，再到改革开放以来中国特色社会主义制度的发展过程。

根本制度、基本制度以及一系列更加广泛、具体的中国特色社会主义重要制度是中国特色社会主义行稳致远的结构性保证，是在日益复杂严峻的国内国际环境下，形成“中国之治”与“西方之乱”鲜明对比的根本保障。在世界百年未有之大变局下，美西方与中国的较量已经不再是单纯的经济战、贸易战，而是上升到了两种制度竞争的高度。中国特色社会主义制度体系为我们打赢这场美西方针对我国的围追堵截的阻击战，成功跨越“修昔底德陷阱”，防范化解政治、意识形态、经济、科技、社会、生态等各领域各类重大风险挑战，防止“黑天鹅”“灰犀牛”“蝴蝶效应”，提供了坚实的基础。坚持和完善中国特色社会主义制度，不断推进国家治理体系和治理能力现代化、提高治理能力，是确保国家政治稳定、经济发展、社会和谐、文化进步、生态良好的基础性保障，是实现第二个百年奋斗目标、实现中华民族伟大复兴中国梦的必然要求，为国际共产主义运动在中国的进一步发展奠定了基础。同时，中国特色社会主义制度也为世界上想实现独立自主、繁荣发展的国家和民族提供了参考。

四、形成中国特色社会主义文化，为国际共产主义运动作出重大文化贡献

文化彰显着一个国家的精神信仰与价值观，具有强烈的民族性、历

史性和鲜明的时代性。中国共产党在百年革命、建设和改革实践中形成了中国特色社会主义文化，为国际共产主义运动作出重大文化贡献。党的十九大报告强调："必须坚持马克思主义，牢固树立共产主义远大理想和中国特色社会主义共同理想，培育和践行社会主义核心价值观，不断增强意识形态领域主导权和话语权，推动中华优秀传统文化创造性转化、创新性发展，继承革命文化，发展社会主义先进文化，不忘本来、吸收外来、面向未来，更好构筑中国精神、中国价值、中国力量，为人民提供精神指引。"[1]中华优秀传统文化、革命文化和社会主义先进文化的有机结合，丰富了国际共产主义运动的文化内涵，为国际共产主义运动的进一步深化和发展提供了更为丰富的文化滋养。

（一）对中华优秀传统文化的深入挖掘和继承，给中国特色社会主义文化增添了文化底蕴和底色

毛泽东指出："中国共产党人是我们民族一切文化、思想、道德的最优秀传统的继承者，把这一切优秀传统看成和自己血肉相连的东西，而且将继续加以发扬光大。"[2]习近平总书记在庆祝中国共产党成立100周年大会上的讲话中强调，要"坚持把马克思主义基本原理同中国具体实际相结合、同中华优秀传统文化相结合"[3]。推进马克思主义中国化，必须植根中国历史和中华传统文化、立足中国实践和具体国情。习近平总

[1] 习近平:《决胜全面建成小康社会　夺取新时代中国特色社会主义伟大胜利——在中国共产党第十九次全国代表大会上的报告》，人民出版社 2017 年版，第 23 页。

[2] 中共中央文献研究室、中央档案馆编:《建党以来重要文献选编（1921—1949）》第 20 册，中央文献出版社 2011 年版，第 318 页。

[3] 习近平:《在庆祝中国共产党成立 100 周年大会上的讲话》，人民出版社 2021 年版，第 13 页。

书记强调："文明特别是思想文化是一个国家、一个民族的灵魂。无论哪一个国家、哪一个民族，如果不珍惜自己的思想文化，丢掉了思想文化这个灵魂，这个国家、这个民族是立不起来的。"[1]

中华文明作为世界上唯一未曾中断、延绵至今的文明，在5000年的岁月洗礼中，历经大浪淘沙。历史筛选出的中华优秀传统文化源远流长，是广大人民群众坚定文化自信的源泉，为马克思主义中国化提供了发展、创新的文化沃土，为国家和民族的传承与发展提供了根本性支撑和智慧支持，是我国的独特优势。可以说，中华5000年文明是中国特色社会主义的底色，"中国特色"是中国特色社会主义成功的关键。"大同""和而不同""美美与共"等理念不仅深深刻在了中国人的文化基因里，在当今世界也发挥着日益重要的作用，为世界人民提供了更为丰富的选择。

（二）革命文化是中国特色社会主义文化的力量源泉

"100年来，中国共产党带领中国人民不但创造了伟大的物质文明，更铸就了中国共产党人的革命精神。"[2]以坚持真理、坚守理想，践行初心、担当使命，不怕牺牲、英勇斗争，对党忠诚、不负人民的伟大建党精神为源头和代表，中国共产党在百年奋斗历程中形成了井冈山精神、苏区精神、长征精神、遵义会议精神、延安精神、抗战精神、西柏坡精神、抗美援朝精神、"两弹一星"精神、大庆精神（铁人精神）、改革开放精神、抗洪精神、抗震救灾精神、脱贫攻坚精神、抗疫精神等革命精

[1] 中共中央文献研究室编：《习近平关于社会主义文化建设论述摘编》，中央文献出版社2017年版，第5页。

[2] 吴德刚：《革命精神是党的宝贵财富》，《百年潮》2021年第5期。

神，构建起中国共产党人的精神谱系和革命文化。

革命文化是中国共产党的宝贵财富，是中国共产党人艰苦奋斗、敢于牺牲奉献、勇于开拓进取的精神源泉，是能够团结带领中国人民克服重重困难，进行革命、建设、改革的力量源泉，体现了中国共产党人的政治品格，折射出中国共产党人不屈不挠、刚健有力、奋发有为的精神风貌，激励着世界上一切追求自由、解放、平等、富强的民族和人民的伟大斗争，是国际共产主义运动的宝贵财富。

（三）社会主义先进文化是文化发展的方向

马克思、恩格斯在《共产党宣言》中指出，共产主义革命在“发展进程中要同传统的观念实行最彻底的决裂”[1]。共产主义的实现不仅涉及经济层面，也涉及包括思想观念、文化在内的各个方面的革新。“思想、观念、意识的生产最初是直接与人们的物质活动，与人们的物质交往，与现实生活的语言交织在一起的。”[2] 中国特色社会主义经济的不断发展、物质财富不断丰富，为中国特色社会主义文化和精神财富的发展与丰富提供了物质基础。随着中国经济的腾飞，人民群众日益增长的美好生活需要已不再限于物质方面，广大人民群众对优秀文化产品和精神食粮的需求也日益增加。作为执政党，中国共产党不仅要坚持马克思主义在意识形态领域的指导地位，弘扬社会主义核心价值观，也要引导个人、社会团体、经济体等一切社会行动者创造、传播、发展社会主义先进文化，而非低俗、落后的文化，引导广大人民群众不断增强文化自信，进而坚

[1] 《马克思恩格斯文集》第二卷，人民出版社 2009 年版，第 52 页。

[2] 《马克思恩格斯文集》第一卷，人民出版社 2009 年版，第 524 页。

定道路自信、理论自信和制度自信。

面对复杂而深刻的国内国际形势变化，作为先进文化代表的中国共产党始终走在理论创新与文化创新的前列，党的创新理论接续回应时代主题，形成了以马克思主义为主导的、凝聚着共产主义远大理想和中国特色社会主义共同理想、爱国主义民族精神以及改革创新时代精神的社会主义先进文化。它不仅是实现中华民族伟大复兴的基础保证，同时也是促进人类文明进步的中国智慧与中国方案。国际共产主义运动 170 多年的历史表明，革命、建设和改革从来不是一帆风顺的，中国共产党、中国人民在革命、建设和改革中形成的这些优秀特质和文化是激励一代又一代人接续奋斗，为实现全人类的解放的伟大奋斗目标的不竭动力。

逝者如斯，经过 100 多年的艰苦奋斗，中国共产党已经从最初拥有 50 多名党员的小党发展为如今拥有 9800 多万名党员的世界上最大的马克思主义执政党，成长为带领中国人民一步步实现美好生活向往和中华民族复兴伟大目标的最佳“创业”团队。雄关漫道真如铁，而今迈步从头越。面对世界百年未有之大变局和波谲云诡的国际形势，新征程已经开启，中国共产党必将一如既往不畏艰难，充满自信地走好新的长征路，将中国特色社会主义之路越走越宽，越走越畅，也必将在全面建设社会主义现代化国家的历史进程中为国际共产主义运动作出更大贡献。

年　玥　中央党史和文献研究院第四研究部

多国共产党热议习近平总书记“七一”重要讲话精神[1]

习近平总书记“七一”重要讲话发表之后，在国际社会引起热议。为深入学习“七一”重要讲话精神，了解讲话在国外共产党中引起的反响和评论，本课题组通过邮件采访了多个国家的共产党领袖，邀请他们就讲话精神发表看法。多国共产党领袖表示，习近平总书记的讲话使世界各国马克思主义者深受鼓舞，讲话中展现的中华民族伟大复兴主题引人瞩目，体现的对中国共产党与中国人民的血肉联系、党的自身建设、党对历史与传统文化的强调，对马克思主义作出的贡献以及对人类命运共同体的关切令人印象深刻。各国共产党受到中国共产党谋求民族复兴的初心使命的鼓舞，充分肯定中国共产党的伟大历史成就，对中国共产党的未来充满信心与期待。

2021年7月1日，习近平总书记在庆祝中国共产党成立100周年大会上发表的重要讲话，在国际社会引起广泛热议。“七一”重要讲话提出了一系列新的重大思想、重大观点、重大论断，是激励全党全国各族人

[1] 本文为“国外共产党关于习近平总书记在庆祝中国共产党成立100周年大会上的重要讲话精神述评”课题组成果。

民向第二个百年奋斗目标进军的政治宣言和行动纲领。

为深入学习贯彻“七一”重要讲话精神，了解讲话在国外共产党中引起的反响和评论，本课题组第一时间给多国共产党领袖及部分马克思主义刊物主编推送了讲话的英文、俄文、法文等多语种版本，邀请他们就讲话的重要精神发表看法。

多国共产党领袖对“七一”重要讲话给予高度评价。俄罗斯联邦共产党中央委员会主席根纳季·久加诺夫在采访中表示，他特地在第一时间（莫斯科时间 7 月 1 日凌晨 3 点）收看了天安门广场庆祝大会的直播，并建议大家仔细阅读这一最新讲话。[1] 俄罗斯科学院哲学研究所首席研究员、国际儒学协会顾问弗拉季连·布罗夫指出，这次讲话“不仅是对中国共产党一百多年来奋斗成果的总结，更是对过去、现在、未来的认真思考，是一份用科学眼光审视中国历史和未来发展前景的纲领性文件。这份报告清晰明确地阐释了中国共产党人成功和胜利的原因”[2]。瑞士共产党总书记马西米利亚诺·阿伊认为，讲话“既是广大中国共产党人的行动指南，也是全世界马克思主义者进行政治反思的思想之源”[3]。芬兰共产党主席尤哈－佩卡·瓦伊萨宁认为，讲话“令人热血沸腾，直击人心，有力地鼓舞了全世界的朋友和共产主义者”[4]。意大利共产党（原意大利共产党人党）总书记、意大利前司法部长、罗马大学法学院院长奥

[1] 参见［俄］久加诺夫:《共同携手，为人类走向美好未来铺平道路》，郭丽双、李卓儒译，《马克思主义与现实》2021 年第 4 期。

[2] ［俄］布罗夫:《中国共产党百年辉煌与未来发展》，郭丽双、王嘉亮译，《马克思主义与现实》2021 年第 5 期。

[3] ［瑞士］阿伊:《中国共产党百年恰是风华正茂》，李凯旋译，《马克思主义与现实》2021 年第 4 期。

[4] 芬兰共产党主席尤哈－佩卡·瓦伊萨宁访谈。

利维耶罗·迪利贝托指出，这一讲话“是对国际共产主义和马克思主义运动理论发展的非凡贡献”[1]。意大利共产党国际部前主任弗斯科·贾尼尼指出，讲话“不仅对中国和中国人民而言具有重要的政治和理论价值，对全世界所有追求独立于帝国主义统治、追求解放和自主发展的国家和人民而言，都具有重要意义”[2]。

一、充分肯定中华民族伟大复兴主题

近代以来，实现中华民族伟大复兴，是中国人民最伟大的梦想。习近平总书记在讲话中指出，在中国共产党和中国人民英勇顽强的奋斗下，在短短百年时间内，中华民族迎来了从站起来、富起来到强起来的伟大飞跃，实现中华民族伟大复兴进入了不可逆转的历史进程。国外共产党非常关注讲话中有关中华民族伟大复兴的主题，并对中国共产党领导中国人民实现中华民族伟大复兴的进程感到惊叹。共产党（意大利）国际部主任阿尔贝托·隆巴尔多说道：“习近平总书记对中国复兴历史的简短回顾，让我意识到中国的复兴历程把我们意大利几个世纪以来所经历的历史——15 和 16 世纪的文艺复兴、19 世纪的复兴运动、20 世纪的抵抗运动——都融合在了一起；而且一个人口如此众多的民族——超过意大利的 20 倍——在一百年内完成了我们在六个世纪内还没有完成的事情！”[3]

[1] 原意大利共产党人党总书记、意大利前司法部长、罗马大学法学院院长奥利维耶罗·迪利贝托访谈。

[2] [意]贾尼尼:《对习近平“七一”讲话精神的几点认识》，李凯旋译，《马克思主义与现实》2021 年第 5 期。

[3] 共产党（意大利）国际部主任阿尔贝托·隆巴尔多访谈。

（一）关于中华民族伟大复兴的道路

当今世界正经历百年未有之大变局，世界进入动荡变革期。近年来西方世界乱象频发，西方之乱已经成为世界不安全不稳定的一个主要根源，西方模式正面临严峻挑战。[1]在这一背景之下，西方国家的共产党迫切想要弄清楚西方之乱与中国之治的原因。

在“七一”讲话中，习近平总书记指出，为了实现中华民族伟大复兴，中国共产党团结带领中国人民，创造了新民主主义革命的伟大成就，为实现中华民族伟大复兴创造了根本社会条件；创造了社会主义革命和建设的伟大成就，为实现中华民族伟大复兴奠定了根本政治前提和制度基础；创造了改革开放和社会主义现代化建设的伟大成就，为实现中华民族伟大复兴提供了充满新的活力的体制保证和快速发展的物质条件；创造了新时代中国特色社会主义的伟大成就，为实现中华民族伟大复兴提供了更为完善的制度保障、更为坚实的物质基础、更为主动的精神力量。共产党（意大利）总书记马可·里佐认为：“与西方否定和破坏过往历史的、时髦且空洞的复兴相反，中国的民族复兴是对历史传承下来的宝贵而积极的事物的继承和吸收，这不是折中主义，也不是毫无原则地添加各种元素，而是创造出一种根植于具体现实的全新事物，这也是对马克思列宁主义的发展。”[2]意大利共产党中央委员弗朗切斯科·马林乔强调：“中国的现代化与民族复兴，并没有重复世界主要资本主义国家所走过的路。中国摆脱半殖民地半封建状态是在新民主主义革命之后的社

[1] 参见张维为:《西方之乱与中国之治的制度原因》,《求是》2017 年第 15 期。

[2] 共产党（意大利）总书记马可·里佐访谈。

会主义建设进程中完成的。”[1] 意大利《21 世纪马克思主义》杂志主编安德烈·卡托内指出：“中国特色社会主义道路与中华民族伟大复兴密不可分，两者是一体的。”[2] 同样，迪利贝托也指出：“中国特色社会主义将中国从半殖民地半封建社会的屈辱中拯救出来，使中国恢复到它在过去几千年中一直扮演的战略角色。”[3]

（二）关于中国共产党与中华民族伟大复兴

“七一”讲话指出，中国共产党一经诞生，就把为中国人民谋幸福、为中华民族谋复兴确立为自己的初心使命。100 年来，中国共产党团结带领中国人民进行的一切奋斗、一切牺牲、一切创造，归结起来就是一个主题：实现中华民族伟大复兴。中国共产党在民族复兴之路上起到的引领作用令各国共产党印象深刻。越南共产党中央理论委员会委员、越南社会科学翰林院原副院长范文德援引了习近平总书记讲话中的语句，“中国共产党成立以来，深刻改变了近代以后中华民族发展的方向和进程，深刻改变了中国人民和中华民族的前途和命运，深刻改变了世界发展的趋势和格局”。范文德指出：“一百年来，中国取得的一切伟大成就表明，没有中国共产党，就没有新中国，就没有中华民族伟大复兴。中国共产党的领导是国家富强、民族复兴、人民幸福的最重要保证。”[4] “从

---

[1] [意] 马林乔：《中国共产党建党百年，初心历久弥坚》，李凯旋译，《马克思主义与现实》2021 年第 4 期。

[2] 意大利《21 世纪马克思》杂志主编安德烈·卡托内访谈。

[3] 原意大利共产党人党总书记、意大利前司法部长、罗马大学法学院院长奥利维耶罗·迪利贝托访谈。

[4] [越南] 范文德：《中国共产党必将在中华民族伟大复兴中发挥关键作用》，闫杰花译，《马克思主义与现实》2021 年第 5 期。

'七一'讲话中可以清楚地看出，中国共产党的历史是中国历史的重要组成部分。而中国共产党的成立，对于近代中国而言，是划时代的历史事件"，马林乔说道，"中国共产党执政后经历的从计划经济到社会主义市场经济的不同阶段，代表了社会主义现代化所必经的各个阶段。中国在过去70余年所发生的巨变，让我们认识到了中国共产党在中国历史发展中不可取代的地位和作用"。[1] 隆巴尔多强调："中国共产党的领导保证了中华民族伟大复兴的方向。"[2] 卡托内指出，"中国共产党是实现中华民族伟大复兴的灵魂、向导、有组织的力量"，在实现"第二个百年"奋斗目标的"伟大征程"上有着巨大的决心。[3]

二、特别强调中国共产党与人民群众的血肉联系

在"七一"讲话中，习近平总书记指出，江山就是人民、人民就是江山，打江山、守江山，守的是人民的心。中国共产党根基在人民、血脉在人民、力量在人民。国外共产党特别强调，习近平总书记的讲话通篇反映了中国共产党与中国人民之间的血肉联系，体现了中国共产党全心全意为人民服务的宗旨。贾尼尼感慨地指出："西方资本主义社会是一个消费社会，它为少数富有的群体服务，而完全忽视已经贫困或接近贫困的大多数人。"他提出，正因为如此，西方共产党人尤其对中国共产党带领中国人

---

[1] [意]马林乔:《中国共产党建党百年，初心历久弥坚》，李凯旋译，《马克思主义与现实》2021年第4期。

[2] 共产党（意大利）国际部主任阿尔贝托·隆巴尔多访谈。

[3] 意大利《21世纪马克思》杂志主编安德烈·卡托内访谈。

民历史性地解决绝对贫困问题，推动全体人民实现共同富裕赞叹不已。[1]

（一）关于党同人民的关系

习近平总书记在讲话中指出："任何想把中国共产党同中国人民分割开来、对立起来的企图，都是绝不会得逞的！ 9500 多万中国共产党人不答应！ 14 亿多中国人民也不答应！ "中国共产党始终把人民作为"源"和"本"，深深植根于人民之中。历史充分表明：赢得人民信任，得到人民支持，中国共产党就能够克服任何困难，就能够无往而不胜。从中国共产党与人民的紧密联系中，国外共产党解读出中国共产党的成功秘诀。隆巴尔多指出："习近平总书记讲话的开篇就将国家、人民和党紧紧地联系在一起。三者形成了不可分割的统一体，而不是三个截然不同的客体。这正是中国共产党百年成就的真正力量源泉和'密码'。"[2] 迪利贝托也指出："如此牢固和密切的关系是中国过去 70 年取得成功的根本原因，中国人民是真正的英雄，党是先锋队和向导。"[3] 范文德指出，中国共产党是"历史和人民选择的党"，因为它"始终代表最广大人民的根本利益，与人民休戚与共、生死相依"。[4] 里佐说道："习近平总书记在讲话中指出，中国共产党始终代表最广大人民根本利益，没有任何自己特殊的利益，从来不代表任何利益集团、任何权势团体、任何特权阶层的利益。

[1] 参见［意］贾尼尼:《对习近平"七一"讲话精神的几点认识》，李凯旋译，《马克思主义与现实》2021 年第 5 期。

[2] 共产党（意大利）国际部主任阿尔贝托 · 隆巴尔多访谈。

[3] 原意大利共产党人党总书记、意大利前司法部长、罗马大学法学院院长奥利维耶罗 · 迪利贝托访谈。

[4] ［越南］范文德:《中国共产党必将在中华民族伟大复兴中发挥关键作用》，闫杰花译，《马克思主义与现实》2021 年第 5 期。

这些话对我们意大利人而言，是如此遥远。这些话让我们回到了意大利曾经存在一个由慷慨无私的同志组成的共产党的时代。这正是我们想要重建的共产党。”[1] 久加诺夫指出，习近平总书记的讲话“充满了对劳动人民的尊重，对中国人民和国际共产主义运动的伟大历史和文化的尊重。中国人民共同工作，创造了现代的中国，国际工人阶级也应当团结起来，为人类走向美好未来铺平道路”[2]。

（二）关于以人民为中心

“七一”讲话中，习近平总书记把“必须团结带领中国人民不断为美好生活而奋斗”放在突出位置加以强调，充分体现了以习近平同志为核心的党中央坚持以人民为中心的发展思想，体现了始终为实现好、维护好、发展好最广大人民根本利益，团结带领中国人民不断为美好生活而奋斗的决心。国外共产党一致认为，以人民为中心的发展理念充分反映出中国共产党的性质和宗旨。范文德指出：“中国共产党坚持以人民为中心、人民当家作主，以保障和改善人民生活和发展为最高目标。这也是马克思主义经典作家所理解的社会主义的目标。这就是中国共产党选择马克思主义、不断推进马克思主义中国化的原因。”[3] 瓦伊萨宁指出：“习近平总书记在讲话中提到的注重人民首创精神，践行以人民为中心的

[1] 共产党（意大利）总书记马可·里佐访谈。

[2] ［俄］久加诺夫：《共同携手，为人类走向美好未来铺平道路》，郭丽双、李卓儒译，《马克思主义与现实》2021 年第 4 期。

[3] ［越南］范文德：《中国共产党必将在中华民族伟大复兴中发挥关键作用》，闫杰花译，《马克思主义与现实》2021 年第 5 期。

发展思想等理念，让我们对中国共产党的第二个百年目标更加神往。”[1] 久加诺夫表示：“我非常赞同习近平同志讲话的中心思想——中国人民是一切工作的中心，党必须了解人民的意愿，必须首先追求人民的福祉，这一点对于我们很有启发。”[2]

三、十分关注中国共产党的自身建设

100年来，中国共产党坚定信仰、不改初衷、团结一致、忘我奉献，克服了前进路上的一个又一个困难与挑战，这离不开中国共产党的自身建设。国外共产党十分关注中国共产党的自身建设，同时对中国共产党的精神特质表示向往。

（一）关于伟大建党精神

在“七一”讲话中，习近平总书记精辟概括了伟大建党精神的深刻内涵，深刻揭示了中国共产党人创造人间奇迹的精神密码。100年来，中国共产党弘扬坚持真理、坚守理想，践行初心、担当使命，不怕牺牲、英勇斗争，对党忠诚、不负人民的伟大建党精神，在长期奋斗中构建起中国共产党人的精神谱系，锤炼出鲜明的政治品格。南非共产党第二副书记克里斯·马特哈科指出：“习近平总书记在讲话中追溯了中国共产党的先驱们一百年前在上海建党后团结带领中国人民所走过的道路。这条

[1] 芬兰共产党主席尤哈－佩卡·瓦伊萨宁访谈译。

[2] ［俄］久加诺夫：《共同携手，为人类走向美好未来铺平道路》，郭丽双、李卓儒译，《马克思主义与现实》2021年第4期。

道路既是重要的学习之路，也是伟大的成就之路。这些成就之所以能够实现，是因为有一个富有韧性的党，坚持走符合中国特色的独特发展道路。在进入下一个百年之际，这些成就对于中国今后的发展仍具有重要意义，中国共产党在新的历史时期将继续发挥关键作用。”[1] 迪利贝托指出：“中国共产党不断进行自我革命，才能应对不同历史时期对一代又一代共产党人提出的挑战，但中国共产党始终忠于自1921年成立以来的建党精神。”[2] 中国共产党的伟大建党精神令各国共产党为之赞叹，中国共产党在行动中彰显的品格亦给各国共产党留下了深刻印象。里佐指出：“令我深受触动的是中国共产党的决心和开放的心胸。中国同志所说的中国特色社会主义，不是向任何人宣讲布道。他们是所有人的榜样，但并不强迫任何人向他们学习。这个世界上，还有谁有这样的道德力量？”[3]

（二）关于勇于自我革命

“七一”讲话指出，勇于自我革命是中国共产党区别于其他政党的显著标志。中国共产党历经千锤百炼而朝气蓬勃，一个很重要的原因就是始终坚持党要管党、全面从严治党，不断应对好自身在各个历史时期面临的风险考验，确保中国共产党在世界形势深刻变化的历史进程中始终走在时代前列，在应对国内外各种风险挑战的历史进程中始终成为全国人民的主心骨。中国共产党拥有自我革命的勇气以及在马克思主义指

---

[1] ［南非］马特哈科：《为建设一个人人共享发展成果的文明世界作贡献》，李凯旋译，《马克思主义与现实》2021年第5期。

[2] 原意大利共产党人党总书记、意大利前司法部长、罗马大学法学院院长奥利维耶罗·迪利贝托访谈。

[3] 共产党（意大利）总书记马可·里佐访谈。

导下践行“党要管党、从严治党”的能力，这一鲜明特征备受各国共产党人的推崇。阿伊指出，习近平总书记“强调了坚守初心使命的必要性，以及与党组织一起同个人利己主义进行勇敢斗争的必要性。对我们瑞士共产党人而言，在如今这个自由主义、享乐主义和个人主义盛行的全球化世界中，听到这些指引人们走向另一个方向的话语，就像呼吸到了新鲜空气一样”[1]。布罗夫指出：“中国共产党不断地进行自我革命，始终坚守先锋队的本色，能够无愧于人民。习近平总书记在‘七一’讲话中重申了在政治实践中进行自我革命的重要性。在习近平的领导下，中国在反腐败方面的突出贡献在国内外广为人知。”[2]

四、积极看待中国历史与传统

在讲话中，习近平总书记多次强调历史与传统文化的重要性，引起各国共产党热议。里佐指出：“习近平总书记的讲话，既有古老的渊源，又极富于时代性和朝气。他的讲话将中国数千年的历史与不可阻挡的复兴动力紧密结合。”[3] 卡托内认为：“中国共产党深深植根于中华民族的历史。”[4] 迪利贝托指出：“习近平总书记在讲话中多次提到中华文明五千年的历史以及中国为全人类发展作出的贡献。中国共产党的成功与中国伟

---

[1] [瑞士]阿伊：《中国共产党百年恰是风华正茂》，李凯旋译，《马克思主义与现实》2021年第4期。

[2] [俄]布罗夫：《中国共产党百年辉煌与未来发展》，郭丽双、王嘉亮译，《马克思主义与现实》2021年第5期。

[3] 共产党（意大利）总书记马可·里佐访谈。

[4] 意大利《21世纪马克思》杂志主编安德烈·卡托内访谈。

大的历史息息相关。”[1] 贾尼尼提出：“习近平总书记在马克思主义和列宁主义思想体系与共产主义者和革命者所在国家的深厚文化之间建立了牢固联系。中国共产党与中华民族数千年的文化密不可分。”[2] 布罗夫指出：“习近平总书记在‘七一’讲话中强调，要把马克思主义基本原理同中华优秀传统文化相结合，这种方法具有开创意义。”[3] 许多国家的共产党都注意到了中国共产党人对于学习党史、汲取历史经验教训的重视。马林乔指出：“7 月 1 日的庆祝大会，是 2021 年全年庆祝中国共产党建党百年系列活动的重要组成部分。这场庆祝大会与中国共产党领导层发起的中共党史学习教育紧密相连。这是保证中国共产党的建党精神与初心使命等红色基因薪火相传的运动。”马林乔注意到中国共产党对于历史与传统的强调是持续而连贯的，他指出，“许多西方马克思主义者，即使不是中国问题专家也发现，中共十八大以来加强了党的政治、道德和思想建设，发起了一场赓续革命精神、培育并坚持一整套光荣传统和优良作风的运动”[4]。国外共产党对于中国共产党以史为师、以史为鉴、继承优良传统的做法给予了充分肯定。

[1] 原意大利共产党人党总书记、意大利前司法部长、罗马大学法学院院长奥利维耶罗·迪利贝托访谈。

[2] [意]贾尼尼:《对习近平“七一”讲话精神的几点认识》，李凯旋译，《马克思主义与现实》2021 年第 5 期。

[3] [俄]布罗夫:《中国共产党百年辉煌与未来发展》，郭丽双、王嘉亮译，《马克思主义与现实》2021 年第 5 期。

[4] [意]马林乔:《中国共产党建党百年，初心历久弥坚》，李凯旋译，《马克思主义与现实》2021 年第 4 期。

五、高度评价中国共产党对马克思主义发展作出的重大贡献

习近平总书记在讲话中指出："马克思主义是我们立党立国的根本指导思想，是我们党的灵魂和旗帜。中国共产党坚持马克思主义基本原理，坚持实事求是，从中国实际出发，洞察时代大势，把握历史主动，进行艰辛探索，不断推进马克思主义中国化时代化，指导中国人民不断推进伟大社会革命。"在新的征程上，中国共产党将继续用马克思主义观察时代、把握时代、引领时代，继续发展当代中国马克思主义、21 世纪马克思主义。瓦伊萨宁认为，这具有重要的示范意义，"从马克思主义者的角度来看，习近平总书记的讲话鼓舞人心"[1]。迪利贝托认为："中国共产党提供了非常重要和原创性的马克思主义意识形态更新，不仅适应中国的现实，且对世界各地的共产主义者都有价值。"[2]

（一）关于对马克思主义的理论贡献

国外共产党认为，习近平总书记讲话对中国共产党百年探索经验的总结充分展示了中国共产党对马克思主义理论发展作出的贡献。贾尼尼指出："习近平总书记的讲话阐明了马克思主义思想体系的历史中心性和现实性。马克思主义在整个中国革命、建设、改革中尤其是在中国特色

[1] 芬兰共产党主席尤哈－佩卡·瓦伊萨宁访谈。

[2] 原意大利共产党人党总书记、意大利前司法部长、罗马大学法学院院长奥利维耶罗·迪利贝托访谈。

社会主义中具有中心地位；同时，为了保持革命思想的活力及反对教条主义，不陷入政治和哲学上的理想主义囹圄，应始终坚持密切联系实际。习近平总书记所表达的思想态度，是以中国特色社会主义的选择和历史的胜利选择为基础的。这种思想态度，是彻底的唯物主义，肯定了不同于西方马克思主义的亚洲科学社会主义的积极意义。”[1] 布罗夫指出："中华人民共和国成立后，中国共产党人面临着一项极其艰巨的任务——在一个人口众多、贫穷落后的亚洲国家建设社会主义。在此之前，没有任何一个共产党完成过这般艰难的任务。实践证明，苏联社会主义的建设经验并不完全适用于中国。经过几十年的摸索，中国共产党积累了必备的实践经验和理论经验，最终正确认识到建立中国特色社会主义的必要性，中国特色社会主义理论、改革开放政策应运而生。在中国共产党领导提出社会主义市场经济概念之前，没有任何一个马克思主义经典作家提及过这一概念。这一理念极具创新性，是对世界马克思主义的伟大贡献。”[2]

（二）关于对坚持和发展马克思主义的评价

各国共产党同时也注意到，中国共产党的百年探索不仅具有理论意义，还具有现实意义，是坚持和推动马克思主义发展的实践典范。久加诺夫指出："中国已经成为向全世界展示如何将马克思列宁主义与本国工

[1] [意]贾尼尼:《对习近平"七一"讲话精神的几点认识》，李凯旋译，《马克思主义与现实》2021 年第 5 期。

[2] [俄]布罗夫:《中国共产党百年辉煌与未来发展》，郭丽双、王嘉亮译，《马克思主义与现实》2021 年第 5 期。

人运动相结合、如何自信地迈向社会主义未来的成功典范。”[1] 贾尼尼认为：“习近平总书记在讲话中强调了共产党在中国和西方资本主义世界的历史必要性，在革命和社会改造中起到的先锋作用。不仅给予了像我们意大利同志这样身处共产主义运动困境中的共产党人以巨大勇气，也给予那些在资本主义文化霸权占主导地位且试图抹去共产主义的政治和理论意识的国家进行活动和战斗的共产党人以勇气。习近平总书记在此次重要讲话中重申了中共十九大报告的观点，强调了中国共产党在捍卫中国特色社会主义以及在面对中国发展可能出现的新挑战时坚持马克思主义指导的作用。习近平同志的讲话，对国际工人运动、对世界社会主义和反帝国主义阵线以及全世界进步主义与和平运动都将产生巨大启示和帮助。”[2]

六、积极回应推动构建人类命运共同体

习近平总书记在“七一”讲话中再次强调，以史为鉴、开创未来，必须不断推动构建人类命运共同体。推动构建人类命运共同体，承载着中国共产党宽广博大的国际情怀、彰显了中国共产党对中华文明的传承弘扬、体现了中国共产党顺应时代潮流的历史自觉，宣示了中国共产党将在实现民族复兴过程中对人类进步作出更大贡献。[3] 从提出之日起，人类命运共

[1] [俄]久加诺夫:《共同携手，为人类走向美好未来铺平道路》，郭丽双、李卓儒译，《马克思主义与现实》2021 年第 4 期。

[2] [意]贾尼尼:《对习近平“七一”讲话精神的几点认识》，李凯旋译，《马克思主义与现实》2021 年第 5 期。

[3] 参见王毅:《立志民族伟大复兴，胸怀人类前途命运》，《求是》2021 年第 14 期。

同体理念就吸引了全世界的目光。经过多年理论和实践的推进，这一理念得到越来越多国际社会的认同。在采访中，多国共产党对习近平总书记在讲话中重申的推动构建人类命运共同体理念作出积极回应。

马特哈科指出："习近平总书记讲话的关键点在于，中国如何看待其在当今世界上的作用。为构建有利于中小国增长和发展的多边和多元化全球体系作出贡献，并为真正的世界和平与各国共存作出贡献，是习近平总书记讲话的核心要义之一。中国并没有表现出虚张声势和好战，而是理解自己作为一个伙伴和共同朋友的角色，在多元化的全球社会中推动实现可持续和相互平衡的社会，并为建设一个人人共享的世界文明作出贡献。习近平总书记提出的这些主张，对于渴望达到中国过去几十年增长和发展水平的许多发展中国家来说是有益的。中国是互利的合作伙伴，这对平衡的世界体系来说是个好兆头。"[1] 阿伊援引了习近平总书记的申明，"中华民族的血液中没有侵略他人、称王称霸的基因"。他认为，习近平总书记的这番话，"不仅将中国与西方的帝国主义划清了界线，而且还对欧洲部分极左翼的看法做出了回应——他们罔顾事实，给中国贴上了新帝国主义的标签。事实上，今天的中国恰恰是在为维护世界和平、遏制大西洋体系的扩张主义而努力，在为推动构建人类命运共同体的未来而努力"[2]。

多国共产党也注意到习近平总书记在讲话中表达了中国人民崇尚正义、不畏强暴的决心。阿伊指出："爱国主义和国际主义在政治纲领中的

---

[1] [南非] 马特哈科：《为建设一个人人共享发展成果的文明世界作贡献》，李凯旋译，《马克思主义与现实》2021 年第 5 期。

[2] [瑞士] 阿伊：《中国共产党百年恰是风华正茂》，李凯旋译，《马克思主义与现实》2021 年第 4 期。

一致性，应归功于科学社会主义。习近平总书记在其讲话中铿锵有力地指出，中国人民绝不允许任何外来势力欺负、压迫、奴役他们。这不过是对马克思主义基本原理的重申。他的讲话并不像一些西方记者所歪曲的那样咄咄逼人，其精髓是以建设多极世界为重点的和平政策。”[1] 卡托内认为，“七一”讲话强调决不允许任何帝国主义强权使中国重蹈“百年屈辱”的覆辙，“这是对今天正在进行的一切阴谋诡计坚决而明确的警告”[2]。

七、结语

中国共产党的百年历史不仅对中国人民和中华民族具有重要意义，对于世界各国人民，尤其是爱好和平的国家和人民，也会产生深远影响。中国共产党的百年探索不仅推动了中华民族伟大复兴的历史进程，同时也拓宽了世界各国人民实现现代化发展、追求美好生活的道路，壮大了国际共产主义运动和世界社会主义的力量，为世界各国真正实现和平、发展、合作、共赢提供了机遇。在庆祝中国共产党百年华诞之际，习近平总书记发表重要讲话，在国际共产主义运动史和社会主义发展史上都是具有标志性意义的事件。各国共产党高度关注习近平总书记在庆祝中国共产党成立 100 周年庆祝大会上的讲话，并对讲话给予了高度评价。

习近平总书记在“七一”重要讲话中提出的一系列重要观点成为各

[1] [瑞士] 阿伊:《中国共产党百年恰是风华正茂》，李凯旋译，《马克思主义与现实》2021 年第 4 期。

[2] 意大利《21 世纪马克思》杂志主编安德烈·卡托内访谈。

国共产党关注的焦点。国外共产党非常关注讲话对中国共产党百年奋斗历程的梳理和对中国共产党取得伟大历史成就的总结。各国共产党尤其看重中国共产党与人民群众的血肉联系，对中国共产党坚守初心使命、在新时代推进党的建设新的伟大工程印象深刻，肯定中国共产党把马克思主义基本原理与中国具体实际相结合、与中华优秀传统文化相结合对马克思主义的原创性贡献。国外共产党非常重视中国共产党领导下的中国在当今世界中发挥的作用，对中国提出的推动构建人类命运共同体作出积极回应。各国共产党认为，“七一”讲话对中国共产党百年奋斗为什么能够成功的总结非常重要，对于其他国家共产党的发展具有一定的启发意义，并表达了希望能借鉴中国共产党成功经验和进一步加强交流合作的迫切愿望。

“七一”重要讲话对中国共产党百年历史的总结和对未来的展望，给各国共产党以极大的鼓舞和强烈的信心。他们一致认为，中国共产党已成为世界社会主义运动的中流砥柱和新的旗帜，指引着人类进步力量前进的方向，他们对中国共产党的未来充满信心。正如芬兰共产党主席尤哈－佩卡·瓦伊萨宁所言：“我坚信，中国共产党在实现社会主义现代化强国的第二个百年奋斗目标的进程中，将继续发扬伟大建党精神、革命的‘红船精神’，以自强不息的精神实现社会主义革命、建设、改革的伟大成就，并推动构建人类命运共同体。”[1]

[1] 芬兰共产党主席尤哈－佩卡·瓦伊萨宁访谈。